北航高研院·法政文丛

代议制的基本原理

翟志勇 ◎ 主编

中央编译出版社

图书在版编目(CIP)数据

代议制的基本原理 / 翟志勇主编 . —北京：中央编译出版社，2015.7
ISBN 978-7-5117-2073-3

I. ①代… II. ①翟… III. ①议会制－研究 IV. ① D034.3

中国版本图书馆 CIP 数据核字 (2014) 第 039508 号

代议制的基本原理

出 版 人：刘明清
出版统筹：董　巍
责任编辑：王媛媛
责任印制：尹　珺
出版发行：中央编译出版社
地　　址：北京西城区车公庄大街乙 5 号鸿儒大厦 B 座（100044）
电　　话：(010) 52612345（总编室）　 (010) 52612367（编辑室）
　　　　　(010) 52612316（发行部）　 (010) 52612317（网络销售）
　　　　　(010) 52612346（馆配部）　 (010) 66509618（读者服务部）
传　　真：(010) 66515838
经　　销：全国新华书店
印　　刷：山东鸿君杰文化发展有限公司
开　　本：880 毫米 ×1230 毫米　1/32
字　　数：201 千字
印　　张：8.25
版　　次：2015 年 7 月第 1 版第 1 次印刷
定　　价：36.00 元

网　　址：www.cctphome.com　　邮　　箱：cctp@cctphome.com
新浪微博：@ 中央编译出版社　　　微　　信：中央编译出版社（ID：cctphome）
淘宝店铺：中央编译出版社直销店 (http://shop108367160.taobao.com)

本社常年法律顾问：北京市吴栾赵阎律师事务所律师　闫军　梁勤
凡有印装质量问题，本社负责调换。电话：010-66509618

法政文丛 序

晚近以来，中国的法政秩序建构日益成为社会变革的核心主题，自由权利与典章制度如何携手共进，在张力和对峙中求得平衡，在创制与运作中达致中道，关涉一个社会的政治正义之实现与否。然制度为有形设施，必以无形之文明观念与思想体系为其根源。故法政秩序之思考不可局限于单纯制度比较与研判之层面，尚需深入一个政治体的内在发生学与演进论，在知与行的激荡与交融中，发轫制度变革的文明忧思与理论创新。

"法政文丛"之构思与展开，源自北京航空航天大学人文与社会科学高等研究院的学术事业。我们在"一年四会"（春季年会：通识教育；夏季年会：儒家政治思想；秋季年会：政治宪法学；冬季年会：知行思想峰会）的年会体系和"法政思想之中西古今"暑期讲习班的基础上，逐渐形成自己的"政治宪法学"与"儒家宪政主义"研究特色，并与中央编译出版社竭诚合作，推出两套文丛，即"法政文丛"和"治道文丛"。前者侧重西学法政秩序原理之研探，后者侧重中学法政秩序原理之钩沉，路径与资源有殊，学术与理想实一。

制无美恶，期于适时；变无迟速，要在当可。"法政文丛"旨在贯彻法律与政治交融并进的宏观理论旨趣，以"政治宪法学"为基本学术视野，兼容政治哲学、政治科学、历史法学等关联学科，经略天下，汇通万国，为转型时代的中国之法政思想提供富有生命力的佳构良策。

汉密尔顿在《联邦党人文集》首篇曾有如此犀利之发问："人类社会是否真正能够通过深思熟虑和自由选择来建立一个良好的政府，

还是他们永远注定要靠机遇和强力来决定他们的政治组织。"我们相信，唯有对法政秩序原理之"深思熟虑"，中国百年政治历史的大变局之"自由选择"，才能获得文明历史的正义之根基。

是为序，以期大成。

高全喜

2014 年 3 月 2 日于北京

编者前言

民主与代议制有着截然不同甚至彼此冲突的历史与理念。民主肇端于古希腊，以直接的政治参与来兑现统治者与被统治者的同一性；代议制兴起于中世纪晚期，以"在场同时又不在场"这样一种悖论方式，践行一种理性、审慎同时也可能充满寡头意味的政治模式。同一性与代表被施密特视为政治构成的两种方式。然而近代早期以来，特别是在英国内战和法国大革命的促动下，随着民主革命的发展，民主与代议制却奇妙地结合起来。民主放弃了直接性，采纳了代议模式，以适应广土众民的现代社会；而代议制则尽可能地与贵族制、寡头制划清界限，将思想基础建立在人民主权之上。

这样一场看似偶然又实则必然的历史结合，创造出代议制民主这样一种现代社会政治构成与运作模式，不仅挽救了曾经昙花一现且始终声誉不佳的民主制，使其从一种"坏东西"变成一种"好东西"，同时也重塑了代议制的思想基础。然而，从代议制与民主相互结合时起，对于代议制究竟是成就了民主还是限制了民主，就一直存在争议。就其使民主在现代社会成为一种可能而言，代议制无疑成就了民主；就其限制了古希腊民主的直接性而言，代议制无疑限制了民主。然而即便就"限制直接性"来说，究竟是代议制的缺点还是优先，仍存在争议，卢梭主义者认为是缺点，但贡斯当、密尔、联邦党人等认为这恰恰是代议制的优点。

思想史上的争议一直持续到当下。当前对于代议制民主的批判来自两个方面，角度不同，但同样针对代议制民主的"精英主义"，包括对民众参与的限制以及作为代议制民主核心基础的选举问题。一种批判来自成熟的代议制民主国家,从协商民主的角度批判代议制对民众参与的限制,进而提出以协商民主来弥补代议制民主的不足;另一种批判来自人民民主国家,从构想的人民当家做主角度批判代议制民主对民众参与的限制,进而提出包括"抓阄"在内的各种人民民主的实现路径。

代议制是一种政治构成与运作的基本原则,考虑到全体人对全体人的统治只是一种乌托邦,即便在古希腊也无法实现,因此宽泛意义上讲,一切政治构成均具有代表性,代表是政治构成的第一原则。但是,由于民主在现代社会具有极其强大的意识形态功能,从而使得民主吸纳了代议制,代议制常常被贬低为实现民主的一种技术手段,仅仅具有工具主义的功用,成为民主的修饰语,甚至常常被省略。代议制使民主从一种坏东西变成好东西,但代议制本身却从一种好东西变成了坏东西,批判的矛头始终指向代议制。

但是如果历史地分析,无论是政治史还是思想史,代议制民主实际上是古希腊民主的"借尸还魂",人民主权的理念落实在代议制的政治构成中,从而使得民主成为一种可能。在代议制民主中,民主是政治构成的原则,表述的是政治的正当性基础,而代议制则是政治构成的方式,使得人民主权能落实为具体的政治实践。因此,如果要在制度和实践层面上理解代议制民主,甚至理解民主本身,应该从代议制出发,而非从古希腊民主出发。只有阐明代议制的历史、原理、品性和价值,才能认清现代民主的真正本质,并且理解民主在今天遭遇的种种问题。

对代议制的批判触及了民主与代议制的一些基本问题,包括直接参与是否可能?所谓的直接参与究竟是物理性的在场还是政治性的在场?直接参与一定是正当的方式吗?选举过程本身是否是政治意志形成的正当过程？代表是不是政治性参与的最佳途径？等等。对于这些问题的回答，需要一种历史主义的视角，需要在整个代议制历史传统中来重新审视这些问题，因为这些并非新问题，而是代议制诞生以来一直存在且被思想家反复讨论过的问题，历史已经给出了答案，需要做的是在历史中寻找答案。

为此，北航人文与社会科学高等研究院在2011年举办"代议制工作坊"第一期系列活动，集中研读和讨论了代议制思想史上几个重要思想文本，以便首先在思想层面上澄清代议制的思想基础。这些文本包括：基佐的《欧洲近代代议制政府的历史起源》、密尔的《代议制政府》、贡斯当的《适用于所有代议制政府的政治原则》、施密特的《罗马天主教与政治形式》和《当今议会制的思想史状况》、列宁的《怎么办》、毛泽东的《实践论》。这些文本的选择当然不免"以偏概全"，但是想通过这些文本，大致可以梳理出代议制的三个思想传统：欧陆传统、英美传统、布尔什维克传统。文集所辑文章，大部分是工作坊的产物，也有部分是与之相关的重要篇章，汇集成册，作为对既往工作的总结，也希望激发起新的研究。这里对工作坊的参与者以及文章作者，表述衷心的感谢。

翟志勇
2013年6月24日于草桥

目 录

法政文丛 序

编者前言

主题论文

张福建　代表与议会政治：一个政治思想史的探索与反思
　　一、前言　/001
　　二、代表与英美法早期的宪政发展　/006
　　三、有关代表理念与制度的主要争议　/017
　　四、对代表理念与制度的质疑与否定　/028
　　五、结论　/032

许小亮　代议制的历史图谱：从中世纪到现代
　　一、从中世纪到现代：代议制的历史源流　/035
　　二、理想政制与世界秩序——早期现代代议制的双重蕴含　/038
　　三、现代代议制：从"理想政制"到"政治的梦工厂"　/048

张福建　北美立宪前后"代表理念"的争议：一个革命式的转折
　　一、前言　/053
　　二、"无代表，不纳税"——实质代表论的争议　/056

三、参众两院和其"代表性"：联邦论者 vs. 反联邦论者　/060

　　四、结语　/067

张　力　民主、自治与代议制的贫困
　　一、近代民主的兴起与代议制的许诺　/068
　　二、代议制的失落及其根源　/077
　　三、以自治重建代议制民主的许诺　/093
　　四、结论　/108

人物思想

张福建　议会及议员的权责：埃德蒙·柏克代表理念的可能贡献及其限制
　　一、前言　/097
　　二、自然贵族、政党及实质代表制　/100
　　三、议会、议员与选民　/107
　　四、结语　/112

翟志勇　卡尔·施米特与代议制的思想基础
　　一、议会制危机　/113
　　二、同一性与代表　/117
　　三、代表原则的神学基础　/121
　　四、代表与代理　/124
　　五、代表与专政　/126
　　六、从委任独裁到主权独裁　/129

张继亮　约翰·斯图亚特·密尔的代议制政府理论
　　一、在民主主义和精英主义之间　/136

二、安全、个性与功利 /140

三、安全、个性与代议制政府 /144

书评评论

田飞龙　新君主制与中立性权力
　　　　——评贡斯当《适用于所有代议制政府的政治原则》中的
　　　　　政体设计

一、贡斯当的思想世界：自由与秩序 /149

二、贡斯当的秩序理论：代议制政体结构中的"中立性君主" /151

三、对"中立性君主"的模仿：施米特、凯尔森及欧陆违宪审查
　　模式的形成 /156

四、结语：贡斯当的复合代表制及其启示 /162

张继亮　在民主主义与精英主义之间
　　　　——密尔代议制民主理论研究文献综述

一、密尔的民主理论 /165

二、作为民主主义者的密尔 /170

三、作为精英民主主义者的密尔 /185

四、作为折衷主义者的密尔 /195

五、结论 /208

聂智琪、谈火生　《代表理论：问题与挑战》选编说明

一、为什么编写这本文集？ /215

二、代表理论概述 /217

三、编辑宗旨及翻译事项 /245

主题论文

代表与议会政治：
一个政治思想史的探索与反思[*]

张福建[**]

一、前言

"代表"已经成为我们日常生活中经常使用的语汇，而且在使用上相当地浮泛，从小学生推举他们的班代表、某人作为某一产品的代言人、某人作为某某某的委任律师、地方以及中央的民意代表、某人作为 APEC 的代表、总统对外代表国家，乃至于国旗代表国家，这些林林总总都被冠以"代表"的名称，而未加以严格的区分。在政治场域中，"代表"一词最常被用来指称由人民推选的各级民意代表以及其组成的议会；此外最重要的就是以教皇、君主、元首或议会整体作为国家统一的象征，君权神授说 (the divine right of kings) 即著名法王路易十四所谓"朕即国家"(L'état, c'est moi) 的说法，意即"只有我才代表着民族的政治统一体"。①这两种"代表"的意义不尽相同，而且

---

[*] 本文曾以《论代表》为名在台湾"中央研究院"人文社会科学研究中心"公民社会基本政治社会观念研究"工作坊上发表，感谢论文评论人杨肃献先生，以及两位匿名审查者的细心指正，对本文的增删修改帮助良多。
[**] 台湾"中央研究院"人文社会科学研究中心研究员。
① 卡尔·施密特：《宪法学说》，刘锋译，上海人民出版社，2005 年，第 219 页；K. M. Baker, *Inventing the French Revolution*, Cambridge: Cambridge University Press, 1990, pp. 224—226.

这之间还存在着一定的紧张性,本文大部分的篇幅集中于前者,后者将在最后一节中略加说明。

"代表"的概念源自中世纪,但成为一股力量鼓荡风潮则始于近代,17世纪40年代英国的长期内战(Civil War),"代表"的理念方成为政治场域中一个重要的概念和制度[①]。随着议会制度的日趋成熟,有关代表制的争议才逐渐浮上台面,特别是在产业革命之后,随着社经情势的发展,激进派要求改革议会、重划选区、缩短议会任期、扩大选举权的呼声也日益高涨,这期间有关"实质代表制"(virtual representation)的正当性也日益遭到质疑。关于实质代表制与实际代表制(actual representation)的争议不光局限于英伦三岛,在英法7年战争之后,随着大英帝国与北美十三州殖民地关系的日益紧张,"代表"遂成了北美殖民地抗税的口实,所谓"无代表、不纳税"(No Taxation without Representation)。紧接着影响深远的法国大革命,导因于法王路易十六为了解决日益吃紧的财政问题,不得已召开自1614年即停开的"等级会议"(États généraux),但不管等级会议也好,或是1789年新成立的国民议会(Assemblée nationale),都为了代表与人民主权的问题争执不休,这个问题一直困扰着法国政局,迟迟得不到妥善的解决,也为日后的动荡埋下了隐忧。

就观念史来说,"代表"相较于自由、平等、人权等概念未免略逊风骚,可是自由、平等、人权等价值的争取一样也少不了它;它不是政治哲学的核心价值,却是政治思想史以及政治制度史中最关键性的理念与制度。凭借着它,妇女、工人及弱势族群才得以逐渐地摆脱命运的锁链;然而,如何使"代表"能充分地反映人民的利益与福祉,在政治实践中,却存在着许多落差,特别是在党派兴起及经济利益挂

[①] H.F.Pitkin (ed.), *The Concept of Representation*, Berkley: University of California Press, 1967, p.247.

帅的时代，如何寄希望于一个议会，能忠实、准确、恰当地反映民意，"代表"该依自己的良知独立判断行事？还是以照拂选区的利益作为最优先的考虑？为了反映人民的利益，议会该采一院制或两院制？议会的议席该有多少才算适当？议会的主要作用为何？这些是环绕着"代表"理念所滋生的种种争议，牵涉的不仅仅只是制度选择上的争论，其背后所涉及的原则、理念更值得我们一探究竟。

根据学者汉娜·皮特金（Hanna F. Pitkin）的研究，"代表"一词的字源来自于拉丁文的"reprasentare"。这个字的原始意义和"代理人"、"政府"或者"代表制度"全然无关。即使在漫长的欧洲中古时期，特别在13、14世纪之初，教皇与大主教径自宣称他们是耶稣基督及其使徒的代表，但这时的"代表"只在表明他们是基督及其使徒的具现及分身，而不具备"被委托的代理人"之意义。同时代的罗马法中却出现一种观念，即一个君主或者是皇帝，宣称他的一切所作所为，都是为了人民，是站在人民的立场上，照顾其子民的福利。由于上述二种属灵或属世的观念在意涵上十分接近，因此到13世纪中叶，开始出现一种观念，即执政者象征或代表了整个国家。

在英语中，一直要迟到16世纪，"代表"(represent)的理念才出现"替换别人"、"取而代之"的意思。到1595年才开始有"行为代理人"、"获别人授权的人"以及"代表人"等意涵出现。事实上，要了解"代表"一词何以会逐渐发展为"行为代理人"以及和政治活动相关联时，我们必须了解这种制度的源起及其背后所隐含的思想内涵。在英国史上，议会的产生原本是英王为了遂行征税的目的，乃召集各地的市民与骑士前来商议，由于摊税的承诺对地方具有约束力，因此这些与会的代表，通常都会被要求在允诺摊税之前，必须责成英王先协助解决地方的疾苦作为交换条件。随着时间的演进，这些代表慢慢演变产生两种功能性的意义：分摊税赋及为地方争取权益，这些代表因而成为地区的代理人且领有薪俸,在返回地方后,有义务向地方交待他们在议会的所言所行。由此他们渐渐获得某种程度的授权,在答应分摊额外税赋时必须先征得地方的同意。此外,在14到17世纪相当长的一段期间里,骑士与市民代表才慢慢结合成一个团体,采取一致的行动,并意识到彼此为议会的共同成员,一起对抗英王。在英国内战时期,这种"共同体"的意识及行动不断升高,议会演变成为代表整个国家的机构,并且代表整个国家来监督统治者的作为是否与英国人民的利益符合[①]。因此从议会发展史的角度来看,早期的议会纯粹是各地区的骑士或市民代表组成,他们既不是一个团体,彼此也少有联络,各自争取的是地方的利益。一直要到17世纪之后,代表们经由彼此共事,才慢慢形成一个特殊的团体,并在必要时采取共同一致的行动来对抗英王。18世纪下半叶是一个重要的分水岭,在这之前,"代表"的理念与"民主"并没有太多的关联性,但在这之后,随着美法革命以及英国的激进派运动,"代表"的理念才逐渐地和民主挂钩,并成为政治制度设计上一个不容忽视的重要议题。

自近代以降,由代表所引发的争议之所以会持续升高,主要的问题在于代表或议会并未随着16世纪以降社会及经济结构的重大变迁而有所因应或调整,但是话说回来,任何一个秉持价值权威性分配的政治结构,本来也就容易有因循保守的倾向,非得有较大的势力冲击,否则不易有所更革,是以原先有着代表性、正当性的结构、组织,随着年深日久,也会逐渐丧失其代表性和正当性。以上这种"保守—变革"两股力量的拉扯,似足以说明英国近代宪政发展的历程。推而广之,亦可以烛照许多先进及后进民主国家的发展历程。

针对代表是否具备足够代表性的质疑,也可以说是针对其正当性

---

① H.F.Pitkin (ed.), *The Concept of Representation*, pp.244—245.

的挑战，这也是民主政治史上永无歇止的课题。因为在一个民主的政体当中，人民是最终的主权者，但事实上又无法全然让人民自治自理，因此相应有代议民主制的产生。在此制度下，人民一方面是被代表者、被治者，是主权正当性的最终来源，代表相对应于人民，只是人民的分身。作为分身，理想上总被期望能完整而准确地传达人民的心声。但究竟什么样的制度才能够尽可能地接近此一理想？在历史上，存在着无数的争论。

在思想史上，法国的卢梭完全否定代表，因为他认为人民主权以及其意志是无法被代表的；退而求其次，像英国18世纪的反对派、美国的反联邦论者，以及法国革命初期的国民会议，都曾要求议会能经常地改选，并扩大议会的规模，并要求各行各业都要有代表，甚至还坚持"强制委托权"(mandat impératif)制度，要各个代表依据各地区或团体的陈请(cahier de doléances)来行事①，因为他们相信唯有如此，他们的利益和意志才能被及时并完整地代表。但实际情形是否真能如此？

考虑到选举是一个耗费庞大且社会大幅度动员的事情，过度频繁的选举也将可能损及社会的稳定性，因此如何设计适度的任期，以照顾到新的民意又不损及社会稳定性，遂成为制度设计者在"代表性"之外不得忽略的因素；其次，就议会规模而言，扩大代表名额，使各阶层、团体均有代表，理论上是可以更充分地反映人民的心声，但是当议会规模过大，代表人数超过一定的数目，根本无法针对政策进行审议式的讨论，因此片面地扩大议会规模，未必就是增加代表性的灵丹妙药。最后就"强制委托权"制度而言，虽然在早期英国及法国大革命初期，被视为一项强化代表性的制度，但对一个幅员广大、利益

---

① K.M.Baker, *Inventing the French Revolution*, p.226.

分歧的社会，要求代表事事听命于其选民的指令行事，不仅实际上窒碍难行，而且必将使代表束手缚脚，难以就当下情境做出通盘的考虑和因应。综合以上几点考虑，对于上述几点持相反看法的人也为数颇众，其中最著名的，如英国著名思想家柏克（E. Burke）、约翰·密尔（J. S. Mill）以及美国的宪法之父麦迪逊（J. Madison）等人，都认为代表不只是人民意见的传达者，更必须依靠自己的智慧与良知来谋求人民的福祉，因此他们公开拒绝接受选民的训令或指示（instruction），也不赞成过多和频繁的选举。

这些都是英、美、法三国在历史过程中环绕着代表的理论与制度所最常引发的争议。接下来，首先拟就代表在英、美、法三国宪政史上发生的争议略作说明；其次，将就代表所引发的几个理论争议加以说明；最后，将选择几个最具有代表性的理论家，分别说明其对代表及议会的种种思考与质疑。

二、代表与英美法早期的宪政发展

代表制度源起于中世纪欧洲，并在欧洲各地以及英国慢慢地酝酿发展，其中在英国的发展虽历经波折，但国会与代表的重要性却与日俱增。至于法国议会代表制度的发展，虽然不像英国那么顺利，甚至在17世纪初期，等级会议便不再召开，但代表的理念和各种替代的制度依然潜在地里酝酿，并为法国大革命后有关宪政制度的种种争议埋下了不稳定的因子。笔者拟将代表在英、美、法三国所引发的种种争议扼要说明：

（一）英国

代表或议会的制度虽然在中世纪的英国已经有显著的发展，但议会作为一个政治实体,并在政治上发挥作用,是 17 世纪英国政治上的首要课题。自从斯图亚特王朝在 17 世纪入主英国开始,由于宗教和财政问题,国王和议会的关系就显得十分紧张,在 17 世纪上半叶,英王几度解散国会,并爆发严重的内战,最后导致查理一世走上断头台。克伦威尔专政到查理二世复辟为止,英国的政局始终扰攘不安,这期间是英国政治史上最混乱的时期,但同时也是英国政治思想最蓬勃澎湃的时期,除了大思想家如霍布斯 (T. Hobbes)、哈灵顿 (J. Harrington) 以及菲尔默 (R. Filmer) 之外,还有许多不为我们熟悉的的思想家,如君主派的 H. Ferne、D. Digges、议会派的 H. Parker、C. Herle 以及主张有限的及混合君主制 (limited and mixed Monarchy) 的 P. Hundon,这些思想家们各自援引英国的宪法或法律先例来为各自的立场辩护,甚至援引霍布斯的理论来补强自己的论据。① 扼要言之,君主派的主要论点是认为依据英国的宪法和法律先例,英王才是最高的主权者,因此当英王与国会冲突时,自然应以英王的意见为主;但议会派的 Parker 与 Herle 则认为议会 (贵族院与平民院) 权力来自于人民,而且唯有议会和人民的利益才是一体的,因此主权理所当然应赋予议会②。在一个统一的国家之中,当然要有一个最高的权力作为仲裁冲突以及决策的中心,这个权力虽然是专断的 (arbitrary),但是与其把这个权力赋予一个人 (君主) 或少数人,不如赋予多数人更为可靠。从詹姆斯一世到查理一世,四十多年的统治屡屡可以见到君主恣意妄为,法律与君主的誓言充其量只不过是个乱石堆,既不是壕沟,更不是碉堡③,当君主非法滥权之际,根本起不了任何节制的作用。因此,Parker 与 Herle 深刻

---

① 关于君主派、议会派及 Hundon 的主张,在 Judson 的著作中有相当精致而完整的分析,另外也可参考 J.P.Sommerville, *Royalists and Patriots: politics and ideology in England, 1603—1640*. 2nd ed. London: Longman,1999. 限于本文的主题以及篇幅,在此无法就其各自的立论做详细的铺陈,拟日后专文分析。

② M. A. Judson, *The Crisis of the Constitution: An Essay in Constitutional and Political Thought in England, 1603—1645*, London: Rutger University Press,1988,pp. 424—426.

③ Ibid, p.412.

地体认到要充分保障人民的权利与福祉,必须依赖于制度——国会。至于 Hundon 则认为英国的主权不在于君主,也不在于议会,而在君主、贵族院与平民院三位一体,因此英国的最高权力在于"王在议会"(King in Parliament),任何政策必须经由君主、贵族与平民共议才能成事,在这之外,不存在有任何更高的权力。因此,当君主与议会争执不下时,并不存在一个更高的仲裁者,所以英国的内战是一个在法律上、在制度上无法解开的僵局,当政府无法运作时,就回到自然状态。Hundon 的思想,在数十年后给了洛克(J. Locke)莫大的影响[①]。著名的宪政学者 M. A. Judson 对这时期的宪政争议做了一个精彩的讲解,依他认为,君主派认为君主权力至高无上的看法,是中世纪以来英国宪政的传统,直到 17 世纪上半叶,大多数的英国人也持这样的主张,但是到了 17 世纪上半叶,就像 Hundon 的说法,有些人已经慢慢体认到国会的重要性,而认为英国是国王与议会共治的混合政体,至于议会派如 Parker 和 Herle 等人,则是走在时代的先端,预示了日后英国国会将成为政治上的主导者[②]。以上这些争端,并没有因为内战及查理二世的复辟而得到彻底解决,查理二世及詹姆斯二世统治的 28 年期间,又因与议会冲突迭起以及试图运用各种手段恢复并加强天主教而导致著名的"光荣革命"。光荣革命之后,议会颁布了权利法案(Bill of Rights),该法案规定唯有议会才可以征税,臣民可以自由地请愿,议员可以自由地发表政见,议会应该定期召开等等,从这项法案的内容,可以看到议会的权力已经大大地凌驾于君主之上。总之,17 世纪的英国,是政治主权与信仰问题扰攘的一个世纪,最后的结局是国会慢慢成为政治上的主导力量,这种情形到了 18 世纪下半叶随着产业革命的发展,

---

① M. A. Judson, *The Crisis of the Constitution: An Essay in Constitutional and Political Thought in England, 1603—1645*, London: Rutger University Press,1988, pp.381—431.
② Ibid,p.392,p.408.

新兴资产阶级已经逐渐地成为社会的主导势力,即要求改革的呼声,再度成为政治上的主旋律,而改革的步伐也加速展开。从安妮女王到乔治三世,期间国王虽然偶尔也想扩大自己的权力,但基本上政治的主导权已经旁落于国会,而政治与宗教的问题,也逐渐为经济和海外殖民地的经营与拓展所取代。此一发展在短时间内虽然没有影响到政治的结构,但随着工商业的发展,新兴资产阶级与劳工阶级的日益庞大,也逐渐地使原来的政治结构丧失了其正当性,而改革的呼声再度回响于人们的耳际。

议会和代表的理念与制度再度成为一个政治上的主要议题,已经是18世纪下半叶。此际,随着经济社会情势的急遽变化,伴随着美法革命的推波助澜,使得传统的制度显得极度不合时宜,其中尤以代表制度最为人所诟病。诟病的原因包括议会任期7年过长、选区的划分极不合理,以及绝大多数的成年男子不具有选举权等。这些问题虽然在18世纪末叶内有威廉·皮特(William Pitt)首相(1766—1768)两次提案主张改革国会,但均无功而返①,外则有 R. Price、J. Priestley 领导的"革命协会"(the Revolution Society)要求缩短国会任期、推动成年男子的普选权及重新分划选区等,但一样无法带动改革的步伐。

到了19世纪初,随着产业革命的迅速发展,产生许多严重的社会问题:间歇性的经济不景气、大量工厂的倒闭,工人大量的失业,以及失业带来的贫穷问题,都使得政治情势一再紧绷。这时不少有识之士也力促改革不合时宜的国会结构及适度地放宽选举权,这些改革要求虽然在1832年"改革法案"(the Reform Act)中获得初步成果,但其开放的程度并不大。尔后随着经济景气的波动,在1840年左右终于酿

---

① C.Cook & J.Stevenson, *The Longman Handbook of Modern British History*, 1714—1987, London: Longman,1988.

成一波前后长达十几年的"宪章运动"(Chartism Movement),期间各地工人发动大规模的示威、罢工,并因而数度招致数万军人的镇压,工运领导者或被放逐到澳大利亚,或入狱服刑。英国从18世纪末叶以来的改革国会争取选举权的运动,在一系列改革法案后,到了20世纪初期才逐渐落幕。

(二)美国

代表是美国革命和立宪时期最重要的一个理念[①],代表的理念不仅是引发英国与美洲殖民地冲突的一个开端,更是立宪时期联邦派与反联邦派交锋的主要议题。首先,就在爆发独立革命之前,所谓"无代表、不纳税"的口号,就成了殖民地与母国抗争的主要口实。1776年,当《独立宣言》发布时,第二届大陆会议随即制订了"邦联条例",并于1781年正式生效,依据该条例,组成了一个代表十三州的中央政府——邦联国会,国会由每州各派代表二至三人组成,在名义上享有行政、立法、司法、商务以及外交等广泛的权力,但事实上,由于任何政策或法律必须经由十三州中的九州批准才能生效,并付诸实施,加上各州彼此互不信任,而且在经济利益上也时有冲突,因此派往国会的代表常常要听命于各州政府,在重重掣肘之下,邦联国会充其量只是一个松散的联盟,实际上难以有所作为。1787年费城制宪会议的召开,主要的目的即试图解决邦联议会的困境,到了制宪会议上,代表更成为彼此争论的焦点,特别是大、小州及南、北州之间都各自为了维护自己的既得利益,而环绕着代表问题争执不休。

代表问题成为英美双方争议的导火线,主要是英国在7年战争

[①] G.S.Wood, *The Creation of the American Republic,1776—1787*, Chapel Hill: The Universityof North Carolina Press,1969,p.164; *Representation in the American Revolution*, Charlottesville: University of Virginia,1969,p.1.

(1756—1763)后,为了解决日益困难的财政收支问题,一方面严格执行"贸易与航海法"(Acts of Trade and Navigation),对殖民地的商业活动造成莫大的打击。另外,又陆续颁布多项征税法案,其中又以1765年的"印花税法"(Stamp Act),更使得双方关系剑拔弩张,终以兵戎相见。双方的争论始终围绕着代表的问题。英方认为:相较于殖民地,在英国境内绝大多数的人民也没有投票权,即使繁荣如伯明翰、曼彻斯特等地,也均无代表,然这些地区完粮缴税样样不少,十三州殖民地与这些地区有何不同?凭什么可以拒不纳税?英人说:"假如代表可以穿越三百里,为何不能穿越三千里?假如它能横越千山万水,为什么不能远渡重洋?假如曼彻斯特与伯明翰虽无代表与会,其依然是有被代表,那么试问厄伯尼(Albany)及波士顿(Boston)有何差异?难道他们不是英国子民?不是英国人吗?"① 英国所持的代表观念事实上是当时最为流行的实质代表制,但是实质代表制就像柏克所说的,其有效的范围,仅及于利益共享、情感共鸣的地区,那么美洲殖民地是否和伯明翰等地区一样跟英国有着共享的利益、共鸣的情感?因此尽管英国政府对实质代表制的观念十分坚持,但十三州殖民地则弃之如敝屣。其次,从"实质代表制"的观点出发,英国认为议会的代表虽由某一地区产生,但是其所代表的利益是整个国家的利益,而且是各地区融为一体的利益,因此英国人认为北美十三州殖民地作为大英帝国的一个地区,其利益自然涵括在整体的利益当中,与英国的利益同为一体,无分轩轾。据此,殖民地有何立场拒不纳税?更有进者,英国在十三州的治理耗费了大量的军饷粮饷,尤其与法国的七年战争,何尝不是为保卫美洲殖民地而战?如此,殖民地岂可坐享其成而拒不纳税?

---

① B.Bailyn (ed.), *Pamphlets of the American Revolution 1750—1776*, Vol. I, Cambridge, Mass.: Harvard University Press,1965,p.601.

针对英方的咄咄逼人,殖民地反驳道:第一,虽然英国多数地区大多数人未具选举权,但是他们与那些有选举权的地区,其利益毕竟是一体的(当然这种说法后来在英国也遭到激进派的质疑),然而,北美殖民地的利益却与英国的利益全未合辙,在殖民地所增加的税收,难道不是为了替英国人减轻负担吗?彼此的利益南辕北辙,哪有一致性呢①?其次,殖民地认为,依照英国宪政长久以来的传统,未经人民的同意而征税乃是一项暴政,既然北美殖民地无代表与会,即等同于未经人民同意而强制其征税,因此很明显与英国宪政传统相悖,所以殖民地理直气壮地认为不纳税并非只是单纯的"抗税",而是符合英国宪政传统的"抗暴"行动。

有关代表所引发的争议,并未随着美国的独立而告终,在邦联时期,各州就因为土地及黑奴的问题引发无数的争端,而且各州自行其是,常片面地和外国缔约,对北美的利益产生很大的冲击。为了解决这些难题,才有费城会议的召开,在会议期间,各州对于议会的设置及代表如何产生,也有很多的争论,最后妥协的结果是以参议院代表各州,每州选出二位参议员;众院则按人口数依比例选举其应有的名额。美国在制宪期间,关于代表制的问题,联邦论者(Federalist)及反联邦论者(Anti—Federalist)也出现了不同的看法。反联邦论者主张尽量扩大人民的参与,希望国会最好能像一面镜子般,如实地反映整体人民的各个阶层利益,因此力主大幅度增加代表的人数;联邦论者认为,国会基本上乃是一个审议机构,人数不宜过多,为此理应扩大选区,选出真正的才俊之士进入国会。他们不寄望国会能"复制"(replicate)广大选民的意见和利益。这两派的争论,最后因为联邦论者掌控绝对优势,

---

① B.Bailyn (ed.), *Pamphlets of the American Revolution 1750—1776*, Vol. I, Cambridge, Mass.: Harvard University Press,1965,p.601.

美国立国初期的代表制也因而大致依循着联邦论者的主张①。

（三）法国

相较于英美议会与代表制的源远流长，并在长期的历史过程中逐渐地磨合演化，法国议会与代表制的发展，无论就理论思想或实际运作所积累的经验而言，都显得格外匮乏。首先就实际政治制度而言，在法国大革命之前，法国基本上是一个君主专制国家，尤其从路易十四登基以后，法国王权日益膨胀，无论路易十五或路易十六，都没有怀疑过自己是法国唯一的代表。路易十五说得非常透彻："最高权力存于朕躬……立法权为朕操之……朕之人民与朕为一体，国民之权利与国民之利益，必须与朕之权利利益相连，而操之者惟朕一人。"②事实上，君主确实是法国唯一的代表，所有臣僚、各地区的高等法院以及名存实亡的等级会议，都只能算是各地区或团体的代理人（deputies），与代表迥然有别。君主权力的绝对性，还可以从等级会议在历史中的发展窥知一二。类似于议会雏形的等级会议成立于1302年，直到1614年爱德华三世召开最后一次会议之前，历代的君主为了征税以及了解各地区的情形，也偶尔召开会议，但从1614年到1789年路易十六重新召集之前，等级会议停摆了175年之久。一个存废进退完全仰承君主鼻息的机制，肯定不会是有实际功能的制度，此外，就等级会议的实际运作而言，其代表虽然是由各个地区推派组成，但是各个代表衔命赴会之际都带有各地区和团体的"陈请书"，主要目的在

---

① A. De Grazia, *Public and Republic: Political Representation in America*, New York: Alfred A. Knopf, 1951, p.88—101; A. Gibson, "Impartial Representation and the Extended Republic: Towards a Comprehensive and Balanced Reading of the Tenth Federalist Paper", *History of Political Thought*, 1991, 12(2), pp.263—304; R.J. Morgan, "Madison's Theory of Representation in the Tenth Federalist", *Journal of Politics*, 1974: 36, pp.852—885; 张福建:《北美立宪前后"代表理念"的争议：一个革命式的转折》，载《政治科学论丛》，第10期，1999年，第113—130页。
② 罗志渊:《法国宪政制度的发展》,《国立政治大学学报》第10期，1964年，第3页。

向君主禀告各地区和团体的需要与冤情；而且各个代表紧紧受限于强制委托书制度，在会议中一切必须遵照所委托的事项一一照办，不得有任何逾越，如有逾越，将被召回，并受到严厉的惩罚。此一措施的目的，原本在于保护各地区的利益，免于君主过度勒索。身为等级会议的代表，与其说是代表，还不如说是"代理人"更为适当。当代法国政治思想史专家贝克（K.M.Baker）对于等级会议有一个精彩总结，他说："那些被推选为等级会议者，相较之下，是作为代理人，而非代表。集体上，他们代表的不是整体，而是各个部分的加总。个别而言，他们是各地区的委任者，而非其代表。他们传达该地区的需要与利益，他并未代表他们，他除了获得明确授权的事项之外，无权自行其是。"① 除了等级会议之外，在175年的长期休会期间，巴黎最高法院及各地区的法院(parlement)，除了享有审判权外，由于君主命令必须在法院注册登记方能生效，因此这些法官们遂自认为自己一方面是君主的代表，代表君临天下，另一方面又代表臣民对君主的效忠与服从。而且在18世纪中期，最高法院自我意识不断膨胀，认为"必须经由最高法院的注册，一方面君主的意志才能转成具有公共性质的法律，另一方面它同时也象征着该意志被立即接受乃是人民自由的选择"②。最高法院这种自我角色的定位，无疑地认为他们自己乃是君主与人民之间的枢纽，对君主而言他们是人民的代表，对人民而言他又代表君主，但是像这样的自我意识显然与君主大权独揽扞格不入，最后在1770年左右路易十五再无法忍受最高法院的多方掣肘，于是就将各级法院裁撤，代之以皇家法院。于是我们可以看得出来，在君权至上的时代里，任何一个机制都只能算是君主的臣僚，一切得为君命是从。无论等级会议或是最高法院，都远远称不上是人民的代表，更不是议会。

---

① K. M. Baker, *Inventing the French Revolution*, p. 227.
② Ibid., p. 230.

一七八八年，波旁王朝的路易十六为了解决日愈困难的财政问题，曾数度更易财相，以求整顿凋敝的财政，然而由于第一等级（教士）及第二等级（贵族）的多方掣肘，而成效不彰。路易十六不得不重新召开"等级会议"以图解决财政的难题。会议期间，第三等级顺势提出许多要求。路易十六多方委蛇，而教士与贵族坚不放弃各项免税的特权[①]。等级会议召开不久，旋即更名为国民议会，但由于观念的模糊以及实际经验的缺乏，国民议会究竟是要依照传统的等级会议、让各个等级分别投票，还是由成员个人自主投票？议员是依传统代表各个选区，还是已经代表全国的唯一立法机构？这些在观念还是制度上都来不及厘清，国民议会就匆匆地步上历史的舞台。

　　革命后法国政局动荡不安，当然是掺杂着许多主客观的因素，其中议会政治迟迟无法建立也是主因之一，其原因大致为：1. 路易十六召开"等级会议"之后，随着革命情势的发展，"等级会议"也迅速易名为"国民议会"，并着手宪法制订的事宜。无奈依照"等级会议"的传统，各辖区所选出的代表，仍执着于"强制委托权"的主张。代表们在开赴议会之前，衔着各辖区的陈请书，仿佛仍置身于封建时代，志在为各选区请命，而没有意识到自己是国民议会的一员，象征着人民主权，肩负制宪的重责大任。由于这些国民议会的代表在意识上仍旧深陷在封建的泥淖当中，一方面受制于各辖区的训令，另一方面也自缚手脚，根本难以落实"代表"应尽的角色和功能[②]。2. 在王政时期，卢梭的著作被列为禁书。可是，令人讶异的是，无论是国民议会的宣言，还是《人与公民权利宣言》(Declaration of the Rights of Man and Citizen)，甚至是著名的革命理论家西耶斯(Abbé Emmanuel—Joseph

---

[①] 张芝联编：《法国通史》，辽宁：辽宁大学出版社，1989年，第172—181页。
[②] 高毅：《法兰西风格：大革命的政治文化》，杭州：浙江人民出版社，1991年，第59—85页。

Sieyés)的《何谓第三等级》(Qu'ést—ce que le Tiers État？)及《论特权》(Essai sur les Priviléges)等著作中，无不潜藏着卢梭的思想精神①。众所周知，卢梭主张人民主权与公意(general will)，并认为主权不可分割，意志不能被代表，因此反对"代表之治"，直指"代表"为封建余物。卢梭说："代表观念是近代的产物。它起源于封建政府，起源于那种使人类屈辱并使'人'这个名称丧失尊严的既罪恶又荒谬的制度"②。卢梭还嘲讽英国代表制，认为英国之自由，唯有在选举之日，此外并无自由可言。卢梭对于主权不可分割的理念，不仅使得两院制的提议备遭奚落，更赋予人民立宪、毁宪的权力，为法国宪政埋下了无穷的祸根。而国民议会议事之际，旁听席上人群簇拥，掌声、嘘声不绝于耳，更每每使得议事瘫痪。高涨的民意，遮断了议会政治的萌芽与茁壮。

3. 议会政治的运作，有赖于政党政治。英国早期的辉格党与托利党、后期的保守党与自由党，美国联邦论者与反联邦论者的对垒等，对于议会政治的运作发展起了莫大的作用。法国政治中，每每视党派为"私意志"，因此在议会中只有无数小型、甚至是区域性、临时性政团间的合纵连横，迟迟无法形成一个较稳定的全国性政党，这无疑是议会政治的发展造成一定的障碍③。

从以上英、美、法三国议会与代表制度的发展可知，其间路径各异，并展现发展成各具特色的体制。英国由于议会代表制度自中世纪以来即少有间断，而且在17世纪与18世纪都能随着政治现实的需要而逐渐成长茁壮，其议会政治的发展虽然也历经波折，总体上算是相当成功的。至于美国，由于得利于殖民时期长期的自治经验，并在立宪之际建构了一个颇为成功的两院制度，也化解了政治上的许多纠纷。

---

① K. M. Baker, Inventing the French Revolution, pp. 244—250.
② 卢梭（J. J. Rousseau）：《社会契约论》（何兆武译），台北：唐山书店，1987年，第147页。
③ K. M. Baker, Inventing the French Revolution, pp.224—251.

唯有法国，由于长期的君主政治，不但使得议会政治缺少实践经验的积累，而强制委托书及陈请书的措施也十分不利于代表制度的发展，卢梭"意志不能被代表"的观念更使得议会与代表制度的发展困难重重。英美政治的发展，相当程度上得利于"议会"与代表能适时反应舆情，借由议会的妥善调和，整合来自各方分歧的利益与意见。不幸的，法国虽有"国民议会"的设立，也有宪法的颁订，然而仍不时召唤人民的力量，不仅使得议会政治难以平稳地驾驭，而且依主权在民的理念，人民是宪法的唯一正当性基础，这无异于承认人民享有造宪及毁宪的权力，大革命时期的法国议会有如茫茫大海中的不系之舟，随着一波波的政治浪潮摆荡。

三、有关代表理念与制度的主要争议

在代表理念及制度的长期发展之中，曾出现各式各样的争议，争议的双方各执一词，并提出了种种理由来为自主的主张申辩，这些主张都曾盛极一时，成为正反两方相互拔河较量的根据。接下来拟选择几个最有代表性的争论来进一步剖析代表理念所引发的争议。

（一）实质代表制 vs. 实际代表制

"实质代表制"和"实际代表制"，是近代思想史上一个曾经广泛流行的观念，实质代表制事实上早在柏克之前就广为当时的思想界所袭用，例如著名法学家布莱克斯通（Blackstone）就曾说过，每位平民院的代表，"虽然是由一个特定的选区所选举出来的，但一旦当选之后，他所要关照和服务的是整个国家。"因此，代表不必一定要咨询选区的意见①。至于究竟什么是实质代表制呢？柏克曾做了如下清楚的说明：

> 实质代表制中，虽然不是真正由某类人民选举产生的，但在任何以某类人民名义行事的人（议员），及人民本身之间，却是利益共享、情感与欲望共鸣，这就是实质代表制。此种制度我认为在很多情况中，都远比实际代表制好。它具有后者大部分的优点，却避免后者诸多不便之处。②

根据以上柏克的说法，所谓实质代表制系指一个地区虽然在实际上没有推选自己的代表（即实际代表制），但是由于利益共享、情感欲望共鸣，因此也等同于自己的地区或团体有被代表，但是随着历史的演进，这种说法逐渐地遭到质疑和挑战。在英国宪政史上，首先对实质代表制提出质疑的，就是我们先前已经约略提过的北美十三州殖民地，以殖民地在国会没有代表作为抗税的理据。在这之后，英国的激进派也开始对于实质代表制提出很多的质疑，随着工商业的发展、人口分布的改变，他们要求重划选区、扩大选举权，这些都是针对实质代表制而发。在理论上，实质代表制也有许多令人置疑之处：1.所谓"实质代表制"是指某一地区虽然没有推选出自身的代表，但其实质利益却仍能受到关照。问题在于布里斯托(Bristol)选出的议员，为什么能了解并关照伯明翰地区的利益甚至是殖民地的利益？这两个地区间的利益是否一致？如果不一致，究竟以何地区的利益为优先？答案似乎是显而易见的。因此"实质代表制"确如柏克所言，必须是以利益共享、

---

① W. Blackstone, *Commentaries on the Laws of England*, Oxford: the Clarendon Press, 1965: p. 159.
② E. Burke, *Edmund Burke: Selected Writings and Speeches*, (P. J. Stanlis, Ed.), Gloucester, Mass.: Peter Smith, 1968: p. 259.

情感与欲望共鸣为前提。可是这项前提似乎过于脆弱，经不起事实的考验，特别是代表通常是某一地区选举产生，他如果照顾别的选区的利益，而忽略了对自己选区的照顾，难保不会遭到该地区人民的唾弃。1780年柏克在布里斯托竞选连任失利，即在于其为爱尔兰争取自由贸易权，明显违背了布里斯托选民的付托所致。2.柏克对代表的看法，认为一个代表应该照顾的是整体的利益，究竟何者才是整体的利益？不在于事事听命于选区，而在于代表必须依照自己的智慧和良知做出判断，至于能否连任则在裁判之日(day of judgment)交由选民去决定。这样的一种代表观念，或许是实质代表制可以言之成理的一个主要依据，但是随着时空条件的改变，这样的一种说法已经显得相当不济。

如前所述，有关实质代表制与实际代表制的争议，也曾经在北美革命之前引发双方严重的争议，当美国独立之后，实际代表制的观念越来越强，各地区的人民除了纷纷要求有选举代表之权，甚至更进一步要求议会的任何决议必须经过他们的同意才算数。由于人民意识的不断高涨，许多人忧心忡忡邦联政府可能因而解体，是以当立宪人士聚会于费城时，不得不转而诉求于实质代表制。北美洲殖民地在与英国争讼时，先拒实质代表制于门外，但革命后基于政治稳定的考虑，又不得不重拾实质代表制以限制人民权利意识高涨的危机。总之，实际代表制随着民主意识的萌芽，逐渐成为潮流所趋，至于实质代表制观念在英美早期政治史中，虽然也曾起过十分重要的正当性作用，但其逐渐式微却是不争的事实。

（二）委任说或独立说

代表究竟要听候选民的训令行事，还是应该依照自己的智慧和良知独立判断行事？在近代思想史上一直是一个争论不休的课题，在英国、美国及法国都曾受到这个问题的困扰。由于中古延续下来的传统，代表得听候选民的训令行事,即所谓"训令代表"(instructed delegate)的主张可谓十分普遍。在近代英国,柏克及密尔都对这个问题有所申述,并同时以医病关系作为模拟,来说明代表者与被代表者应有的关系;在美国,从邦联时期到制宪会议期间,有某些州的代表就因为该州的选民坚持委任说,而选择放弃代表资格。①费城会议期间之所以闭室密谈,主要就是为了避免会议的讯息走漏以至于影响到会议的进行,现在费城会议的档案之所以残缺不全,而且出现了各种版本说法不一的情况,一部分原因要归咎于为了会议的顺利进行,而不允许旁听或采访所致。法国革命后的情况,我们先前已经有所说明,从国民会议开始,就深受强制委托制的困扰,这种困扰持续了一段好长的时间。

从上面三国的实际经验中,可以看出委任说在理论上有它一定的道理,由于代表是由某一选区或某一团体选举产生,因此要求代表能关照其选区或团体的利益可谓顺理成章,但是这种主张推到极端也会有很多的困难。在邦联时期,马里兰州(Maryland)一个法官汉森(A. Hanson)对于当时人民坚持参众两院无权代表他们,凡事必须经由人民同意的观念,就甚不以为然,他说:"所有的权力的确都来自人民,但假如说无论任何时刻,权力都只属于人民,则是对所有政府与法律的颠覆。"汉森进一步指出,假如赋予议会外的全部人民有造法之权,使他们成为议会仆人的主子,"这是人们所曾有过最荒谬不合适的观念"②。事实上由于实际的政治事务经纬万端、瞬息多变,代表们不可能事事遵照选民的"训令"行事,多数时刻代表必须斟酌实情,实行必要的作为。其次,某一地区或团体的意见或利益未必是一致的,当

---

① 关于美国,选民坚持对代表行使训令之权,曾一度甚嚣尘上。在邦联时期,各州的人民常借由训令、选举、议会外的组织以及特别召开的会议(convention)自行制定法律,且不允许议会置喙。这些都足以显示当时人民权利意识高涨,根本不相信各种形式的代表,关于这方面的情形,请参考 G.S. Wood, *Representation in the American Revolution*, pp. 26—45。

② G.S. Wood, *Representation in the American Revolution*, p.38.

意见分歧且僵持不下的时候,代表究竟要听候哪一方的意见呢?第三,代表固然要为民喉舌,反映人民的心声,但依据柏克、密尔或施密特(C. Schmitt)的看法,代表最重要的功能之一,是要在议会里面公开地辩论,然后做成决策。因此要求代表不经讨论,就完全依照选区或团体的训令行事,也是相当荒谬而不可行的。

柏克之所以反对委任说的理由可大致归结如下:第一,柏克认为训令说有违英国的宪政传统,他曾说道:

> 表达意见是每个人的权利,选民的意见是重要而且值得敬重的,代表理应以听取选民的意见为荣,且应以最慎重的态度考虑他们的意见。但如据此认为,代表应该盲目而绝对地接受与其良心、判断明显抵触的权威指令,此乃是这块土地上的法律前所未闻之事,而其原因系来自对我们宪法整体秩序及旨意的一大误解。①

柏克这番立论与历史事实不符,因为就英国早期而言,各地区的代表确实是各地区的代理人,其目的在于一方面反应各地区的舆情,并借着同一征税来为各地区争取权益。因此,在英国历史上代表确曾是各地区的代理人,只是随着历史的演变,这种习惯和制度逐渐地式微,是以柏克这番论据并不具说服力。

第二,柏克反对训令说更重要的原因是基于他对政治事务的认知,他以生动的口吻说:

> 你们的代表所应为你们尽到的职责,不仅是他的勤奋,而且还有他的判断。假使他放弃自己的判断而屈从你们的意见,那他

---

① E. Burke, *The Political Philosophy of Edmund Burke*, (Ian Hampsher—Monk, Ed.), London: Longman, 1987: p. 110.

不是服务你们，而是出卖你们。……假使政务只是凭各方意愿(will)的事，那毫无疑问的，你们的意见应该被列为最优先的考虑。但是政务及立法乃是有赖于理性及判断的事务，而非凭意向可以成事。在未经讨论之前，就已经做成决定，这算是哪种理性呢？①

柏克之所以反对训令说，主要基于他对政治事务的认知，认为政务和立法当有赖于理性和判断，必须经由充分、审慎的讨论之后，方能做出适宜的决策。因此，不宜唯民意是从。对于民意与代表角色的认知，柏克有一段十分精彩的论述：

> 国会并不是由敌对及不同利益所派遣使节的会议，在其中身为一位代表及其支持者，必须各自维护其利益以对抗其他代表及其支持者。国会乃是一个国家的审议会议(deliberative assembly)，它只有一个利益……代表整体的利益。它不应该依照地区性的目的及地区性的成见来行事，而是应该以整体普遍性所形成的普遍福祉为依归。②

柏克对于代表与议会的看法，当然是主张代表应该依照自己的智慧与良知作为行事的准则，但是这并不意味着代表可以独断独行，不必理会人民的感受和要求，他曾经以医病关系来比喻被代表者与代表之间应有的关系，代表的职责在于对症下药、妥开处方。以下这一段话是最佳的脚注：

> 世界上最贫困、无知及闭塞的人，是实际压迫的裁判者。这

---

① E. Burke, *The Political Philosophy of Edmund Burke*, p. 110.
② Ibid.

是一件事关感觉(feeling)的事。当这些人普遍感受到(痛苦),而不是由于过度反应,那他们是最佳的裁判者。**但是对于真正的原因及适当的补救措施,则千万别去向他们求教。**①

对于委任说的批评,我们可以再以密尔的说法来佐证,密尔认为选民与代表之间的关系,应该是:

在有歧见的问题上,选民常会诱使那位有才能的人放弃他的意见,以调和双方的愿望;但对于那位有才能的人来说,接受这种妥协就是背叛他的特殊任务,放弃了其优越才智所应担负的特殊责任;他的最神圣责任之一,就是不放弃那种招致很多反对的主张,也不因此就将一己的卓越识见隐而不发。**一个有良知和有能力的人,应该坚持他有运用自己最好的判断去行事的充分自由。**②

此外,和柏克一样,密尔也是以医病关系来看待代表应有的角色,③密尔说道:"选民的工作,是选择一个在道德上和知识上最适当的人来作为他们的代表,以谋求健全的判断。完成了这项工作后,他不应该要求代表依照他们的判断去作为,就如同病人不应该依据他们对药的常识要求医生开立处方一样。"④

皮特金(Pitkin)对柏克思想的诠释,是认为他思想中承认一个国

---

① E. Burke, *Edmund Burke: Selected Writings and Speeches*, p.257.(粗体字为作者所加。)
② J. S. Mill, *Collected Works of John Stuart Mill* (Vol.18—19), (J. M Robson, Ed.), Toronto: University of Toronto Press, 1977: Vol. XIX: p. 510.(粗体字为作者所加。)
③ 密尔的代表观念,有学者认为在早期的著作中,其代表观念具有精英主义的色彩,强调的是代表的主要角色是运用其智慧、德行,以及能力来争取人民的福祉,而反对芸芸大众的参与。到了后期,其代表观念则具有参与民主的色彩,逐渐地强调大众的参与,并认为大众的参与也是公民教育重要的一环。有关密尔代表观念的阐述,请参考 R. W. Krouse, "Two Concepts of Democratic Representation: James and John Stuart Mill", *The Journal of Politics*, 1982: 44(2): pp. 509—537.。
④ J. S. Mill, *Collected Works of John Stuart Mill*, Vol. XVIII: pp. 39—40.

家中有各种客观的利益存在，如农业的、工业的和商业的等等利益存在。①柏克的主张是面对各式各样不同的利益，身为"代表"者必须权衡其轻重缓急，而采取适当的决策②。因此柏克认为国会的功能和代表的职责，不在于为某一特定选区争取利益，而是要体认到它所代表的乃是国家整体的利益，所以不应该只服务于地区性的利益。

总之，无论是委任说，或是独立说，在西方政治史上都曾盛极一时，但就理论上而言，持独立说者如柏克等，他们虽然坚持代表们应该凭着自己的良心及智能对政治事务做出最佳的判断与决策，但柏克等并没有因此说代表们不必对选民担负责任。相反的，柏克认为，当选代表之后，就等于背负选民的付托，必须勇于任事，但当人民不同意自己的主张时，自可以在裁判之日收回成命，另选其他的代表。所以柏克的独立说绝对不等于代表可以完全不理会人民的付托，这是我们千万不能随意加以割裂曲解的。至于持委任说者，同样也不能推到极端，因为就像先前汉森（Hanson）质疑的一样，一旦我们推选的代表组成了议会，而同时又容许人民的意志和力量任意地介入，这样的代表或议会乃是名存而实亡。总之，无论委任说或独立说，都不能推到极端，不然便会显得极为荒谬。在民主时代，一个理想的代表制，是期望人民能选贤与能，代表也能凭借着他们的良心与智慧，一方面反映人民的心声，一方面又能在议会中借由公开的论辩，来谋取人民的福祉。这样的代表理念，柏克、密尔与麦迪逊的主张庶几近之。

---

① 有学者不同意 Pitkin 对于柏克的解释，他认为柏克思想中并不认为有任何客观利益的存在，议会的作用也不在于立法，而在于将各地区模糊而分歧的感情与需要凝聚成政府的政策，而当地区利益与整体利益冲突时，代表们必须以确保整体利益为优先，议会作为英国政府的主要机制之一，是借由不断地往返论辩与折冲调和，来监督王权与政府。由于18世纪下半叶，国王乔治三世常借由个人的恩宠来笼络国会议员，国会与行政部门沆瀣一气，使国会逐渐丧失了独立性，这才是柏克的关怀所在。相关的论述请参考 J. Conniff, "Burke, Bristol, and Concept pf Representation", *The Western Political Quarterly*, 1977: 30(3): pp. 329—341.

② H. F. Pitkin (ed.), *The Concept of Representation*, pp. 186—188.

（三）议会的规模（联邦论与反联邦论）

代表人数该有多少才能恰当地反映民意？代表的多少，也就是议会的规模，向来都是各国政治史上一个有争议的课题，在美国立宪时期，联邦论者和"反联邦论者"对这个问题的看法可谓南辕北辙，针锋相对。其实就立宪初期的氛围而言，由于邦联时期人民意识高涨与地方主义(localism)盛行的影响，对于联邦派的主张是极为不利的，双方各持的论据为何？反联邦派何以一败涂地，而联邦派究竟如何能转败为胜？以下是我们的分析：

反联邦论者认为，一个理想的议会，应该如一面明镜(mirror)，忠实地反映各阶层、行业及阶级的心声和利益，就如同独立宣言的起草者之一——约翰·亚当斯(John Adams)所说，议会"应该是整体人民具体而微的精确缩影(miniature)，它应该像他们一样思考、感觉、推理及作为"。[1]另外一个相当重要的反联邦论人士史密斯(M. Smith)，对于刚出炉的宪法草案也有诸多微词，他说："任何国家的议会，如果要和人民确实类似，显然议员必须为数众多(considerably numerous)。一个人，或极少数人不可能去代表众多人民的感情、意见和特质。在这方面，新宪法有重大的缺失。"[2]而他们的理想则是"农人、商人、机械工人及其他各个阶层的人民，应该按照其各自的比重和其人数被代表，代表应当相当熟悉他们的需求，了解各个阶层的利益……并热

---

[1] J. Adams, Thoughts on Government (1776), in C. F. Adams (ed.), The Works of John Adams: second President of the United States. Boston: Little Brown, 1850—6, Vol. IV: 195 (转引自 B. Manin, *The Principles of Representative Government*, Cambridge: Cambridge University Press, 1997: p. 111).

[2] H. J. Storing (ed.), *The Complete Anti-Federalist* (Vols. 1—7), Chicago: University of Chicago Press, 1981: Vol. VI: p. 157.

心地去促使他们兴隆"①。这些反联邦论者认为代表要能够反应舆情,代表们不能够高坐在议会的殿堂上,而应该尽可能地贴近人民,唯有如此,他们对于人民的情感、需要和利益才能够感同身受。要做到这点,代表应该尽可能地"近似"(likeness)、酷似(the strongest resemblance)及"贴近"(closeness)人民②。

面对反联邦论者的主张以及他们对于新宪法草案的诸多批评,联邦论者做了以下的响应:

第一,汉密尔顿(Alexander Hamilton)认为"反联邦论者"期望社会中各阶层、行业都要有自己的代表,是一个全然不切实际的幻想(altogether visionary),"除非宪法明文规定,否则要想各行各业的人都有一个或更多的代表,事实上不可能会出现这种情形"③。

第二,麦迪逊也对反联邦论者的要求提出质疑,他说:

> 谁是众议员的选举者?富者不会多于穷者;知识分子绝不会多于无知者;显赫的世家子弟绝不会多于无财无势的平民之子,选举者是美国人民大众。……他们会选谁呢?每一位具有美德、受人敬重的公民。④

麦迪逊认为宪法草案既然没有以财产、出身、宗教信仰或职业资格上的限制去束缚和限制人民的选择,而如果人民不能选贤与能,还能怪谁呢?而这些议员会出卖选民吗?麦迪逊认为宪法草案的各项制度已经为其利益构筑了好几道防线,其大者如"权力分立"及"制衡"

---

① H. J. Storing (ed.), *The Complete Anti-Federalist* (Vols. 1—7), Chicago: University of Chicago Press, 1981: Vol. II: p. 380.
② Ibid, Vol. I: p. 17.
③ J. Madison & A. Hamilton & J. Jay, *The Federalist Papers*, (I. Kramnick, Ed.), London: Penguin, 1987: p. 233.
④ Ibid, 57: pp. 343—344.

的制度,小者如众议员每两年得改选一次,因为"权力越大,权力存在的期限就应该越短",透过频繁且经常的选举,可以确保代表与人民间的依赖性和情感的交流共鸣①。而除了这些制度性的防患之外,麦迪逊认为当选众议员乃是一项殊荣,因此他们在荣誉感的驱使下,会忠诚及审慎地去履行其职责,并且对选民的支持心存感激,此外,他们的权力既来自于人民,当然希望能获得选民的拥戴,更何况频繁的选举,为了能获得连任,也使他们不至于会轻易地出卖人民②。

第三,针对众议员所应该扮演的角色,联邦论者也不同意反联邦论者的看法。在联邦论者看来,代表做不到像一面镜子去如实地反映人民的意见,也不应该只是个应声虫,麦迪逊说:"一部政治宪法的目标都是,或者应该是:第一步是获致一群治者,这些人必须具有高度的睿智,能够判别什么是社会的公共福祉,并且具有高尚的情操,去追求公共福祉。"③因此,代表不是作为"各州利益或观点的拥护者",而是一个"公共无私的仲裁者(impartial umpires),和正义及普遍福祉(general good)的守护者(guardian)"④。他必须对国家中不同的情欲和利益,做出公正无私的仲裁(disinterested and dispassionate umpire)。⑤

第四,"反联邦论者"十分担心过大的选区,弱势阶层将无法推出自己的代表,针对这项疑虑,麦迪逊的策略不是直接去否定这项命题与推论,而是换个方向思考,指出大选区的优点,麦迪逊的论点是:1. 选区愈大,人才就愈多,而人才也容易浮显;2. 选区愈大,贿赂、煽动、拉帮结派、相互串联等等选举的卑劣手段(vicious acts)更不容

---

① J. Madison & A. Hamilton & J. Jay, *The Federalist Papers*, (I. Kramnick, Ed.), London: Penguin, 1987, 2: p.324, p. 326.
② Ibid, 57: pp. 343—345.
③ Ibid, 57: p. 343.
④ J. Madison, *The Writings of James Madison: Comprising his public papers and his private correspondence, including numerous letters and documents now for the first time print* (Vols. 1—9), (G. Hunt, Ed.), New York: G.P. Putnam's Sons, 1900: Vol. III: p. 293.
⑤ Madison to George Washington, 16, April 1787, in W. T. Hutchinson (ed.), *The Papers of James Madison*, Vol. IX: 384 (转引自 A. Gibson, History of Political Thought, p. 267.).

易奏效①。因此,大选区对麦迪逊而言弊少而利多。

以上是几个有关代表理念或制度所曾引发的争论,从实质代表制到实际代表制,可以说是由专制走向民主的一个必要的过渡;至于委任说与独立说所涉及的,不仅是对代表角色认知上的差异,也涉及对议会功能的不同看法;最后,联邦论者与反联邦论者对于议会规模、代表多寡的争论,其主要焦点在于议会要如何才能充分地反映人民的声音?反联邦论者的观点可以说比较接近直接民主制,而联邦论者则比较倾向于精英民主论。但以上这些争论基本上都还是站在支持代表议会的一方,虽然他们彼此意见略有出入,但毕竟还是属于同一个阵营(当然不包括直接民主制)。在下面一节中,我将针对那些直接否定代表及议会的观点提出说明。

四、对代表理念与制度的质疑与否定

对代表理念的批评,甚至于全然否定,在思想史上最著名的,非卢梭莫属。卢梭之所以否定代表的制度,因为其所向往的是一个像日内瓦那样小国寡民的国家,由于在这样的国度里实行的是直接民主制,为了确保自由,所有的律法都必须经过人民亲自的批准,因此当然不能有代表,他说:"不管怎么样,只要一个民族选举出了自己的代表,他们就不再是自由的了;他们就不复存在了。"②对于英国的议会制度,他甚至语带嘲弄地说英国唯有在选举之日才是自由,一旦过了这一天,人民又成了奴隶③。为什么卢梭会这样认为呢?主要是因他认为"主权是不能转让的,同理,主权也是不能代表的;主权在本质上是由公意

---

① J. Madison & A. Hamilton & J. Jay, *The Federalist Papers*, p. 127.
② 卢梭(J. J. Rousseau):《社会契约论》(何兆武译),台北:唐山书店,1987年,第149页。
③ 同上,第147页。

所构成的,而意志又是绝不可以代表的;它只能是同一个意志,或者是另一个意志.而绝不能有什么中间的东西。因此人民的议员就不是、也不可能是人民的代表,他们只不过是人民的办事员罢了;他们并不能作出任何肯定的决定"①。因此,卢梭直指"代表的观念是近代的产物;它起源于封建政府,起源于那种使人类屈辱并使'人'这个名称丧失尊严的、既罪恶而又荒谬的政府制度"②。③

　　以上卢梭对代表理念与制度的批评,都是大家耳熟能详的,相较于卢梭,近现代也有很多的思想家针对代表的理念与制度有诸多的批评和建议,就像我们在上一节提到过的柏克和密尔,但是对于代表的批评,真正能踵事增华的,非施密特莫属,他对于近代欧洲议会制度的批评,最早出现在《议会民主的危机》(The Crisis of Parliamentary Democracy),依据麦考米克(McCormick)④指出,对于代表、议会制的批评,是建基于施密特较早的《罗马天主教与政治形式》(Roman Catholicism and Political Form)一书中。国内这几年来对于施密特的思想有很多的介绍与研究,施密特的著作也陆续译成中文出版,本文之所以把施密特提出来讨论,是因为他对议会制的批评可以说是一针见

---

① 卢梭(J. J. Rousseau):《社会契约论》(何兆武译),台北:唐山书店,1987年,第149页。
② 同上。
③ 卢梭的代表观念,有学者指出虽然在《社会契约论》中显得非常绝对,但事实上在卢梭为波兰草拟的宪法("The Government of Poland")中,实际上代表的观念做了很大的妥协与让步(R. Fralin, *Rousseau and Representation: A Study of the Development of His Concept of Political Institutions*, New York: Columbia University Press, 1973)。但贝克并不同意这样的看法(K. M. Baker, *Inventing the French Revolution*, p. 237)。事实上,在波兰宪法中,虽有波兰议会(Diet)的设置,但是卢梭仍坚持"人民派代表到议会,并不是让他们去宣达他们的感受,而是宣告人民的意志,而这样一个制裁的机制是绝对必要的,是为了让代表们克尽职责,并防止任何种类以及任何来源所引起的腐化"(J. J. Rousseau, *The Government of Poland*, Indianapolis: Hackett Publishing Company, 1985: p. 23)。卢梭要求代表在开赴议会之前必须从选民那边接受"委托书",并复制一份存在议会的档案馆里,当代表们回到选区时,便应依据委托书就代表议会的言行综核名实,察看其是否有负所托。卢梭这样的代表观念其实只是人民的代理人,而不是议会的代表。
④ J. P. McCormick, *Carl Schmitt's Critique of Liberalism: Against Politics as Technology*, Cambridge: Cambridge University Press, 1997.

血、深具洞察力。接下来,我将说明施密特对于议会的批评,以及其对于议会的期许。

议会制度之所以陷入危机,施密特的观察是:

> 因为现代大众民主的发展已使公开辩论变成了空洞的形式。当今的议会法权中的许多规定,尤其有关议员独立和会议公开的条款,其结果是除了装饰外表之外毫无用处,甚至令人困窘,就像有人绘制出燃烧着红色火焰的现代中央供热系统的暖气装置,给人以火热的表象。**各政党今天并不面对面地讨论意见,而是作为社会和经济的权势集团,算计着自己的利益和掌权机会,以此为基础达成妥协和联合。利用宣传部门争取群众,而这种部门的最大作用取决于诉诸直接的利益和激情。**作为真正的辩论之特征的真正意义上的论证,已不复存在,取而代之的是在党派谈判中自觉算计利益和掌权机会。①

对于议会制度的种种问题,施密特②更进一步地指出:"议会制度造成了使人们的希望彻底破灭的状况,公众事务变成了党派及其追随者分赃和妥协的对象,政治完全不是精英的事业,倒成了一个可疑的阶层从事的可耻勾当。"

议会制度之所以变得那么不堪,在施密特看来,绝对不是因为一些技术性的问题,而是由于当时欧洲的议会普遍地背离了议会政治绝对应该遵守的三项原则:一是公开性,二是辩论,三是充分地保障言论自由,特别是议员的言论免责权。对于辩论,施密特坚持"无论如何,

---

① 施密特(C. Schmitt):《政治的浪漫派》(冯克利、刘锋译),上海人民出版社,2004年,第162—163页。(粗体字为作者所加。)
② 同上,第161页。

只有当议会严肃接受公开辩论并加以落实时,才是'真的'议会。'辩论'在这里有特殊含义,而不是仅仅意味着谈判"①,其所谓辩论,指的是"意见交流,其目的是通过论证某事为真理(Wahrheit)或正确(Richtigkeit)而说服对手,或被人说服而认为某事为正确或正当"②。由于施密特坚信议会的成员"不是党派的代表,而是全体人民的代表,不受各种指示的约束,而是诉诸言论自由和公共环境的各种保障。只有在正确理解了辩论时,这一信条才有意义"③。可是,令施密特感到忧心的是,当时的欧洲议会可以说是完全背离了议会应遵守的原则,他指出这些议会"对发现合理而正确的东西漠不关心,只算计特殊利益和获胜的机会并贯彻这些利益的行为,也受各种演讲和宣言的引导。可是,这并不是特殊意义上的辩论。……这不是特定类型的国家或政府形态形式的原则"④。

施密特对于议会政治的观察,确是一语中的,发人深省,他所指出的现象难道不就是我们当今在多数国家议会中所见到的众生相吗?他所向往的议会,应和柏克、密尔、麦迪逊相去不远,差别只是柏克和密尔等从不曾放弃对议会的希望,并期望能借由各种制度适时适地地从中谋求改进;但施密特在对议会政治失望之余,钟摆似乎一下子就摆向了卢梭,转而诉诸直接民主制,但是这样一种进路是否就能解

---

① 施密特(C. Schmitt):《政治的浪漫派》,第162页。
② 同上。
③ 同上。
④ 同上。

决问题呢?①由美法过往的历史经验所昭示,这非但不是坦途,而更可能是一条歧路,随着选举式民主的涌现,施密特所担心的现象更是一一浮现,但我们千万不可因此而病急乱投医,而应该从柏克、密尔等的思想资源中审慎地寻找适当的处方。

五、结论

代表的理念与制度源于中世纪,随着近代以降,逐渐成为一个运用非常广泛的概念,但正因为运用广泛而滋生了很多歧义,在政治思想里,每一位作家对于代表的理解也有很大的出入,至于各个国家由于各自的特殊环境,代表的角色与功能也各自不同。以英国而言,与代表关系最密切的莫过于议会,在17世纪英国议会逐渐站上历史的舞台,并在18、19世纪成为英国政体的主导者,随着议会政治与政党政治的成熟,英国的内阁体制整体上而言也可以说是人民的代表;至于美国既无君主、也无贵族,在立宪之后,依据联邦宪法,不管是行政部门的总统,或是参众两院,都由人民直接或间接选举产生,因此总统或国会原则上说都是人民的代表;至于法国在大革命之前,虽有等级会议以及各地区的法院的设立,但名存而实亡,除君主一人外,不存在着其他任何形式的代表机制,而立宪之后,国民议会又忸于传统

---

① 有些学者并不同意施密特对议会政治的诊断,认为议会政治的公开性辩论目的不在于获致真理或正义,而在于诉诸人民以争取人民的支持。执政党借着议会的公开论坛为自己的政策辩护,而反对党则借着议会的场域公开审查政策所造成的不义以及有无不当浪费公帑等情事,这种审查当然不限于议会,媒体或其他团体亦得为之,但议会仍是最主要的场域。经由双方的交锋论辩,可作为选民判断政府施政良窳与否的根据。因此,议会的论辩是将政府的政策诉诸公共判断 (public judgment) 的最重要凭借,其功能虽不复如同19世纪的英国议会,但并不因而减低其重要性。相关论点,请参考 D. Leydet, "Pluralism and the Crisis of Parliamentary Democracy", In D. Dyzenhaus (ed.), *Law as Politics: Carl Schmitt's critique of liberalism*, Durham: Duke University Press, 1998: pp. 120—123。对于施密特代表理论的讨论,由于涉及很多面向与问题,碍于篇幅无法进一步说明,拟来日专文讨论。

意识的作祟，使得议会政治难以顺利运作。由此可知，代表与议会作为政府的一部分，其功能与作用常随着各国的特殊环境与制度而有不同的面貌。其次，就代表的理念所引发的争议而言，从实质代表制 vs. 实际代表制，委任说 vs. 独立说，以及有关议会规模大小的争议，我们可以从前面的讨论中得知任何一种说法都不能推到极端，不然就会显得极为荒谬。以委任说和独立说为例，当委任说推到极端时，代表事事都要唯人民是从，那这样的代表只能说是人民的传声筒，是代理人而非代表；当独立说推到极端时，代表完全不理会人民的付托，这样的代表也就丧失了代表性。因此，任何可行的代表制永远是介乎于两个极端之间。同样地，以实际代表和实质代表而言，代表虽然是某个地区或是某个团体推选出来的，但一旦其成为议会的一员，其所代表的利益就不只是该选区的利益，同时也代表着整个国家的利益，而选区的利益与国家的利益并不是一个零和的关系，因此代表必须在整体与部分的利益之间适时适地地权衡轻重，做出适当的判断与决策。最后，就代表与议会的理想而言，不论是柏克、麦迪逊、密尔还是施密特，基本上都视议会为一个审议与辩论的场域，代表基本的职责在于凝聚各选区人民的意见与利益，并借由交互的辩论、审议与妥协，达成具体的决策，并随时注意与监督行政部门施政。然而这样的理想似乎与政治现实愈行愈远，特别是随着政党政治的兴起，以及选举式民主的大行其道，现在世界各国的选举与议会，无不弊端丛生。议员要么像柏克所说的，沦为声望市场的竞价者，只顾在竞选时随兴地大开竞选支票、取悦选民以争取选票，或是像麦迪逊所担忧的：选举时或诱之以利、或激之以情，或以偏概全、甚至颠倒是非，一切以争取选票为目的，政策的理性辩论早被抛诸脑后；议会，正如施密特所言，成为党派及其追随者分赃和妥协的场域，处处在盘算着自己的利益和掌权机会，为了一己之私，弃公义于不顾；密尔说选举就像要人们在两三个烂苹果之间挑一个。很不幸地,以上这些忧虑,无一不是许多国家当前政治的写照,面对此一情况,或许就如柏克所说的,有什么样的人民,就有什么样的议会,当我们在谴责议会之际,别忘了政府与议会永远只是人民的代表,唯有我们主人翁随时注意代表的言行,并透过适当的管道监督其善尽职守,并在"裁判之日"做出正确的抉择,才是去芜存菁、正本清源之道。

代议制的历史图谱:从中世纪到现代

许小亮 *

一、从中世纪到现代:代议制的历史源流

代议制政府(representative government)是现代国家政权的基本组织形态。人民经由"代表"来彰显"人民主权"的理念,透过"议会"(Parliament)来实现对于现代国家的治理。在现代政治思想和理论的框架中,无论是代议制的拥护者还是批评者都假定一个前提性的预设:代议制乃是现代世俗国家的唯一可能正当的政府组织形态。如康德指出的,所有非代议制的政府形式根本是一个怪物。①

但是,同样毋庸置疑的是,欧洲中世纪的教会组织与代议制度之间有着根本性的关联。代议制所涉及的根本性问题必定在于将不同的社会组织样态整合进一个政治秩序之中。这种整合一方面既能够保存各个地方性政治秩序的个体性、法律样态并在普遍权威面前表达自身,另一方面也提供了一种王国内的成员以及王国之间在整个中世纪政治秩序中的一贯的整合模式。在欧洲中世纪,这些问题最终涉及普世的教会和欧洲社会结构的封建化之间的冲突与整合进程。中世纪的代议观念的发展充分地体现了教会的统一性和封建化社会结构的多元性之

---

* 法学博士,苏州大学法学院讲师。
① Immanuel Kant, *Practical Philosophy*, translated by Mary J.Gregor. Cambridge: Cambridge University Press, 1996, p.324.

间的内在张力。因此,在中世纪社会中,代议观念在教会内部的演化比在世俗社会中更具典型性。①

处于中世纪代议制和现代代议制之间的早期现代政治思想中的代议制则融合了两者迥异的理论气质和制度追求。并且,早期现代政治思想中的代议制也充分体现了代议制所面对的根本政治问题。因此,从历史图谱的角度来看,早期现代政治思想中的代议制乃是代议制理论的黄金时期。这是因为,中世纪代议制由于受到教会严格的等级结构的掣肘,根本无法诉诸选举,因而缺少一个灵活的政治变量。而现代代议制则将选举作为代议制实现运作的核心所在,从而使得代表与选民之间的关系虚拟化,进而任意化,最终使得这个政治变量超出了特定政治结构所能够承载的范围。所以现代代议制要么沦为民主批判的对象,要么沦为资本操控的对象。

总体来说,现代政治思想中的代议制政府形式往往是以受批判的形象出现的,这不仅源于代议制无法如同其原初为现代世俗国家所作的承诺那般,能够有效地进行社会和政治统合,更源于代议制受到现代民族国家现实的政治疆域和意识形态的束缚,无法在国家间层面为一个良性的世界秩序的生成提供助益。现代政治思想和理论语境中的代议制所遭遇的上述困境,促使我们有必要重新思考代议制在现代欧洲国家的生成过程中所具有的地位,以及代议制作为现代欧洲国家所普遍采用的政府形式所具有的根本意义。只有回到原初的语境中,代议制所具有的思想史地位才能彰显。当然,探究代议制在政治思想上的演化及其地位本身绝不仅仅是源于一种历史的兴趣。任何政治思想或政治制度的历史考察所关注的都是当下的政治状况。透过代议制为什么能够在欧洲民族国家奠定的过程中成为现代人的普遍选择,对于

---

① Antonio Marongiu, *Medieval Parliaments: A Comparative Study*, translated by S.J.Woolf, London: Eyre & Spottiswoode, 1968, pp.37—38.

我们思考和改进当下代议制所面临的政治困境会有很大助益。

对于早期现代欧洲政治思想中的代议制进行考察的根本目的不是为了区分所谓的中世纪代表制与现代代议制，也不是为了突出早期现代政治思想中代议制理论的独特性，更不是为了连接中世纪的代议观念与现代代议观念。① 而是为了直面代议制所关涉的根本性的政治哲学命题：即代议制所关涉乃是政治生活之构成与运作的基本原理，规定了人类政治生活的独特品性。代议制的这一关涉在早期现代欧洲有关君主制和共和制何者应作为理想的政制的论争中占据了独特地位。正是代议制观念的引入，使得原本相互对立的君主制和共和制的论争似乎出现了微妙的变化。而且，早期现代的立国者们在构建现代国家政制之时对于代议制的选择所保持的基本理想不是现代意义上的封闭式的民族国家观念，而是一种开放式的世界主义的观念。代议制的选择不仅关涉国家之内的政治秩序的构建，更关乎欧洲乃至整个世界秩序的稳定。

如此一来，代议制只有在早期现代的欧洲政治思想语境中才真正展现出其对政治的根本问题的关切。之所以这样说是因为早期现代欧洲的政治秩序正处于一种新旧交替的时刻。旧的政治秩序依然溃散，而新的政治秩序尚未成型。因此，代议制在早期现代欧洲政治思想中之所以具有重要的理论和现实价值，恰恰在于其能够在传统政治秩序溃散之际保存其中属于政治秩序之不变的原理和要素的部分，与此同时，在新的政治秩序尚未成型之际，透过代议制的现实运作，统合各种不同的新兴的政治要素，以使特定意义上的政治统一性能够得以维系。所以，在我们对于早期现代欧洲政治思想中的代议制进行考察的时候，重要的就不是代议制所关注的"政治性"的场域，而是"早期

---

① 对于近代和中世纪代议制的区分，可参详曼斯菲尔德："近代代议制与中世纪代表制"，刘锋译，载刘小枫编：《施米特与政治法学》，上海三联书店2002年版，第329页及以下。

现代"这一时间性概念对于"政治性"场域的塑造所提供给代议制的基本时间和空间的语境,以及在这一语境中代议制透过与不同的政治话语进行论战和对话所生成的独具特色的政治话语结构。

二、理想政制与世界秩序
——早期现代代议制的双重蕴含

众所周知,早期现代欧洲政治思想所关注的核心乃在于如何从教会所固有的政治体系的束缚中解放出来,为现代民族国家秩序的构建提供正当性的说明。在这一努力的过程中,有两种截然不同的政治话语开始出现:一种政治话语强调,对于由教会的政治组织结构所型塑的统一的欧洲观念中所蕴含的代议制观念应该加以完全地摒弃,直接诉诸人民主权的观念,强调直接民主乃是现代民族国家获得创生的必要条件。但这就意味着,欧洲作为一个政治统一体就必须被打破,欧洲政治秩序必须为诸国家自身内部的政治秩序所取代。这样一来,政治秩序就从原先由教会所统合的一元秩序分解为多元的民族国家秩序。我们可以将这种话语称之为人民主权的话语,或者说直接民主的话语。这一话语的根本目的在于完全废置中世纪的君主制所构筑的一元化的政治体系。认为君主制与现代国家政治秩序有着根本的政治冲突。现代国家的本质是共和国,而非君主国。

另一种话语则认为,构建新的政治秩序不需要完全废置中世纪政治秩序所遗留的思想和制度遗产。也即根本无需完全放弃君主制。而是要在现代欧洲的世俗国家中承继中世纪代议制的基本政治结构。这一观念构成了早期现代欧洲政治思想中的代议制的政治话语。并且,如上文所指出的,在他们看来,代议制不仅是欧洲诸国家政治秩序普遍且自然的历史发展结构,更是切合于所有现代国家的一种有效政府形式,因为代议制是源于理性的政府原则。①甚至在早期现代英国人的政治思想中,代议制是迄今为止所有时代世界上的全部国家所采用的基本政治制度。②

由此,我们可以从这两种话语中窥见早期现代欧洲政治思想的话语结构所展现出来的张力:统治权的归属以及国家秩序与世界秩序的互动。透过前者,一种世俗化的理想政制得以成型,经由后者,代议制在早期现代向我们展示了其所内涵的世界秩序的意象。

如果我们将现代国家视为是一个完整的政治的身体(political body),那么代议制则进一步将这个身体划分为两个部分:代表的身体(representative body)和选民的身体(electoral body),而将这两个身体整合成一个完整的政治身体的,恰恰是"选举"(election)这一代议制所蕴含的基本特质。③只有将选举视为是政治体得以有效整合和运作的不可或缺的政治机制,代议制才能从根本上将代表的身体和选民的身体整合成一个政治体。并且,更为重要的是,当选举作为一个政治性的变量进入政治体的形成和构建过程中时,现代代议制克服了中世纪代议制的一个根本性的缺陷,那就是在现代代议制的语境中,统治权的功能及其现实的政治操作具有了相当强的流动性。这就使得现代代议制一方面既能够让选民的身体透过对代表的身体进行授权的方式来实现统治权应有的功能、保证统治权的长效运作,又能够防止统治权的现实运作及功能实现的过程吞噬掉统治权的来源问题。用基佐的话来说,就是选举这一政治的变量作为代议制的本质特质能够"阻

---

① R.Nares, *Principles of Government deduced from Reason*, Dublin:B.Dornin, 1792, pp.24—26.
② Anonymous, *The Parliamentary Or Constitutional History Of England: from the Earliest Times to the Restoration of King Charles II*, Vol.1, London: J & R Tonson, 1751, p.2.
③ 关于代议制与政治体之间的关系,以及代议制所构筑的有关代表的身体、选民的身体以及选举作为现代政治体得以运作的根本的条件这些代议制所关心的基本问题的阐述,参详 Samuel Bailey, *The rationale of political representation*, London: R.Hunter 1835, pp.86—326.

止统治权在当权者手中堕落为完全和持久拥有统治权的天然权利"。①
如此一来,早期现代代议制所关注的核心问题便在于:如何保障政治自由,免于专制。围绕着这个核心问题,在早期现代欧洲政治思想中,代议制基于不同地区或国家的特殊传统或当下的政治情势选择了与不同的政治体制结盟。透过这种结盟也使得我们认识到,代议制本身并不会在意不同的政治体制是否相互冲突或对立,它所关注的是,透过某种意义上的政治整合,能否在这个国家实现臣民或公民的政治自由,避免暴政。

早期现代英国和法国的政治思想家都是在对这一问题的关注下来论述代议制的。其中最具代表性的当属法国的贡斯当、基佐以及英国的边沁和密尔。基于对法国政治的现实观察,贡斯当特别强调指出,一切代议制政府都必须信守这样一种政治原则,即所有尘世的权威,无论是人民的权威抑或是君主的权威,甚或是那些宣称是人民之代表的人的权威都应受到限制。②基佐则更进一步,认为统治权本身就非属于尘世的,而是神圣的。因此,尘世上的所有权力都不可能宣称自己享有统治权,这就要求所有尘世的权力都必须在受到其统治的被统治者面前证明其权力的正当性。这恰恰构成了对于人民主权观念的反对。③与贡斯当和基佐形成鲜明对比的是边沁和密尔。他们认为,光荣革命之后的英国代议政制中的"议会"构成及其现实运作并没有带来这种尘世的最大政治幸福之实现,恰恰相反,这种残留着中世纪代议制之遗风的政制乃是一种利益剥夺的机制。在英国的代议制中,以防止暴政或专断为名的"议会政治"最终却是在代议制的外衣下沦为君主和

---

① 〔法〕弗朗索瓦·基佐:《欧洲代议制政府的历史起源》,张清津,袁淑娟译,复旦大学出版社2008年版,第72页。
② Benjamin Constant, *Political Writings*, Cambridge: Cambridge University Press,1988, p.180.
③ 〔法〕弗朗索瓦·基佐:《欧洲代议制政府的历史起源》,张清津,袁淑娟译,复旦大学出版社2008年版,第68页。

贵族的利益攫取机制,而最为重要的人民的利益却始终处于被剥夺的地位。君主的利益和贵族的利益最终沦落为一种局部、孤立且邪恶的利益,进而对于其所享有的统治权之正当性构成了根本性的挑战。①因此,最为重要的就是对这种残留着中世纪风格的代议制进行根本地改造。在边沁的理论中,代议制已然从原先对于压迫和暴政之消极地防止转变为实现人民之幸福与利益的积极政制。这也进而使得代议制理论中的政治变量"政治选举"变得意义非凡。原本只是工具性地连接代表的身体和选民的身体的政治选举,在肯认尘世的普遍利益的情况下,成为决定代议制是否成功的关键要素。

于此,早期现代代议制中对于选举权的限制也逐渐让位于实质性的普选权的实现。早期现代欧洲政治思想中的代议制理论之所以对于普选权有着深刻地恐惧,是因为普选权的实践有可能使得代表的身体最终沦为选民身体的附庸,进而无法真正地实现代议制所追求的政治真理。所以,基佐一直强调,代表的身体并非代表选民的身体的利益,而是代表真理。所以,代议制政府在本质上不是数量上的多数人的政府,而是有能力追求政治的真理——理性和正义——的多数人的政府。②但是边沁则强调说,实质性的普选权能够带来"普遍的利益(universal interests)"。如果将普选权推展到极致,那么普遍利益便囊括了君主的利益和贵族的利益,因而不可能造成多数人的暴政。关于实质性的普选权是否能够保证基佐所担心的没有治理能力的人行使统治权的情形,边沁则强调说,这留待普遍选举的和平的经验运作来加以解决。③很显然,边沁对于第二个担忧的回答并不能使人满意。因为经验是易

---

① 参详 Jeremy Bentham, *The Works of Jeremy Bentham*,Vol.3, Edinburgh: William Tait. 1838, pp.438—440.
② 〔法〕弗朗索瓦·基佐:《欧洲代议制政府的历史起源》,张清津,袁淑娟译,复旦大学出版社 2008 年版,第 66—67 页。
③ 参详 Jeremy Bentham, *The Works of Jeremy Bentham*,Vol.3, Edinburgh: William Tait. 1838, pp.467—468.

变和难以把握的，我们并不能依靠这种不确定的政治经验去追寻理性和正义的政制。

与边沁不同，密尔直面普选权实现情况之下的代议制的可能处境，那就是"现代文明的代议制政府，其自然趋势是朝向集体的平庸，这种趋势由于选举权的不断下降和扩大而增加，其结果就是将主要权力置于越来越低于最高社会教养水平的阶级手中"。①密尔的这种担忧表明，他对普选权之实现的弊害有着深刻地体察。因此，他不可能如同边沁那般仅仅将普选权的实现过程托付给那种不确定且不可靠的政治经验。密尔所考虑的是普选实现的进程本身对于参与到这一进程中的人民在智慧和对代议制的情感这两方面的培育。换句话说，在密尔看来，自由民主的进程与自由民主的教育是同步的。所以，他的核心主张就在于，立基于普选权至上的代议制政府能够对于最底层的人民进行真正的政治教育，进而能够保障代议制政府的持久长存。②

但是我们必须指出，这种将统治权最终归结为基于人民的自由选择而形成的理想政制形态本身并非是稳固的。因为，选择本身从来都不是单纯的意志自由问题，而是受到现实的政治、经济和社会地位的深刻影响。更进一步来看，如果基于普选权的实现而形成的代议制根本不是真正意义上的自由且平等的主体的自由选择，那么代议制所带来的灾难将是毁灭性的。在普选权得以实现的政治结构下，现代代议制政府在其现实的运作中就有可能出现两种情况：一是代议制并不能在真正地体现普遍的利益，而有可能为少数的党派或阶层利益所操控；二是一旦普罗大众意识到隐藏在自由平等背后的剥夺，那么普遍利益就会以一种极端的方式凸显于社会结构之中，尤其是在普选权实现的政治结构下，这种凸显方式最终所导致的无非就是新的极权主义

---

① 〔英〕J.S.密尔：《代议制政府》，汪瑄译，商务印书馆2009年版，第102页。
② 同上，第123页及以下。

的出现。

在第一种情形中，现代代议制只不过是重复了中世纪代议制的老路，最终将一种属于政治全体的理想政制托付给少数的特权阶层。这就出现了一个非常有趣的现象，现代代议制所塑造的权威表面上易变和流动，但事实上却为少数利益群体所长期操控，具有非常强的稳定性和恒常性。恰恰与中世纪形成了明显地对比。但与中世纪不同的是，现代代议制没有一个最终的出口，即不像中世纪代议制那样始终处于基督教末世论的语境之中。所以一旦现代代议制的利益操控超出了代议制本身所能够容纳的限度，那么对于代议制的突破就会在瞬间经由普选的形式爆发出来，这就是我们在现代历史开端和发展过程中所看到的一种全新的治理范式：极权主义。

必须指出，这种极权主义体制不是现代政治结构的常态，而只是在代议制所塑造的政治结构所能够容纳的利益攫取的限度被突破之后的一种应急的形式，因此，其不可能是代议制所追求的最终目标，而只是以一种否定性的面貌出现的政治结构形式。这与中世纪高悬在代议制之上的弥赛亚主义的天国末世论有着根本的不同。前者只是一种临时性的政治结构，乃是与现代代议制相伴而生的，或者可以更确切地说，现代极权主义乃是现代代议制的副产品。但是在后者，中世纪的代议制恰恰是弥赛亚主义的天国末世论的副产品。可以看出，这种不同的社会结构所反映出来的是自然人在两种不同政治秩序内的身份地位的不同。中世纪封建化的社会机构所塑造的等级式的秩序表面上看起来是一种压制性的政治秩序，但由于基督教会始终受到一种弥赛亚主义的末世论的影响（虽然教会一直努力在基督教传统中掩盖这种弥赛亚主义的思想），这种压制性却拖过代议制中对于代表的身体的强调而逐渐被缓解，最终消弭于弥赛亚主义的末世论中。

结合上文的论述，我们发觉，早期现代和中世纪代议制有着一个共同的特点，即政制本身是否优良不能依靠该政制所创造的物质繁荣来评价。所以，早期现代社会政治结构的基本特征就不是以经济治理作为代议制之基本治理方式的，而是以该社会政治结构所秉持之基本的理性和正义原则作为政治治理的圭臬。①

在国家秩序的层面，代议制彰显出一种理想政制的追求，并且在追求这一理想的过程中，显示出自身所禀有的内在缺陷。但是早期现代代议制却能够以另一种方式来克服现代代议制所可能具有的极权主义之弊，这就是早期现代代议制的另一种政治理想：世界秩序的政治理想。

对于统治权问题的关注揭示了代议制话语中的国家秩序和地方秩序互动和统合的面向，但是却并没有揭示出早期现代代议制所具有的世界秩序的面向。因此，要完整地展现代议制所蕴含的政治秩序的一与多的复杂关系，就必须深入到世界秩序的面向中来考虑早期现代政治思想中的代议制问题。

在中世纪的代议制政制结构中，由教宗所代表的普世化的教会秩序与国王及领主所代表的地方秩序呈现出"一与多"的独特结构。在其中，"一"所代表的是中世纪代议制所蕴藏的精神秩序的面向，而"多"则代表着其中制度与物质秩序的面向。很明显，这其中的一与多具有不同的性质。因而作为"代表身体"的"一"并不能有效地控制作为"选民身体"的多。所以，在这种政治秩序的框架下，选民的身体所享有的现实的制度意义上的"自由"较为广泛，但是在精神自由的层面却不能逾矩。如此一来，代表的身体与选民的身体便存在着一种断裂，这种断裂带来了两个问题：一是代表的身体无需受到选民身体的制约，因为代表的身体所享有的权威乃是精神意义上的权威，但与此同时又

---

① 基佐也有相同的看法，参详〔法〕弗朗索瓦·基佐：《欧洲代议制政府的历史起源》，张清津，袁淑娟译，复旦大学出版社2008年版，第52—53页。

出现了另一个问题,即代表的身体无法对选民的身体施行有效的政治治理,因而在制度和物质层面,代表的身体并无控制力。所以,现实的政治治理必须由原本作为选民身体之一部分的国王和领主来实施。如此一来,在中世纪的代议制中,国王和领主既是作为精神意义上的选民的身体,又是作为物质和制度意义上的代表的身体而存在的。正是国王和领主所承担的这种双重功能使得其能够和基督教有机地集合在一起,保证基督教和封建化的社会结构能够有效地合作,以维系一个统一的欧洲的存在。如此一来,一与多之间的中介便落于国王和领主的职位之上,因此,"国王的身体"在中世纪所具有的独特价值应该放在更为宽广的"地方秩序—世界秩序"这一政治逻辑上重新加以认知。在"地方秩序—世界秩序"的机构中,重要的不是国王的自然的身体,而是"神秘的身体"。[1]只有这个"神秘的身体"才能够将地方秩序所要求的政治和世界秩序所要求的政治统一协调起来。而现代代议制则与中世纪有着本质的不同,在现代代议制的语境中,世界秩序的意象已然消失殆尽,取而代之的是"地方秩序—国家秩序"的政制结构。从"地方秩序—世界秩序"到"地方秩序—国家秩序"的转换,其中牵涉的思想和制度变迁颇为复杂,但有一点毋庸置疑的是,国王的神秘身体在世俗化进程中的"除魅"乃是导致这一转变的根本原因。当"神秘的身体"不再在信仰、政治和法律上被视为一个合法的存在时,世界秩序与地方秩序之间的联系也不再存在。世界秩序对于地方秩序的统合则逐渐让位于现代国家秩序。因此,现代代议制是存在于"国家秩序—地方秩序"这一结构中的。现代国家以一种中立性的姿态来面对精神自由的问题,但却以一种强制性的手段来贯彻制度构架和物质生产的问题。所以,在"国家秩序—地方秩序"的构架中,政治自

---

[1] 有关国王的自然的身体和神秘的身体的论述,可参详 Ernst.H.Kantorowicz, *The King's Two Bodies:A Study in Medieval Political Theology*, Princeton University Press,1957.

由和经济自由成为紧要的问题,而精神和信仰自由则不再成为问题。并且,在现代代议制中,如我们所一再强调的,政治秩序的一(也即代表的身体)对于政治秩序的多,也更为重要的是,现代意义上的"国家秩序—地方秩序"只是在单个国家或民族的意义上解决了政治秩序的一与多的问题,而并没有在诸民族和诸国家的意义上解决这一问题。面对着中世纪和现代的上述困难,早期现代政治思想中的代议制恰恰是在它们各自缺失的意义上面对这些问题。首先,与中世纪不同,早期现代将欧洲诸国家纳入了政治秩序的一与多的框架;其次,与现代也不同,其并没有将世界秩序逐出政治秩序的一与多的考量之中,而是以诸国家的名义在特定意义上保留了政治秩序的世界意象。因此,早期现代政治思想是以"世界秩序—国家秩序—地方秩序"的逻辑考察代议制的。这在联邦党人、康德和基佐对于代议制的论述中得到了非常明显的体现。

  如前所述,早期现代对于理想国家的想象都是共和国。但是依据传统的看法,共和国只能在小国寡民的状态下才能够得到完美地实践。在广土众民的情况下,共和制要落地生根,有着很大的困难。而中世纪透过代议制所实现的世界秩序对于美国的立国有着很大的影响。透过代议制来改造传统的共和制,美国的立国者们在现代国家秩序构建之初并没有消弭其中所应含有的世界意象。从一定的意义上来说,广土众民的代议制国家的生成在政治疆域的意义上超越了欧洲中世纪所形成的普世秩序。因此,所谓"美利坚合众国"本身就融合了国家秩序和世界秩序两种意象。[1]在某种意义上,美国的立国进程所融合的国家与世界的双重意象得益于美国自身所处的地理环境。相比而言,早

---

[1] 关于联邦党人将代议制与共和制等而视之,并将其视为是广土众民的大共和国得以生成的核心要素的论述,参详亚历山大·汉密尔顿,詹姆斯·麦迪逊,约翰·杰伊:《联邦论》,译林出版社2010年版,第58—65页。

期现代欧洲就没有如同美国那般的幸运了。早期现代欧洲的政治版图乃是诸国家并存,战争频仍的局面。因此,国家意象在早期现代欧洲的政治思想中占据重要的地位。自马基雅维利以降的政治思想传统所关注的核心在于如何建设一个强有力的国家。所以,国家理性本质在于其消弭了中世纪政治传统中"地方秩序—世界秩序"意象,而代之以"地方秩序—国家秩序"的意象。但是与现代不同,早期现代对于国家秩序的想象乃是以"诸国家"为对象的。国家间的秩序对于国家秩序仍然有着深刻的影响。其中康德对于"永久和平"的强调表明,国家间秩序决定了国家秩序。在"永久和平"的第一项正式条款中,康德强调说永久和平的达成的基本条件是每一个国家的政制都应当是代议式的共和制。[1]表面上来看,这似乎是说,政治秩序的世界意象由政治秩序的国家意象来决定。但其中隐含的逻辑在于,只要我们对于政治秩序的世界意象有所涉及和思考,那么特定政治疆域内的国家政制就必须采取相应的形式,否则,我们对于世界秩序的想象是无所依凭的。正是在这个意义上,我们才能理解所谓的"正式条款"(definitive article)乃是说国家秩序乃是世界秩序的必要条件,而世界秩序则是国家秩序的完满形式。因此,在康德对代议制的论述中,世界秩序的逻辑居于优先地位。这恰恰与美国的国父们的逻辑相反。在世界秩序与国家秩序谁优先的问题上,基佐对于代议制的论述颇为巧妙。他既不承认世界秩序的优先性,也不认同国家秩序的优先性。他所遵循的逻辑是二者的同步实现。也就是说,代议制为早期现代的欧洲国家所普遍认同和采用,并认为这是一种自然的历史进程。这种将国家秩序和世界秩序一体化的思维方式与后来马克思所主张的社会主义秩序的生成方式有异曲同工之处。在基佐的视野中,欧洲诸国家的代议制政府

---

[1] Immanuel Kant, *Practical Philosophy*, translated by Mary J.Gregor. Cambridge: Cambridge University Press, 1996, pp.322—325.

不仅有着共同的起源，而且在代议制的自然历史进程中，都共同趋向于相同的目标。

综上所述，议制在早期现代欧洲政治思想中是作为一种"理想政制"而存在的。这种"理想政制"不仅涉及国家秩序，而且涉及世界秩序。更为重要的是，这种"理想政制"并非是古典意义上的"善"的政制，也非现代意义上的"正当"的政制，而是一种"工具化"的"政制"。此处的"工具化"并不带有任何贬义，而是说正是由于这种"工具化"，使得代议制在实现政治自由和防止暴政这一根本问题和任务的趋势下能够依据现实的政治环境来参与不同的政制

三、现代代议制：
从"理想政制"到"政治的梦工厂"

随着世俗化进程的深入，早期现代逐渐向现代转变。这其中的观念、思想、政治与社会都发生了诸多变迁，也对代议制的基本运作发生了诸多影响。但是，最为重要的转变仍然在于人作为政治和道德的实践推理的主体所发生的根本性改变上。正是经由人的实践推理模式的改变，早期现代代议制所蕴含的理想政制的意涵消磨殆尽，一种类似于不断地为选民的身体塑造政治之梦的"政治梦工厂"式的代议制逐渐浮出水面。

很明显，在现代代议制的语境中，选举就是选民自身依据自身的实践推理（practical reasoning）投票进行选举的政治过程。在早期现代的进程中，人们的实践推理是被放在一个目的性的框架之中的。当人们的实践推理有着特定的目的性框架之时，选举进程就会受到这种目的性的影响。所以，康德一再强调，人们在从事政治事业之时，一定要将自身视为是目的王国的成员，基佐则说，人们经由投票所选出的

代表必须是具备足够的理性能力实施治理的人，就连密尔，这位早期现代代议制的反对者也认为，透过普选，能够逐渐提高人们的政治性实践推理的道德能力。但是，世俗化的进程却将这种目的性框架完全打破了，早期现代欧洲语境中的人的观念与现代欧洲语境中的人的观念有着根本的不同。这种不同的最为主要的表现在于，现代欧洲人的实践推理过程不再受制于特定的秩序、体系和目标，甚至在根本上不会受制于理性。理性本身并不能决定特定行动的采取，它只是为这种行动之采取提供理由。真正决定特定行动是否被采取乃是人的激情。高希尔将这种状态称之为"现代西方人的视角"。①如此一来，理性而非激情成为了人们采取决断的最终动力。

真正可怕的是这种视角在普选权得以实现之后构成了选民的身体的主要部分。如此一来，现代代议制透过普选第一次将古典政制所力图循环或克服的激情要素完全引入到政治领域中来。这种激情经由现代代议制得到完全释放第一次表现在路易·波拿巴经由普选制的"借尸还魂"。马克思说，这是完全是一场政治的闹剧。这种闹剧之所以能够发生的根源就在于1848年革命之后，现代欧洲人的实践推理模式完全被置放在激情的控制之下，失去了任何的理性引导。所以，当革命失败，资产阶级和无所依凭的无产阶级经过普遍制所共同选举的路易·波拿巴却有着不同的目的。资产阶级将他视为是自身利益的代表者，而农民则将其视为是拯救自己的"皇帝"，以保证其本来就微弱的地位不受任何人的侵犯。②此处的根本问题涉及上文所提到的自由平等的个体背后所蕴含的深刻的经济和政治的实质不平等问题。这种不

---

① David Gauthier, *Moral Dealing: Contract, Ethics and Reason*, Ithaca:Cornell University Press,1990,pp.210—211.
② 参详马克思：《路易·波拿巴的雾月十八日》，载《马克思恩格斯全集》第8卷。相关的分析参柄谷行人：《历史与反复》，赵京华译，中央编译出版社2011年版，第9—15页。

平等并没有在代议制的框架内得到克服,恰恰相反,却在代议制的掩盖下逐渐积累起来。但是新的思维方式在普选权实现之后却又为这种代议体制内的不满要素有机会寻求一种政制的突破口以发泄对于这种政制的不满。而且,由于新的实践推理的视角不依靠任何的目的性引导,不受理性的束缚,而更多地会基于自己所处的现实境遇的刺激所唤起的激情来作出。这样一来,真正的问题就会浮现,选民的身体和代表的身体之间不仅不存在固定的联系,更为甚者,代表的身体失去了任何引导选民身体的可能性。选民的身体基于自身的激情可以随意地虚构或拟制一个代表的身体出来,只要他或他们愿意。

这种原理上的改变折射到现实的政治生活中就是一番令人惊讶的政治景象。众所周知,在从早期现代到现代的转型过程中,与资本主义发展相伴随的恰恰是对于农民和无产者的剥夺,而在社会经济的领域,农民和无产者对于这种剥夺无能为力。但在政治领域,早期现代的政治革命所许诺的政治权利的普遍化却使得这些被剥夺者将自身境遇的改善完全寄托于政治。由此,在社会经济领域所遭受的诸多不顺与被剥夺的痛苦就只能转移到政治领域中来。他们希望透过自己的选票来保证自己在社会经济领域不再受到更多的剥夺。这种不想再受到更进一步剥夺的感情驱使他们为自己想象一个良好的状况:即透过选举代表自己利益的代表为自己争取更多的权益。但是,现实的政制运作由于受到资本掣肘与扦格,使得他们所希望的结果并没有实现。这就使得占据社会人数主体的大众产生了一种集体的失落感。如同做了一场美妙的政治之梦,梦醒之后,却发现现实依然如故。这样就使得政治和经济社会之间产生了巨大的张力。这种张力在现有的政治许诺并不能解决现实的社会经济问题之时便濒临消解。因此,我们便会看到"梦醒之后"的大众对于现有代表的深刻失望以及对于一种新的救世主降临的深刻渴望。"梦醒之后"的心态与"梦中"的心态有着根本性的不同,"梦醒之后"的心态是保证现有的状况不再恶化,而"梦中"的心态则是期望现实能够有所改善。于此,"政治之梦"就发生了一种根本性的转变,即代议制的政治之梦被极权主义的政治之梦所吞噬。为什么如此说呢?

对这一问题的回答,我们可借用弗罗伊德对于现代人的"梦"的界定与理解,来分析代议制是在何种意义上由一种理想政制沦落为普罗大众的企盼救世主降临的政治之梦的制造工厂的?弗洛伊德认为,现代人的梦由压力和抗力构成。这两种力的相互作用构成了我们理解梦的主要渠道:"有一种力要有所表示,另一种力要阻遏其表示。因此,显梦可以视为两种力斗争调解的结果。在某一点上,有一种力也许得到表示,在另一点上,其相反的力也许完全消灭此有意的表示,代以其他不落痕迹的事物。最常见的,或梦之构成的最显著的特点即为一种调解,结果那要求表示的力量也可言所欲言,但不能照原意说出,它将要缓和下来,歪曲表达,以致难被认识。"[①]这也就是说,现代人的梦有两个相反相成的面向,其中一个面向表现出来便压制另一个面向的表示,但当另一个面向被压制过久,其就会从梦的另一个视角出其不意地迸发出来,并且完全消弭掉梦的前一种面向。但是,当这种面向以这种方式表达出来时,却远非其在被压抑的状态中所想要表达的那种表达了,因此"虽可充分表达",却始终"偏离原意"。这样的过程一长久,这种偏离本身必定又要重返被消弭的面向,而这种重返又一次使得"言所欲言"所要表达的意思被歪曲了。如此周而复始,不断循环。所以,梦的过程恰恰是一个不断反复却又始终难以"梦醒"的过程。现代人的政治之梦也具有此种特质。当代议制转变为一个政治梦工厂之时,现代政制便陷入了自由民主制与极权主义这两种政治

---

① 〔奥〕弗洛伊德:《精神分析引论新编》,高觉敷译,商务印书馆1987年版,第9页。

之梦的不断循环之中。这种不断的再生产与再循环恰恰是透过代议制来完成的。这个造梦工厂不断给现代人的政治诉求提供造梦的原材料与方法，并不断地给现代人炮制出花样翻新的政治之梦。或许有人会说，难道不能打破代议制，终结这种政治之梦的循环吗？但问题在于，当我们砸碎代议制这一政治梦工厂之时，在宗教退出公共领域而逐渐私性化的今天，又有什么能够继续着政治之梦的制作呢？

如果说宗教是人民的鸦片，借由宗教，人民在其苦难的生活中获得灵魂上的安息，那么代议制就是人民的迷药，借由代议制，人民陷入无法摆脱的政治轮回。

北美立宪前后"代表理念"的争议：一个革命式的转折

张福建*

一、前言

1776年的北美十三州独立革命，对于近代政治究竟产生了哪些影响？当然，本文所关切的，并非泛指"革命"这一事件所引发的一连串回响，而是尝试探讨以下的问题：即独立后的北美十三州，在邦联条款到联邦宪法正式批准通过时（1777—1789），这段不算太长但却是关系着美国未来政治走向的重大历史时刻，究竟是什么样的背景？以及受到哪些理念或因素的左右？制宪者们竟然得以在各方利害交错、意见杂陈中，制订出一套"崭新"的宪法。其新颖之处，不仅仅它是世界第一部成文宪法，而在于它扬弃了传颂已久的"混合政府论"（theory of mixed government），将政府的权力分隶于立法、行政、司法三个不同的部门，并按照"制衡"（checks and balances）原理使各部门间（行政、立法、司法；参院、众院）相互牵制，以避免任何一个部门权力独大，有损彼此间的均衡；[①]然而更根本而大胆的尝试是在于它赋予"人民"

---

* 台湾"中央研究院"人文社会科学研究中心研究员。
[①] M. T. C. Vile, *Constitutionalism and the Separation of Powers*, Oxford: Clarendon Press, 1967: pp. 119—175; Gordon S. Wood, "Democracy and the American Revolution," in John Dunn ed., *Democracy: The Unfinished Journey 508BC to AD1993*, New York: Oxford University Press, 1992: Ch.6, pp. 93—94.

（仍然是有资格限制的）前所未见的角色和地位，"治者"——立法、行政或司法俱由"人民"直接或间接选举产生，换言之，立法、行政及司法权就实质而言，都是"人民"的代言人，各受人民的负托行使不同的权力或功能。因此人民的同意（consent）乃是其权力正当性的唯一和最终的基础。①职是之故，"代表"之于美国宪政体制就益发来得重要、突显，因为它不只是美国宪政体制赖以运作的枢纽，更是联系治者与被治者情感、利害的不二桥梁。事实上，我们也可以说，委由"代表"来治理也是当时美国不得不实行的方式，因为在幅员辽阔，交通如此不便的国度里，由数百万人直接治理，既不可行也不可欲。②此外，在美国社会中，既无君主也无世袭的贵族，何况人人平等的理念也逐渐深入人心，因此以社会阶级为其立论基础的"混合政府论"，虽然在革命初期，一度为各州州宪的起草者所心仪，并纷纷起而效尤，③然而随着社经情势丕变，此种宪政安排也日益受到各方的质疑、批判，于是北美立宪人士不得不另谋出路，而"分权论"及"制衡理论"乃得顺势而起，在此一宪政架构下，执政者俱由人民直接或间接选出，遂使得"代表"的理念和角色格外重要，而自然成为各方瞩目及争议的焦点，因此研究美国早期宪政发展的知名学者，都不约而同地指出："代表"理念乃是美国立宪前后最重要的政治概念之一。④

"代表"问题的重要性，早为美国开国诸贤所认识，如约翰·亚当斯（J. Adams）在美国联邦宪法起草之际，就语重心长地谈到："最

---

① cf. Gordon S. Wood, *Democracy: The Unfinished Journey 508BC to AD1993*, p. 95.
② Gordon S. Wood, *The Creation of the American Republic*, 1776—1787, New York: Chapel Hill, 1969: p. 164.
③ 除少数几州，特别是宾州（Pennsylvania）坚持美国只有一个阶级，因此反对沿用"混合政府"的体制，至于其他几个州宪都刻意模仿英国体制，设有州长、参议院及平民院，分别代表一人少数人及多数人。请参考 Gordon S. Wood, 1967: Ch.6; *Democracy: The Unfinished Journey 508BC to AD1993*, pp. 94—96。
④ Bernard Bailyn, 1967: pp. 161—162; Gordon S. Wood, *The Creation of the American Republic, 1776—1787*, p. 164.

大的难题,在于议会如何组成,对此必须格外用心。"①即使在《联邦党人文集》(The Federalist Papers)中,我们也可以察觉到作者们费了不少篇幅在"代表"有关的议题上着墨,②可见他们对此一议题重视的程度。然而,有趣的是,在政治思想里,一个概念的争议性常随着其重要性而递增,③"权力"、"民主"、"自由"、"平等"等皆如是,而"代表"亦复如是。因此,立国之初的美国,由于对于18世纪之初英国国会的"腐化",④以及殖民时期短视近利及瘫痪无能的各州议会尚且记忆犹新,⑤所以对于建构一个公正廉能——在职权上独立自主,不受其他机构的宰制;在立法上追求"公共福祉"(public good),而不图私利——以及适切反映人民利益的代表机构都具有高度的共识。可是究竟如何具体落实这个目标,彼此的看法却是南辕北辙,

---

① J. Adams, "Thought on Government," in Adams ed., *Works of John Adams*, Vol. 4, 转引自 Gordon S. Wood, 1967: p. 165.。
② 在《联邦论文集》中除了第十号是讨论代表理念和制度最重要的文献外,从第四十七号到第六十六号都直接或间接与代表理念或制度有关。
③ 这些概念,可以说是"本质上具争议性的概念"(essentially contested concept),参见郭秋永:《解析"本质上可争议的概念":三种权力观的鼎力对峙》,载《人文及社会科学集刊》第七卷第二期,台北:台湾"中央研究院"中山人文社会科学研究所,1995 年, 第 176—185 页。
④ "腐化"(corruption)是当时 18 世纪最常被使用的词汇之一,当时通常都用来指涉在华玻尔(Robert Walpole)主政时期及乔治三世当政后,国会在各种不当的"影响力"下或被笼络或被收买,而丧失了一个部门的自主性,无法发挥其应有的功能,请参考陈思贤:《从王治到共和》,作者自印,1994 年, 第 76 页。在美国立宪之际,联邦论及反联邦论者在共和主义影响下,各自也就"腐化"及"美德"提出了不同的见解,反联邦论者认为宪法未将人民条款纳入新宪法之中,乃是忽视"公民德行"及"公民教育"的重要性;联邦论者则称"美德"乃是一种制度的属性(systematic property),因为公民个人乃是柔弱的野草(a weak reed),仍易屈服于自利的强风中,因此必须以"野心来对抗野心"(Ambition must be to counteract ambition)(James Madison & A. Hamilton & J. Jay, The Federalist Papers, ed. by I. Kramnick, London: Penguin, 1987, 51: p. 319, 强调部分为笔者所加),藉由制度间的相互制衡以防止腐化。因此"腐化"可以指涉两种不同的面向,一是个人层面,另一个则为制度层面,这两个层面是息息相关的,对这个问题的讨论,请参考 T. Ball & J. G. A. Pocock (ed.), *Conceptual Change and the Constitution*, Lawrence, Kansas: University of Kansas, 1988: pp. 150—154; Banning, 1988: pp. 194—212; J. G. A. Pocock, *Virtue, Commerce and History*, Cambridge: Cambridge University Press, 1985: pp. 37—50.。
⑤ Gordon S. Wood, *The Creation of the American Republic*, 1776—1787, pp. 165—166; 1987: pp. 71—77.。

各执一词。其间的争议如：国会该采一院制或两院制？彼此的权限如何划分？"代表"应循何种方式产生？任期多长才合宜？该有多少代表才算适当？"代表"与人民之间的关系该当如何？哪些人才是合格的选民？资格是否应予放宽？……凡此都是各方争论的焦点。由于"代表"理念牵涉的议题实在过于复杂，特别是对美国而言，本文限于能力、篇幅，一方面只能选择与"国会"有关的问题来处理；另一方面则尝试就革命时期到立宪之际，其中对传统代表理念最具颠覆性、革命性的议题作为探讨的重心，希望藉此说明"代表"理念，其意义在美国立宪前后的重大转折。

二、"无代表，不纳税"——实质代表论的争议

英国在 7 年战争（1756—1763 年）后，为了解决日益困难的财政收支问题，除了加强"贸易与航海法"（Acts of Trade and Navigation）的执行外，并陆续颁布多项征税法案，其中又以 1765 年的"印花税法"（Stamp Act）更使得英美双方关系雪上加霜，不料尔后事件一再扩大，终至兵戎相向以迄北美十三州宣告独立。对这段大家耳熟能详的历史，不劳本文赘述。在这里我们关切的是，当时北美十三州为了抗税而提出"无代表、不纳税"（No Taxation Without Representation）作为号召，而英方则以"实质代表论"（virtual representation）作为响应，于是，双方各自就"代表"问题，展开一幕幕精彩的论战，在此笔者除了将双方的立论扼要整理外，并拟就其意义加以阐明。

在当今民主政体中，一提到"代表"，就会联想到"投票与选举"，一旦一个地区或群体没有"实际"（actually）参与投票选举代表，似乎就难以说他们的利益或意志"实质上"（virtually）有被代表（尽管在今日，投票选举与"代表性"——利益与意志受到尊重与关照——

间是否可以划上等号,一样飘渺而难以捉摸,因此直接民主的呼声依然绵延不绝)。可是,这种在今天看来不可思议、超乎常识的事情,却是18世纪英国所实行的代表制——"实质代表制",并不乏知名之士,如柏克(E. Burke)、布莱克斯通(W.Blackstone)等人为此理念、制度申辩。① 在此一"代表制"之下,巴力门(国会)的代表,虽由少数地区、少数人透过选举产生,但代表一旦当选后,他们所要衔命关照的乃是国家整体的利益,而非汲汲于其选区的利益;因此对多数没有选派代表参与国会的地区而言,其利益也能一样受到同等的关照,所以就"实质"而论,等于有代表。因此当北美十三州殖民地,以无代表参与国会而拒不纳税时,英国自不以为然,因为:第一,在英国十分之九的人,也无推选代表之权,其中一些繁荣的地区如伯明翰(Birmingham)、曼彻斯特(Manchester)等地均无代表参与国会,然而其依然照常缴税,并受英国法令的管辖。试问十三州殖民地与这些地区有何不同?有什么立场可以拒不纳税?以下这段生动又严肃的议论,忠实地道出英方的心声:"假如代表可以穿越三百里,为何不能穿越三千里?假如它能横越千山万水,为什么不能远渡海洋?假如曼彻斯特与伯明翰虽无代表与会,其依然是有被代表,那么试问厄伯尼(Albany)及波士顿(Boston)有何差异?难道他们不是英国子民?不是英国人吗?"② 第二,按"实质代表制"成立的前提是,"代表"虽由某一特定地区产生,但是其所代表的是整个国家的利益,而且是融为一体的利益,因此英国人认为北美十三州殖民地,既为大英帝国

---

① 文中为行文方便起见,"virtual representation"视行文脉络,或译"实质代表论"或译为"实质代表制",至于实质代表制的辩解,有关柏克部分,请参考拙著:《议会及议员的职责:埃德蒙·柏克(E. Burke)代表理念的可能贡献及其限制》,《行政学报》二十九期,台北,中兴大学公共行政学系,第133—150页。有关布列斯东及"印花税"的主要起草者Thomas Whateley的论点,请参考Gordon S. Wood, *The Creation of the American Republic, 1776—1787*, p. 175。

② cf. Bernard Bailyn, ed., *Pamphlets of the American Revolution 1750—1776*, Vol. I, Cambridge Massachusetts: Harvard University Press, 1965: p. 601.

整体的一部分,因此其利益已涵括在整体中,且与英国的利益同为一体,无分轩轾。果真如此,殖民地有何立场拒不纳税?第三,在"实质代表论"下,"代表"乃是一个能盱衡整体利益,而不是汲汲营营于讨好其选区利益的政客,"代表"之于选民的关系,乃是"独立"于选民,并依良心判断以行事,为了部分选区而牺牲整体利益,乃是亵渎了其职责。①在这种理解下,殖民地以无代表作为抗税的理由,不仅是无的放矢,且严重扭曲、误解了"代表"神圣的角色及职责。

然而上述说辞,在殖民地看来,不仅理由牵强,且论据薄弱,因而不少人士纷纷撰文反对,其理由大致可归纳如下:第一,尽管英国多数地区、多数人未具选举权,但他们与有选举权的地区,其利益毕竟是一体的(当然这种说法后来在英国也遭到激进派的质疑),然而北美殖民地的利益却与英国的利益未必合辙,试问在殖民地所增加的税收,岂不和英国人所减轻的负担成正比?彼此的利益哪有一致性呢?②第二,依照英国的宪政传统,未经人民的同意而征税乃是暴政,既然北美殖民地无代表参与国会,等同于未经人民同意而征税,因此有违英国的宪政传统,所以殖民地也自认为不纳税并非是"抗税",而是一种站在秉持英国宪政传统下的"抗暴"行动;第三,当时北美殖民地所实行的代表制,乃是沿袭英国在十三、四世纪所实行的代表制,视"代表"与人民之间乃是一种"命令委任"(mandate)的关系,"代表"系人民的受托者,须按人民的训令(instructions)以行事。③而殖民地之所以将"代表"视为各地区的代理人,并严格要求其依人民的训令行事,也是特殊的背景使然,盖因中央政府——英国政府——远在天际,各地区又具有高度的自主性,凡事只能求助于市郡政府,实际上是求助

---

① Bernard Bailyn, ed., *Pamphlets of the American Revolution 1750—1776*, pp. 602—603.
② Bernard Bailyn, ed., *Pamphlets of the American Revolution 1750—1776*, p. 601.
③ Bernard Bailyn, 1967: pp. 162—164.

于私人（private favors）。殖民地既无权派代表参与英国国会，试问其国会议员对于殖民地的情境及需要，能有多少掌握？多少了解？纵使代表能横渡重洋，但万万无法感同身受，因此不管其代表如何睿智，如何具有良心，对殖民地而言，都是不切实际的。①

对于上述双方的争论，个人拟提出下列几点看法供大家参考：第一，双方的争议，彼此对代表理念的看法确有出入，但利益的分歧才是关键所在，假使彼此利益确实是融为一体的，"实质代表论"未必全然不可接受，否则彼此的冲突早已发生了，而未必要等到18世纪中叶；第二，在"实质代表论"中，认为实际选举代表与否，不必然是有无"被代表"的构成要素，在英国，这种说法多少有点为现存制度——"有名无实的选区体制"（the system of rotten boroughs）合理化辩护之嫌，然而随着工商业发展，这种不合时宜的制度遂日益遭到英国境内激进人士的批判，并在1832年的"改革法"（Reform Act）中废除，因此北美殖民地可以说是对此一代表制批判的先声；第三，"实质代表制"的内涵，其不合时宜的成分，固然随着时代的演变而逐渐遭到唾弃，然而其对于"代表"角色的界定，即视"代表"为整体国家利益的代表者，并应独立判断作为行事的准则，此种主张即使在独立后的美国，在"共和主义"（republicanism）的影响下，也获得联邦派大力的支持；第四，"无代表、不纳税"这句口号乃是一刀两刃，如果十三州殖民地要认真贯彻这种主张，似乎在独立后，对于选举资格就不该还有诸多限制。因此每当人民要求扩充选举权时，立宪人士就只好被迫退守"实质代表论"中，去寻求脱困之策。②总之，对于这场争议，可以看做是两种不同的代表理念——"实质代表论"及"实际代表论"（actual

---

① Bernard Bailyn, 1967: p. 164; Gordon S. Wood, *The Creation of the American Republic, 1776—1787*, pp. 177—178.
② Gordon S. Wood, *The Creation of the American Republic*, 1776—1787, p. 179.

representation）——间的初次交锋，其争议虽因美国革命成功而暂告销声，"实质代表论"也因此在美国暂时得不到共鸣，然而其间的胜负并未就此底定，在往后美国宪政史中，二种代表理念依然在立宪人士心中纠结挣扎，而成为联邦派及反联邦派再度对峙的主要议题。

三、参众两院和其"代表性"：联邦论者 vs. 反联邦论者

英美"代表理念"之争甫告落幕，北美人士转身就得去面对境内因"代表制度"争议所浮现的裂痕。当然，这些争议不限于各州市镇，然而首当其冲的却是各州州宪的起草者，特别是受独立革命运动影响最深的东北部的新英格兰（New England）地区，其中又以新罕布什尔州（New Hampshire）及麻州（Massachusetts）的问题最为严重，他们甚至为了州议会议席的分配问题，迟迟无法定夺，而一度使得制宪工作延宕不前。这几个州之所以会产生如此重大的争议，主要是深受英美代表理念争议的影响，州内市镇不管其远近大小，都希望能"实际地"（actually）及"平等地"（equally）推出自己的代表参与议会，可是大小市镇对于"实际地"及"平等地"的解读十分不同，以麻州为例，如波士顿等大市镇，便坚持议席的分配应以人口或财富多寡为基准，方能实际地、平等地反应其所占的分量（weight）；反之，处在康涅狄克河（Connecticut River）河谷的偏远小镇，则坚持以每个市镇单位为基准，不管远近大小，都只能推选出一位代表。①这场争议后来究竟如何化解，对我们来说并不是那么重要，重要的是这场争议所暴露出的问题。由于美国各州、市、镇原本就具有相当高的自主性，因此对于

---

① 在联邦时期各州有关代表理念所发生的争议，请参考 Gordon S. Wood, *The Creation of the American Republic, 1776—1787*, pp. 181—188。

"议席"的分配都分外谨慎,尤其对于那些较弱的州、市、镇而言,都深怕"新"的议会会吞噬了其代表性(representativeness),因此除了对议席的分配十分坚持以外,并且普遍地责成其"代表",事无大小,一律得恪遵选区的"训令"(instructions)行事。过度膨胀的"地方意识"(localism),①使得邦联松散有如十三个独立共和国的联盟,邦联政府软弱无力,凡事议而不能决,大陆会议甚至还得仰仗各州的财政支持,获得各州的首肯,才可望执行其决议。以这样一个脆弱的组织,自然无法处理纷至沓来的外交、内政及财政等等的问题。此外,最令华盛顿(G.Washington)及麦迪逊(James Madison)等人感到忧心的是,各州州议会的议员多数是唯利是图、地方意识极为浓烈的人物,因此在州议会中,每每为图一时之利,扭曲立法过程,尽是制订一些不合时宜、不公正的法律来讨好选民,就是这样恶质的州议会文化,②才使得有识之士,到处奔走疾呼,认为非得赶快立宪革新不可,最后各方几经协调折衷,费时二年,联邦宪法终告出炉。对于这部宪法诸多制度性安排,在此我们无暇多说,我们关注的是立宪者在这样的背景下,究竟期望赋予"议会"什么样的功能?又如何去界定"议员"的角色?以及为什么当联邦宪法草案颁布后,会引起"反联邦论者"(Anti—Federalists)的忧虑质疑?而"联邦论者"又如何去回复这些批评?只有从这个角度去切入,我们或许才能较准确地掌握住"代表"理念在这个过程当中的微妙转换,甚至可以从这里看到"共和主义"对于当时美国及其代表制度的影响。

当联邦新宪法草案一公布,随即招致不少人士——"反联邦论

---

① 地方意识高涨的情况,请参考 Gordon S. Wood, The Creation of the American Republic, 1776—1787, pp. 192—195.。
② G. S. Wood 认为促成费城制宪会议召开的最大原因,主要不在于邦联的无能,也不在于1786—1787年间麻州 Shays 的叛乱,而在于州议会的恶质文化,才使得麦迪逊等人立意革新(G. S. Wood, 1987: pp. 67—109)。

者"——的抨击,他们各自从不同的角度出发,针对新宪法的部分条文及基本精神提出强烈的质疑。其中由各州人民直接选举,象征主权在民的"众议院",顿成为众矢之的。"反联邦论者"为什么会对"众议院"如此不满?而"联邦论者"又如何去响应这些批评呢?由于这里所涉及的不仅仅是双方代表理念的对峙,更是宪政发展路线之争,因此格外值得我们细究其中的原委。

"反联邦论者"认为,一个理想的议会,应该如同一面明镜(mirror),忠实地反映各阶层、行业及阶级(非马克思意义的)的心声和利益,就如同独立宣言的起草者之一亚当斯(John Adams)早先所说的一段话,最能清楚地呈现反联邦论者的看法:"它(议会)应该是整体人民具体而微的精确缩影(miniature),它应该像他们一样思考、感觉、推理及作为。"①

此外,议会的代表,更不应该高高在上,而应该尽可能地"近似"(likeness)、"酷似"(the strongest resemblance)及"贴近"(closeness)其人民,②唯有如此,他们才能对于人民的情感、需要和利益等有最切身的体会和感受。

可是,新宪法中的众议院,显然跟"反联邦论者"的理想有极大的落差。由于依照宪法草案中的规定,每三万人得以选出一位代表,因此议员的名额必然相当有限(按当初具有选举权的人口估计),如此一来,社会中的各个阶层、行业的人,尤其是社会中的中下阶层,入主国会的希望可以说是微乎其微,而其心声、感受和利益由于乏人"代表",因此必然会遭到漠视甚至是完全忽略。反联邦论者史密斯

---

① J. Adams, Thoughts on Government〔1776〕, in C. F. Adams ed., *The Life and Works of J. Adams*, 10vols, Boston: Little Brown, 1850—1856: Vol. IV, 9: p. 195. 转引自 B. Manin, *The Principles of Representative Government*, Cambridge: Cambridge University Press, 1997: p. 121.。

② H. J. Storing (ed.), *The Complete Anti—Federalist*, 7 Voles, Chicago: University of Chicago Press, 1981: Vol. I: p. 17.

(M.Smith)下面一段话最能反映他们对于宪法草案的态度:"任何国家的议会,如果要和人民确实类似,显然议员必须为数众多(considerably numerous)。一个人,或极少数人不可能去代表众多人民的感情、意见和特质。在这方面,新宪法有重大的缺失。"① 而他们的理想则是:"农人、商人、机械工人及其他各个阶层的人民,应该按照其各自的比重和其人数被代表,代表应当相当熟悉他们的需求,了解各个阶层的利益……并热心地去促使他们兴隆。"②

新宪法草案不符合他们的预期,固然使这些"反联邦论者"大失所望,可是更让他们忧虑的是,在那样的制度下,将"只有极少数的商人,以及那些最富裕及最具野心的人,才大有机会赢得议席"。③ 由于这些人对他们的情感一无所知,也不了解他们的能力、需要和困难,更缺乏同情和同胞爱,因此这将会是一个少数人压迫、掠夺多数人的政府。④

在进一步说明"联邦论者"如何对这些批评、指控提出反击以前,个人拟对"反联邦论者"的论点稍加补充如下:

第一,从"反联邦论者"的论述中,其代表理念可以说是一种"实际代表论"的主张,尽管这次他们不是以州、市、镇作为诉求主体,而是以社会中各个阶层、行业或阶级作为主体,而其对宪法草案的控诉,就是质疑众议院的代表性不足以适当反映社会各阶层的利益,鲍尔(T.Ball)将"反联邦论者"的代表理念归为"委任命令"说——即主张代表要听候选民的"训令"行事,⑤ 可能不是一种很精确的说法。因为"实际"选出自己的代表,并不必然就会要求代表完全听命行事。

第二,"反联邦论者"主张代表应该反映各阶层的心声和利益,

---

① H. J. Storing (ed.), *The Complete Anti—Federalist*, Vol. VI: p. 157.
② Ibid., Vol. II: p. 380.
③ Ibid., Vol. III: p. 20.
④ Ibid., Vol. II: pp. 379—381.
⑤ T. Ball, 1987: p. 146.

乍看之下，可能误以为他们是"直接民主"的提倡者，可是他们不仅期望有代表，而且还要求更多的代表；此外，鲍尔（T.Ball）更进一步指出，其所使用的词汇，如"阶层"、"阶级"等都是共和主义式的用词，而非"人民"或"群众"等民粹主义（populist）的词汇，①因此，"反联邦论者"与"联邦论者"尽管对有关"代表"的理念不同，但都属于共和主义的阵营。②

现在，我们将问题拉回到这场争议上，面对"反联邦论者"的严厉批评，"联邦论者"究竟如何响应、反驳？而他们对"众议院"及"代表"的功能、角色又有什么不同的见解呢？为了清楚起见，笔者尝试将其论点归结如下：

第一，"反联邦论者"期望社会中各阶层、行业都要有自己的代表，汉密尔顿（Hamilton）认为这乃是一个全然不切实际的幻想（altogether visionary），"除非宪法明文规定，各行各业的人都必须选一个或更多的代表，否则这种情形事实上不可能出现"。③

第二，各阶层的人民是否由于在议会中缺乏代言人，其利益就会被忽视？针对这项质疑，麦迪逊（James Madison）的答复是首先诘问"反联邦论者"："谁是众议员的选举者？富者不会多于穷者；知识分子绝不会多于无知者；显赫的世家子弟绝不会多于无财无势的平民之子，选举者是美国人民大众。……他们会选谁呢？每一位具有美德、受人敬重的公民。"④

麦迪逊认为宪法草案既然没有以财产、出身、宗教信仰或职业资格上的限制去束缚和限制人民的选择，而如果人民不能选贤与能，还能怪谁呢？

---

① T. Ball, 1987: pp. 147—148.
② T. Ball, 1987: p. 3.
③ James Madison & A. Hamilton & J. Jay, *The Federalist Papers*, 35: p.233.
④ Ibid., 57: pp. 343—344.

而这些议员会出卖选民吗？麦迪逊认为宪法草案的各项制度已经为其利益构筑了好几道防线，其大者如"权力分立"及"制衡"的制度，小者如众议员每两年得改选一次，因为"权力越大，权力存在的期限就应该越短"，透过频繁且经常的选举，可以确保代表与人民间的依赖性和情感的交流共鸣。①而除了这些制度性的防患之外，麦迪逊认为当选众议员乃是一项殊荣，因此他们在荣誉感的驱使下，会忠诚及审慎地去履行其职责，并且对选民的支持心存感激，此外，他们的权力既来自于人民，当然希望能获得选民的拥戴，更何况频繁的选举，为了能获得连任，也使他们不至于会轻易地出卖人民。②

第三，"众议院"的角色，只是如实地反映各阶层的利益吗？"代表"难道只是个"应声虫"吗？"联邦论者"不以为然，麦迪逊对于"治者"的角色，做了最清楚的界定，他说："每一部政治宪法的目标都是，或者应该是：第一步是获致一群治者，这些人必须具有高度的睿智，能够判别什么是社会的公共福祉，并且具有高尚的情操，去追求公共福祉"，③因此，代表不是作为"各州利益或观点的拥护者"，而是一个"公共无私的仲裁者（impartial umpires），和正义及普遍福祉（general good）的守护者（guardian）"④。他必须对国家中不同的情欲和利益，做出公正无私的仲裁（disinterested and dispassionate umpire）⑤。

第四，"反联邦论者"十分担心过大的选区，弱势阶层将无法推出自己的代表，针对这项疑虑，麦迪逊的策略是不去否定这项命题、推论，而是将焦点转移到一个截然不同的问题上，即大选区的优点，

---

① James Madison & A. Hamilton & J. Jay, *The Federalist Papers*, 52: pp. 324—326.
② Ibid., 57: pp. 343—345.
③ Ibid., 57: p. 343.
④ G. Hunt, *The Writing of James Madison*, ed, Vol. III: p.293.
⑤ W.T. Hutchinson, Madison to George Washington, 16, April 1787, *The Papers of James Madison*, ed., Vol. IX: p. 384. 转引自 A. Gibson, "Impartial Representation and the Extended Republic: Towards a Comprensive and Balanced Reading of the Tenth Federalist Paper," *History of Political Thought*, 1991: Vol. 7, No.2: p. 267.

麦迪逊的论点是：1. 选区愈大，人才就愈多，而人才也容易浮显；2. 选区愈大，贿赂、煽动等等选举的卑劣手段（vicious acts）更不容易奏效①。

从以上有关"联邦论者"的反驳中，我们似乎可以得知：

第一，"联邦论者"完全不回避"反联邦论者"有关"精英论"的指控。而且认为这是无可避免的。让社会中的"自然贵族"（natural aristocracy）崭露头角，并无不合理之处，因为一个自由的政府无法也不该去扼阻（thwart）这种自然趋势。

第二，如为确保各阶层利益，以免遭受到践踏。"联邦论者"认为，关键不在于各阶层及各行业有无自己的"代言人"，而在于从制度面着手。"以野心对抗野心"②，"制衡"与"频繁的选举"乃是立宪者防止腐化所祭出的二大法宝。

第三，"联邦论者"既不认为"代表"的职责，只是作为一个忠实的传声筒，也不认为议会只是反应人民心声和利益的"明镜"，而是作为"公共福祉"公正无私的仲裁者，这样的代表理念，自然与柏克对于理想议会或代表的认知和界定十分相近，因"联邦论者"所钟情的代表理念，乃是近似"实质代表论"。

一个被革命人士弃如敝屣的理念——"实质代表论"，在革命之际才从大门被撵走，却在立宪时期被人从后门悄悄引入，历史的反复令人莞尔，而抚今追昔，试问谁说中了美国在 19 世纪后的政治走向？什么处方有助于纾解我们的沈疴？

---

① James Madison & A. Hamilton & J. Jay, The Federalist Papers, 10: p. 12.
② Ibid., 51: p. 319.

四、结语

"代表"的理念和制度,虽然在英国有好几个世纪的发展,然而,在"混合政府论"及"实质代表论"的重重包裹下,"代表理念"所蕴含的"代表"能量,一直都没被释放出来。然而,"代表理念"在美国却有许多革命性的发展,英美"代表理念"之争,不仅使得"实质代表论"受到质疑和挑战,更重要的是在"实际代表论"下,"选举权"被认为是"代表性"的构成要件,尽管在当时的美国,选举权还是有许多限制,不过,其意义是十分重大的,在联邦时期的各州市镇,以及在"反联邦论者"中,都是以"代表性"作为诉求,要求其在政体中得以获得一定程度的分量?从本文初步探索中,我们可以发现从革命到邦联时期,"实际代表论"可以说是居主导的优势;可是到了联邦立宪时期,"联邦论者"所钟情的却是较近似"实质代表论"的理念。

美国独立后,在宪政架构的安排及具体的实践上,与"混合政体"的理想渐行渐远,转而朝向我们今日已经视之为理所当然的"民主"之途上,做了许多跨越式、革命式的转折——其中如行政、立法及司法俱为人民的代表,间接或直接由人民选举;权力分立且彼此制衡;逐渐扩充选举权,具有选举权的人民,按比例远超过英、法等国家;在机会平等的条件下,使得一般人也有成为治者的机会,此一"平民政治",扬弃了世袭贵族、打破了士绅垄断的政治局面。这一切转变,毫无疑问,"代表理念"起了关键性的作用。

民主、自治与代议制的贫困

张 力*

一、近代民主的兴起与代议制的许诺

观念是政治哲学的核心,也是宪政发展的核心,人类社会政治形态变迁的主要动力正是来自旧有观念的退场与新观念的冲击。但是,观念的退场并不意味着概念的退场,由于人类语言以及命名能力的有限性,新观念往往需要借助既有的概念,也唯有借助既有概念的延伸,新观念才更有可能进入社会生活日常话语,这便使得在同一概念语义上,呈现出新旧观念的交杂,并进而使得与政治形态相关的理论与实践过程充满了各种暧昧。作为宪法与宪政演进的关键力量,民主观念的变迁和实践便是对此最好的诠释。

(一)民主的政治底色与近代复兴

何谓民主(Democracy)?就字面词义来看,民主指人民的统治或权力,即权力属于人民。[①]不过,从词义到观念尚有一段距离,这段距离却使"民主"一词产生了许多令人困惑的问题。在当代,民主已经成为一个近乎绝对正确的口号,几乎所有国家都将民主作为自己的政治底色或目标,民主口号的普及恰好说明了在"民主"概念之上所寄

---

* 法学博士,中国政法大学讲师。
① 参见〔美〕乔万尼·萨托利:《民主新论》,冯克利、阎克文译,上海人民出版社2009年版,第33页。

生的各种庞杂观念。在美国学者萨托利看来,在这些形形色色的"民主"观念中,有许多是在混淆视听,以民主之名行专制之实,另有一些则有意无意地模糊了焦点,如托克维尔的社会民主、韦伯夫妇(Sidney and Beatrice Webb)的工业民主等。实际上,对人类社会而言,作为一种观念,民主首先应是政治民主,这是自古希腊时代以来对民主进行讨论的根本前提,离开该统领性前提,社会、经济等系统的次级民主无法存在。[①]萨托利对民主的理解承继的是两千多年前亚里士多德的思想:人是城邦(Polis)的动物,凡不在城邦的,非神即兽。政治(Politics)一词乃从城邦的含义演变过来,其背后的意蕴自然和人的生存方式紧密相关。诚然,近代以降,人的生存方式不再局限于狭隘的政治(城邦)领域,与私人领域的生成和扩大相伴随的是经济、社会系统的独立和分化,萨托利之所以要正本清源地清理民主"房间",原因正在于人从政治(城邦)中出逃后,将原有观念的概念外壳带到新的栖息之处,在形成一些似是而非的新观念后,对原有观念加以反噬。这是极其危险的,可能在不知不觉中危及我们真正珍视的观念内核。

遵循这一传统,对民主观念的讨论需要从政治领域出发,并将其置于人类社会的权力组织形态意义上,由此我们可以发现,现代意义上的民主历史区区三四百年,在人类文明数千年的长河中不过是末端的一小段河道。在此之前,权力系于一人的君主统治被认为是理所当然,但是,时间之神 Chronus 并不会让历史长河停滞,始自 16、17 世纪的欧洲,君主统治的正当性开始遭受质疑,作为对"人民的统治或权力"的概括,"民主"一词穿越了时空,将近代欧洲和古希腊、罗马世界连接起来,成为抨击君主统治正当性的利器。

以民主观念来颠覆君主统治,这并非一个不证自明的过程。身为

---

① 参见〔美〕乔万尼·萨托利:《民主新论》,冯克利、阎克文译,上海人民出版社 2009 年版,第 20—23 页。

政治哲学的核心，观念本身的力量来自对现世问题的关怀与自我论证的说服力。"民主"一词在古希腊、罗马世界并非纯粹褒义，谈及人民的统治所呈现的往往是这么一副画面：被激情鼓噪的平民涌上街头，要求贵族们取消某项经济压迫措施。当然，这幅画面是文学化和感性化的，经过梭伦、克里斯提尼民主化改造的雅典城邦并不以此作为民主的体现。民主在梭伦、克里斯提尼的改革措施中主要体现为扩大公民（平民）参与城邦政治的范围和机会，提升公民（平民）的政治地位，防止贵族阶层过于垄断政治权力。[①]而在古罗马共和国时期，通过波里比阿（Polybius）的描述，民主作为多数人的统治形式，与贵族和君主统治要素一起，寄身于罗马共和国这么一个混合政体当中。可见，无论是在古希腊城邦，还是古罗马共和国乃至帝国初期，民主在政治生活中均无法构成独立的正当性论证。或许是迫于平民政治力量的压力，民主确实在古希腊、罗马世界的政治生活中占有一席之地，但前述那个感性化、文学化的场面绝非过分虚构，它暗示了对民主观念本身的贬低，而这种贬低是通过将其与目光短浅、充满激情和恣意的平民群体相勾连来完成的。

近代的政治思想家若要运用民主观念来挑战君主统治的正当性，必须先完成两项工作，首先是剔除民主词义中的负面因素，即论证民主的理性与稳定性；其次则是突破混合政体的框架，使民主统治能够独立出来，单独完成对统治正当性的论证。作为近代前夜少有的使人民登上政治舞台的思想家，马基雅维利（Machiavelli）初步完成了这项任务，他并未通过将古典含义的民主与恣意、短视的平民群体强行"脱钩"来祛除古典民主词义中的负面色彩，毕竟，这很可能招致对自身含义的自我阉割，而是通过与精英（Elite）统治相比较，一反古典思

[①] 参见〔英〕汤姆·霍兰：《波斯战火——第一个世界帝国及其西征》，于润生译，新星出版社2009年版，第96—98、121—127页。

想中对精英的赞誉之辞，认为若无平民制度化的约束，精英统治必将比民主统治更为恣意和狂暴。借助对精英的怀疑，马基雅维利将平民所谓的恣意性格中性化了，同时，借助对精英统治施以控制的制度化描述，马基雅维利的论述预示了政治正当性的另一套证成思路，即在以平民为重心的平民——精英政治互动框架内，抹除混合政体中强烈的阶级色彩，并凸显人民的力量，进而在民主的脉络中讨论政治正当性问题。[①]马基雅维利的思考固然与近代民主观念尚有一段距离，但却绝非思想史上的"孤证"，他的民主观对后世的思想家如斯宾诺莎（Spinoza）等人产生了影响。[②]正是在消除了对平民性格与力量的偏见，以及将对民主的讨论初步超拔出混合政体的论述框架之后，民主观念才有可能穿过雾霭般的中世纪而被复活，并获得对君主统治的颠覆性力量。

然而，值得注意的是，民主观念在近代的新生与力量绝非建立在耍弄语词的基础上，亦非通过古典民主建制的招魂来完成。近代民主观念的实体是代议制政府，但是，民主与代议制之间的关联并非不证自明，而是需要一个概念性的纽带来连接二者。通过这一纽带，代议制民主完成了自我论证，它在宣布自身与古典民主有别的同时，也斩断了君主统治与政治正当性之间的链条，这个概念性的纽带就是"代表"。

（二）代表：在民主与代议制之间

之所以不在"代表"一词旁加英文对应词，乃是因为笼统而言，它有不少对应词，不同的对应词在代表含义的历史演变中均扮演过不

[①] 参见 John P. McCormick, "Machiavellian Democracy: Controlling Elites with Ferocious Populism," *American Political Science Review*, June 2001, p. 297, 309—311.
[②] 参见 Steven Smith, *Spinoza's Book of Life Freedom and Redemption in the Ethics*, New Haven and London: Yale University Press, 2003, p. 132.

同角色，这是中文"代表"一词所难以传达的。由于民主意指"人民的统治或权力"，代议制要实现与民主观念的对接，只能选择借助"代表"来完成。这不是无的放矢的任意选择，而是有意地诠释及再诠释，锋芒直指另一种"代表"，即君主作为政治权威所代表的王国政治秩序。可以说，当民主与代议制完成对接，代议制民主观念在代表基础上生成之际，君主的（另一种）代表性便被消解，其统治的正当性也将遭到根本性的打击。

"代表"一词的拉丁词源是"repraesentare"，指使不可见的或抽象的事物显现或再现，它基本上被用于无生命的物体，而未被用来表示代表他人或罗马国家。而英语中的"represent"等词则是通过古法语引入"repraesentare"的结果。①美国学者 Hanna F. Pitkin 对此有过细致研究，她认为"represent"一词在英国近代资产阶级革命，或者说是英国内战前经历过两次词义转换。"represent"最初的含义与"repraesentare"近似，一是指艺术领域的呈现，譬如用绘画、戏剧等方式使事物显现，二是指宗教神秘事物的具象化。第一次词义转换发生在中世纪，即13、14世纪，在该阶段，"represent"一词被引入政治领域，用来指国王、教皇等政治权威对王国或是基督的象征。Pitkin 认为，唯有先经历政治领域的转换，"represent"才有可能实现第二次词义转换，通过罗马法的复兴，拥有代理人、法律上的代理乃至代理活动的意涵。②由此可见，代表（represent）一词并不天然与作为政治秩序的代议制相关联，代议制若要亲近民主观念，需要将经历了概念变迁的代表（represent）含义"纳入"自身范畴，而该"纳入"过程需要借助代表（represent）与议会之间的关联演进才能完成。

---

① 参见 Hanna Fenichel Pitkin, *The Concept of Representation*. Berkeley and Los Angeles: University of California Press, 1967, p. 3, 241.
② Ibid., p. 251.

议会组织绝非在诞生之初便与"represent"如影随形，在法国学者基佐看来，古代议会的参加者以个人身份出席，所代表的只能是自己的利益，而不能是他人的利益，"当时并不存在代表思想"。[1]而根据 Pitkin 的考证，"represent"一词与议会（Parliament）发生关联最早是在 Thomas Smith 爵士于 1583 年所写的著作"De Republica Anglorum"中。Thomas Smith 在该著作中将英格兰议会视作所有英格兰人的代表，前者的意志同样也是后者意志的体现。但是，正如 Pitkin 所评价的，此后数十年，在使用诸如"represent"、"representative"、"representation"等词，并将其与议会关联的时候，代表王国的始终是作为一个整体的议会，而非作为议会成员的议员。[2]这就容易使议会作为王国代表的论证遭受质疑：既然议会是以单个整体来代表王国，那么为什么作为单体的国王就不具有这种代表性？前者的代表与后者的代表何尝不是一回事，不都是一种法律或政治上的拟制吗？

若要破除这种质疑，必须继续推动"represent"一词的词义变迁，这种变迁不是在思想家、语言学家的头脑中完成的，而是切合并随着近代英国议会的实践而发生的。从历史来看，英国议会的演进与征税紧密相关，参加议会的骑士和乡绅（knights and burgesses）来自各地，需要将各地的诉求带到议会，并将国王要求的征税指示带回地方。在内战之前，他们虽然被视作所在地方的代理人（agency）或受托人（attorney），但其角色或在议会的活动却不构成代表（representation）。直到内战后的 1651 年，"representative"一词才被应用到作为议会成员的议员个人身上，这表明，随着议会作为征税和地方利益诉求机制的发展，议员个人也逐步获得了代表性，而不再仅是议会整体才与代

---

[1] 〔法〕弗朗索瓦·基佐：《欧洲代议制政府的历史起源》，张清津、袁淑娟译，张清津校，复旦大学出版社 2008 年版，第 42—43 页。
[2] 参见 Hanna Fenichel Pitkin, *The Concept of Representation*, Berkeley and Los Angeles: University of California Press, 1967, p. 246.

表相关。而议员之所以能成为代表,正是由于他们来自地方,是受地方民众委托,需要反映地方的诉求,并对这些诉求有所回应。有趣的是,议员个人代表性的生成反过来论证了议会的代表性来源,即议会是作为代表的议员所组成的,它的统治权威自然来自和依靠后者。^①这实际上是悄然更换了议会代表性的先前基础,完成了议会代表性整体——部分——统合的历史论证。在该历史论证的脉络中,议会通过代表概念的变迁完成了民主正当性的自我论证,若说之前的整体代表性尚有王权巅峰时代的"象征性"代表残余的话,那么,借助对议会成员代表性的统合,内战后的英国议会获得了比整体代表性更符合现世生活常识、更具权威性的力量。也正是通过"代表"的帮助以及对"represent"词义的改造,一方面,从形象的政治秩序和制度来看,议会终于在近代成功地与民主观念相结合,打通了与"人民的统治或权力"之间的隧道;另一方面,就观念而言,在议会这一具象的背后,作为间接民主的代议制完成了自身民主化的论证,它具备了"再现人民"的能力,并用一种特殊的间接形态(如选举机制等)实现了这种"再现",由此补全了与民主之间的正当性链条,至此确立了代议制民主观念。

代议制民主观念的产生是对前述马基雅维利民主观的有效回应,马基雅维利为平民性格和力量的正名只是在伦理领域对民主的正当化论证,并不必然推导出民主的可行性。代议制平衡了民主在近代的理想与现实,从而在观念和政治实践两个层面对君主统治构成了根本挑战。可以说,近代的民主时代正是代议制政府的时代,它以人民自我统治、权力属于人民为口号,直接动摇了君主制的根基,并促使人们开始想象一个没有君主统治的政治秩序,开始思考作为个体或群体的自身在如此这般的民主时代所可以占据的地位及扮演的角色。

---

① 参见 Hanna Fenichel Pitkin, *The Concept of Representation*, Berkeley and Los Angeles: University of California Press, 1967, p. 252.

(三)代议制的许诺

在民主的晨曦年代,代议制是理想与现实的混合物。在18、19世纪的欧洲,人们将对君主统治的不满与厌恶转化为对代议制的希望,于是,在这种热切和乐观的希望氛围中,代议制为紧接着的民主新世界许下了种种诺言。

许诺之一是对"代表"民主性的强调。如前所述,在近代,"代表"一词顺利完成了和"人民统治或权力"的勾连,后者乃是民主的新世界里最为根本的政治正当性。在代议制民主的语境中,通过作为议会成员的议员进行代表,代议制政府能够从人民那里有效地汲取统治正当性。这正如密尔(John S. Mill)所言,"代议制政体就是,全体人民或一大部分人民通过由他们定期选出的代表行使最后的控制权,这种权力在每一种政体都必定存在于某个地方。"[1]密尔的这句话一针见血地点明了代表在代议制民主中的核心作用,代表可以且必须使政治秩序具备民主性,议会及其成员在代议制理论中有能力代表人民统领整个政治秩序,并取君主统治而代之。也正是基于对"代表"民主性的许诺,在近代的代议制民主逐渐兴起的同时,产生了大量围绕着代表的性质以及"如何代表"的讨论,这些讨论说明了,无论是"实质代表"还是"实际代表",[2]代议制的核心关怀之一乃是议会及其成员如何通过代表机制真正实现对人民的代表。

代议制的第二个许诺是对政府的有效监督。代议制理念下的议会,其职能并非管理,"而是监督和控制政府:把政府行为公开出来,迫使其对人们认为有问题的一切行为作出充分的说明和辩解,谴责那些

---

[1] 〔英〕J.S.密尔:《代议制政府》,汪瑄译,商务印书馆1982年版,第68页。
[2] 参见张福建:《北美立宪前后"代表理念"的争议:一个革命式的转折》,载《政治科学论丛》第十期,1999年6月,第114—125页。

该受责备的行为",并且在政府人员滥用职权或有悖公共舆论之时,将其撤职并任命继任者。①对代议制职能的如此定位并非单纯来自思想家头脑中的空想,而是有着对现世问题,尤其是政治问题的关注。在近代欧洲,随着工业革命的推进,理性化逐步渗透到各个领域中,政府愈来愈以主权国家的政府面目出现,并越来越具有力量,这在无形中将给人们的日常生活带来压力。尽管在这一时期,君主制已然遭受到巨大的打击,甚至出现了倾覆,但是一方面,君主制下的政府依旧以恣意、蛮横、冷漠和不顾被统治者意愿的面目萦绕在人们的脑海中;另一方面,代议制政府在取代君主统治正当性的同时,也需要回应民众对政府施加有效监督的诉求,以解决政府权力在现实政治中对民众来说的无责任或弱责任状态。在代议制思想家看来,议会的运作恰好是落实政府责任的有效机制,人民通过其代表使政府对自己负责,防止它走向任性和脱离管束,从而实现对政府的有效监督。

　　提升人民的自我治理能力是代议制的第三个许诺与题中之义,它也是民主本义的实践前提。在君主统治下,不存在政治语义上的人民,而只有臣民,臣民的最佳品质是顺从而非自我治理能力。自我治理能力是人民的第一美德,民主要在现实政治中取得实践和展开,就必须建立在人民自我治理能力的基础上。虽然城邦共同体及其直接民主是锻炼自我治理能力的可行经验,但是,在代议制思想家眼中,作为君主制替代者的民主政体不仅仅只能有理论的外壳,更为重要的是需要在君主退下政治舞台时能够真正进行运作。基于这一思考,由于平衡了人民全体参与治理和政体运作可行性两方面的需要,代议制政府便成为与国家——这一规模远远超过城邦的政治共同体最相匹配的民主形式。它使人民能够通过代表与国家公共事务发生关联,这与君主统

---

① 参见〔英〕J.S.密尔:《代议制政府》,汪瑄译,商务印书馆1982年版,第80页。

治下臣民与政治事务的无涉形成鲜明对比。在民主时代，既然国王不再是唯一的爱国者，自然而然地，人民便将会在选举、督促其代表表达意愿的过程中，时刻提醒自己乃是国家的主人，不断获得自我治理能力上的提升。对此，法国思想家贡斯当在其1815年出版的《适用于所有代议制政府的政治原则》一文中有过精辟论述："通过国民代表的监督，通过适用于分析所有行政行为的公开辩论和出版自由，使国民保持活力，即保持一种为了维护国家宪法而追根究底的精神和习惯性的关切，一种对公共事务的不断参与，总而言之，一种政治生活的生机感。"①

在18、19世纪的欧洲，人们对民主充满期待，对代议制政体寄予厚望，在许多思考者的笔下，代议制民主有如终结君主制，开创美丽新世界的钥匙，人们将能够借助这把钥匙告别臣民的顺从年代，打开通往公民精神之门。在门后的美丽新世界里，不管是以全体利益还是选民利益为导向，议会及其议员是人民的真正代表，他们的行动体面正直，能够有效连结人民与国家，对日益扩大的政府权力施以有效监督。同时，与旧世界的君主制相比，代议制民主能够充分激发人民的政治热情，人民也可以通过这一机制不断锻炼自身的治理能力，真正实现民主含义中的"人民统治"。

二、代议制的失落及其根源

实践偏离理想轨道、许下的诺言无法兑现、光明的新生活最终消失在无尽的暗夜中……人类社会历史上的诸多"美丽新世界"就这样失去了最初的光环，给追随者带来无限的苦恼，给"新世界"的人们

---

① 〔法〕邦雅曼·贡斯当：《适用于所有代议制政府的政治原则》，载《古代人的自由与现代人的自由》，阎克文、刘满贵译，冯克利校，商务印书馆1999年版，第135页。

带来无穷的痛苦与泪水。在近代民主的晨曦中,代议制政府被认为是恩泽万物、冉冉升起的朝阳,它视君主统治为旧世界的图腾,将人民作为新世界政治秩序的基础;它向人民许以真正的代表、有效的监督,以及以自我治理能力提升为标志的公民精神,认为这是民主理想转化为现实的保障。但是,20世纪的历史证明,代议制在此之前的许诺过于乐观了,它挟人民之力将君主从政治秩序的中心位置挪开,自己却难以名正言顺地占据这个中心;它的许诺在政治实践中打了折扣,使其信奉者难掩失落。

(一)代议制理想与实践的失落

在20世纪,对代议制相关问题最为敏锐的观察者是德国人卡尔·施米特(Carl Schmitt),他直截了当地指出,20世纪初的欧洲议会已经背离了代议制理想中的公开性和辩论两项原则,"各政党(根据成文宪法的文本,正式说来它们并不存在)今天不并面对面地讨论意见,而是作为社会和经济的权势集团,算计着自己的利益和掌权机会,以此为基础达成妥协和联合。利用宣传部门争取群众,而这种部门的最大作用取决于诉诸直接的利益和激情。作为真正的辩论之特征的真正意义上的论证,已不复存在,取而代之的是在党派谈判中自觉算计利益和掌权机会"。[①]对施米特而言,公开性和辩论绝非简单的程序问题,而是直接关系到"代表"能否名副其实,关系着代议制自身的民主性。回顾代议制的历史,既然它是通过切断君主与国家之间的代表关系,并进而确立自身对人民的代表性起家,那么,当施米特直接质疑代议制议会的代表性,怀疑其与人民之间关联的真实性时,代议制的正当性便被从根基上动摇了。

[①] 〔德〕卡尔·施米特:《当今议会制的思想史状况》,冯克利译,载《政治的浪漫派》,冯克利、刘锋译。上海人民出版社2004年版,第161—163页。

这不仅是施米特一个人的论断，代议制发展到20世纪确实暴露出诸多问题，尤其是现代政党制的运作越来越超脱出代议制民主的框架，使"代表"在实践中逐步被形式化，甚至沦为口号式的一纸政纲宣言。

这也不是政治系统自身单独的问题，20世纪经济、社会领域的理性化和多元化极大地加剧了利益的分化，代议制为基础的政治系统对此应接不暇、无力迅速消化，自然产生机械复制经济、社会系统冲突模式，并受到后两者围攻的局面。

这更不是"独立说"或"委托说"等代表性质及活动方式的内部之争进入现代性语境所带来的恶果，此类争论并未帮助削弱代议制中的代表真实性，反倒是代议制政体中代表的变异同时伤害到争论的双方——无论是全体性的代表还是局部的代表，两者都在议会及其议员的蜕变中黯然失色。

在政治实践中，代表属性的变异将使代议制对政府的有效监督成为空中楼阁。之所以要强调代议制对政府的监督是因为，君主统治下的政府并非免受一切监督，它仍需受制于君主、强势贵族甚至教会。但是，这些监督是封闭性的，相关政治权力的运作与人民无关，政府不对人民负责，人民亦无从通过有效机制施加影响。代议制许诺人民可以通过议会及其成员对政府活动施加影响，甚而允许政府官员仅因其行为有悖公共舆论而被免职，相对于君主统治下政治的封闭性，这对民主晨曦年代的人们而言，无疑具有极大的吸引力，也是民主的重要实现方式。然而，当议会及议员的活动重归封闭性，并将政治与公共领域的辩论仅仅视作为利益计算与交换式的谈判时，议会及议员对政府的监督便彻底沦落为一种表里不一的表演。此时，所谓的监督更像是议会内部各个利益团体之间的"交换性零和博弈"，监督不再出于公心，而是出自私利，代议制下的监督也不再是人民"通过代表的监督"，而是就此堕落为"代表的监督"。最终出现的结果便是，在代议制民主的口号下，人民再次被屏蔽在真实的政治领域之外，与公共事务绝缘。

培育与提升人民的自我治理能力，这是代议制政府最鼓舞人心的许诺，但细究之下，也是最为暧昧的承诺。在代议制的提倡者看来，民主实践需要良好的公民素质与精神，代议制可以激发和塑造这样的公民精神。如贡斯当便看到了当时法国民众在公民素质培养上的不足，有碍于选举，不过在他看来，这是过去专制统治造成的习性，习性可以借助代议制得到改变，素质也可以培养。[①]根据这一逻辑，代议制使选举成为政治常态、使人民进入政治话语，旧世界的政治冷漠便由此被自然而然地消融。不幸的是，完美的学理逻辑并不能直接推导出与之完全呼应的政治实践。代议制政体或许祛除了旧世界的政治冷漠，但却在现代性背景下促生出新的冷淡态度。究其原因，一方面固然是私人领域的兴起，使得人们的日常生活不再局限于政治空间，个人可以专心致志地蜷缩在经济等私人领域，对政治等公共生活漠不关心；另一方面，或许更为主要的是，代议制的运作已经逐渐偏离其最初设计的轨道，即愈渐背离民主的本义，"人民的统治或权力"只剩下空洞的外壳，议会及议员只不过是定期从这个干瘪的外壳中穿过，便仿佛重新获得了民主正当性，可以继续自行其是。在这一过程中，曾经激发起热情和参与活力的普选、宣传、动员等日渐失去迷人的光环，面对日趋复杂化、技术化的现代国家，人民渐渐失去对政治和公共事务的关注，而将它们都交给自己的"代表"，并无视这些代表在远离民主本义的道路上渐行渐远。

可见，与君主统治下的政治冷漠不同，代议制政体中的政治冷漠是一种自觉的冷漠，它并非统治者有意封闭政治空间的产物，而是在

[①] 〔法〕邦雅曼·贡斯当：《适用于所有代议制政府的政治原则》，载《古代人的自由与现代人的自由》，阎克文、刘满贵译，冯克利校，商务印书馆1999年版，第90页。

现代性背景下，人民热情被分散或者说是自己慢慢失去警惕的结果。出于对君主统治时期民众缺乏公民精神的认识，以及民主本义的诉求，尽管代议制许诺新世界的人们将在国家与公共事务治理中提升自己的民主能力，但恰恰在这一问题上，代议制的提倡者同时多少显得有些暧昧。这种微妙的态度在密尔讨论代议制的弊病时有着较为典型的表现。

密尔是将君主专制作为代议制政府的参照物展开讨论的，他认为，与前者相比，代议制政府允许公开的自由讨论，可以使全体人民都在一定程度上参与政府管理，人民借此便可以从中得到教育和锻炼。但是，密尔似乎又不愿完全承认这是代议制脉络中理所当然的结果，他在通过对比点出代议制优点的同时，又指出，若在实践中不能使人民的个人能力得到充分发挥，那么任何一种政府形式均会具有消极缺陷。[1]反观现代，代议制从20世纪至今所造成的政治冷漠恰正符合密尔所描述的"消极缺陷"，需要注意的是，该缺陷只是在现代性背景下被放大了，其根源仍在代议制发端之际的暧昧与纠结之中。在近代民主的晨曦年代，代议制提倡者需要以民主作为代议制的正当性渊源，因此，培育人民自我治理能力及塑造公民成为不可回避的话题，然而，代议制另一面即精英统治的暗语却与之存在内在冲突，人民通过代表进行统治，无论理论上是如何严密地将代表与人民相联系，实践中又是如何谨慎地对代表科以责任，最终都可能使作为代表的议会及议员趋向精英化、独立化，形成自身独特的利益，而罔顾与人民的联系。也正是在这个意义上，人民的自我治理能力提升是代议制必然会逐渐背弃的诺言。

在意大利政治学者莫斯卡看来，在包括高度文明社会在内的一切社会中，均会存在统治阶级与被统治阶级两个社会群体，前者人数少

---

[1] 参见〔英〕J.S.密尔：《代议制政府》，汪瑄译，商务印书馆1982年版，第84—85页。

却垄断所有政治权力,后者人数占优并是政治有机体的必要条件,但受前者指导和控制。①代议制政府也无法免俗,即使在注重参与和公民精神的密尔那里,②也依然存在对民主社会中精英角色作用的首肯和重视。③如此看来,代议制民主不过是给统治阶级和被统治阶级的分化涂抹上一层伪饰,在其政治实践中,以"人民的统治或权力"为本义的民主注定会被背叛。在利益算计与交换以及政治冷漠中,代表的畸变、人民失去对监督的掌控乃至公民能力和精神的萎缩无疑是对代议制民主当年美好许诺的嘲讽。从根源上来说,这并非现代性状况进入20世纪以后对代议制进行挤压的后果,而是代议制自身在其发端处的缺陷和暧昧使然。

(二)代议制民主模型的贫困

代议制对诺言的背离是其理论模型自身存在缺陷的结果。若仅仅根据20世纪以来国家角色发生变化与作用趋向积极的潮流便下判断,以为代议制的衰退是国家本质发生变化,即从自由主义国家转变为社会福利国家的产物,那么,这显然只看到了代议制民主模型中的立法活动层面。可见,唯有深入代议制民主模型本身,方能发觉其贫困根源。④

代议制民主模型的贫困源于其视野有意无意的"狭隘",它从人民那里汲取政治正当性以对抗君主,却在理论构建和政治实践中将重

---

① 参见〔意〕加埃塔诺·莫斯卡:《政治科学要义》,任军锋、宋国友、包军译,任军锋校,上海人民出版社2005年版,第119页。
② 有关密尔对参与和公民精神的论述可以参见他对托克维尔的评论,参见John S. Mill, "De Tocqueville on democracy in America, " *The Collected Works of John Stuart Mill*: Volume XVIII, *Essays on Politics and Society*, edited by J. M. Robson, Toronto, University of Toronto Press, 1977, pp.47—90。
③ 参见黄俊龙:《民主社会的精英统治:对密尔〈论代议政府〉的一个诠释》,载《政治科学论丛》第十八期,2003年6月,第219—222页。
④ 参见李鸿禧:《议会民主主义之虚像与实像——其病理与生理之剖析》,载《中兴法学》第16卷,1980年3月,第75—76页。

心放在作为代表的议会及议员身上。在代议制的视野中,最鲜活生动的是代表们的面孔,人民更近似于一种政治底色。近代的代议制思想家们似乎更喜欢讨论与"代表"相关的问题,如"委任说"与"独立说"之争等,①而对被代表者即人民问题,要么是以前提假设的定位方式匆匆带过,要么是仅将其放在选举范畴之中。换言之,在近代思想家所构建的代议制民主模型中,代表者与被代表者之间的关系被忽视了,实质上的二元关系模型被简化为一元模型,由此导致代议制的理论与实践主要围绕作为代表的议会及议员展开,人民却消逝在"代表"一语的背景底色当中。

这正如海因茨·尤劳(Heinz Eulau)在《代议制度观念之变迁》一文中所言:"所有民主代议理论的底层都有一种行为主义的假定,认为责任及反映性可以由某种相似性来确保……我认为这种行为假定完全错误。相反的,我相信一开始的行为假定,就必须承认代表与被代表之间有根本性的差异……一个有发展生机的民主代议理论就必须奠基于这种地位必然不同的假定上,而不是建立在比较讨好但其实错误的假定,以为代表与被代表之间有某种基本的相似性。"②尤劳的这段话是对代议制理论一元模型釜底抽薪式的批判,他直接指出代表与被代表者之间同构性假设的虚伪,无论代表者出自何处,当其被"选出"之后,便与被代表者产生根本的差异。拘泥于一元模型的代议制无视这种差异,以为被代表者可以顺理成章地为代表提供民主正当性,同时又忽略了代表与被代表者之间的复杂关系与互动过程,模型本身失去理论和实践的说服力。

贫困的一元模型无力解释代议制对民主本义的背离,甚至会对此

---

① 参见张福建:《代表与议会政治——一个政治思想史的探索与反省》,载《行政暨政策学报》第四十五期,2007年12月,第16—22页。
② 〔美〕海因茨·尤劳:《代议制度观念之变迁》,江宜桦译,载《代表理论与代议民主》,应奇编,吉林出版集团有限责任公司2008年版,第51页。

感到匪夷所思。因此，有必要转换一下视角，暂时从与被代表者相关的两个角度来观察代议制的民主模型。

首先，从人民作为政治正当性的渊源角度，我们可以很容易地发现，以代表地位为中心的代议制在政治实践中对代表的民主正当性仅有虚化的论证，人民的统治或权力越来越流于形式，民主似乎正渐渐成为一部自动盖章机，机械地为议院及议员提供定期的正当性证明。在此模式下，代表只知从人民那里索取民主正当性，而不会受到来自人民的有效压力，以自己的行动补强代议制政府的民主性格。可见，无论是在理论上抑或实践中，一元模型均不需要人民统治或权力的积极配合与运作。

其次，就培育人民的政治能力而论，一元模型与之具有内在冲突。尽管拥有对塑造公民精神的许诺，但近代构建的代议制民主模型始终摆脱不了对精英治理的偏爱，这或许是间接民主的宿命，也是前述莫斯卡点出的"统治阶级永不失败"的具体表现。因此，在一元模型中，被代表者即人民的政治能力只是一个因为民主口号而不得不提，但又被漫不经心对待的议题，真正吸引人们目光的是代表应如何在该模型及其实践中活动，而该活动无需培育人民政治能力及公民精神即可顺利进行。

综上可见，虽然代议制以民主为渊源，借助人民的统治与权力来对抗君主统治，进而论证自身的政治正当性，但是，20世纪初以来的演变使我们看到，代议制正与民主本义渐行渐远，利益计算、交换以及政治冷漠等逐一侵蚀着它当年许下的美丽新世界，它越来越向卢梭的这一著名论断靠拢，人民只有在选举时才是自由的，一旦选举结束，就重新成为奴隶，就等于零。[①]究其根源可以发现，今日代议制的弊病

---

① 〔法〕卢梭：《社会契约论》，何兆武译，商务印书馆2003年版，第121页。

乃昨日模型存在缺陷的结果，通过对"代表"的吸收与运用，代议制与民主相勾连，从而确立了正当性，然而，成也萧何败也萧何，代议制没有留意"代表"内在的二元关系，没有看到它两端连接的是代表者和被代表者，而是过分地将理论模型的重心放在代表身上，致使人民的统治及其自我治理能力在政治实践中日益萎缩，趋向空洞的形式化。

三、以自治重建代议制民主的许诺

在揭示了代议制政体的弊病，并指出其弊病根植于理论模型的缺陷之后，有必要稍加停顿，重新回顾一下民主的本义及其近代语境。如前述萨托利所言，民主的本义乃"人民的统治或权力"，近代民主的兴起正是反思君主统治正当性的结果。代议制由于与近代民主最具亲缘性且具备现实操作性而被寄予厚望，但它却在政治实践中逐渐背离了民主的承诺，由此引发了两个相互关联的问题：其一，我们是否要因此放弃代议制民主？其二，如果放弃，代之以何物？如果不放弃，应如何弥补以重建其民主许诺？

本文无意对第一个问题进行规范层面的详细讨论，而只想简单指出，代议制在世界上实行民主制的多数国家中仍是最主要的选择，对它的批评更多的是出自失望而非绝望。它的正当性并未像当年的君主统治那样遭受根本性的动摇，现实世界的人们也未能像要替换君主制那般，提出全面的替代性方案。因此，就以观念为核心的政治哲学而言，在现阶段尚无需在操作层面谈及代议制的毁弃。那么，下一步要讨论的就是如何在代议制的框架下，重新寻回其昔日民主的许诺。

（一）为什么不是参与民主？抑或为什么选择自治？

参与民主的发展与实践在20世纪70年代的西方国家曾达到顶峰，根据意大利政治学者诺伯托·博比奥（Norberto Bobbio）的考察，在这一时期，公众的参与不仅局限于国家层面的政治世界，而且扩散至诸如学校、工厂等市民社会领域的方方面面。[①]然而，在博比奥的当代同胞保罗·金斯伯格（Paul Ginsborg）看来，博比奥察觉到了新情况与新问题，却没有看清楚形势，参与民主的浪潮在西方国家很快便退去，这里面固然存在新自由主义意识形态兴起、西方国家中左翼政党缺乏因势利导的远见等宏观因素，[②]但更为重要的则是参与民主本身的先天不足。

金斯伯格教授将形形色色的参与民主活动归纳为两个类别，分别是"遴选性"和"开放性"的，前者将公民陪审团、电子市政会议等参与形式视作特定社区的缩影，参与者需要在总体上反映社区各个群体的组成及利益，后者则力图将特定地区的所有人口都涵盖进来，并通过制度安排使参与能够对决策产生直接的影响，最典型的便是巴西阿雷格里港的"参与式预算"和美国芝加哥近年来推广的社区治安和公共教育方面的公民参与活动。[③]然而，无论是"遴选性"还是"开放性"的参与民主活动，它们都无法逃避自身在参与的规模、持续性和影响效果上的局限。

首先，在规模上，由于参与耗时耗力，参与民主永远只是少数人的游戏，在这一点上，它甚至还不如代议制民主中的选举涵盖广泛。

[①] 参见 Norberto Bobbio, *The Future of Democracy: A Defence of the Rules of the Game*, Cambridge, Polity Press, 1987, p. 54—55.

[②] 参见 Paul Ginsborg, *Democracy: Crisis and Renewal*, London, Profile Books, 2008, p.57.

[③] Ibid., p.64—72.

即使对以囊括所有人为目标的"开放性"参与民主而言,它在实际操作中的涵盖性也是十分可疑的。譬如在1997—2000年间,芝加哥市每年在媒体上投入160万美元来宣传推广社区治安方面的公民参与。换回的不过是每个月一共仅有5000到6000名居民会参与到片区会议中(共有279个片区,平均每个片区会议约有10到20名居民参加,与之对应的是每个片区约有4到6千名成年居民)。①

其次,多数参与民主活动往往并不具有持续性和连贯性的,人们被公权力召集来参加决策等公共活动,却很快就会被礼貌地遣散回家,即使他们希望继续参与该项决策的进一步发展,也缺乏相应的渠道。换言之,公众的参与不过是公共事务治理过程中的一个环节,而非贯穿治理的制度安排。

最后,参与民主活动最大的不足在于对最终决策缺乏足够的影响力。除了巴西阿雷格里港的"参与式预算"等少数实验稍微注重参与对决策的影响外,人们无从知晓自己的参与对最终决策是否产生了影响、产生了什么样的影响以及是如何产生影响的。这似乎与民主的本义即"人民的统治或权力"之间存在一条难以弥合的鸿沟,使"参与民主"这一措辞本身充满了反讽。

正是基于参与民主在规模、连贯性以及影响效果上的缺陷,我们可以发现,它难以成为兑现代议制民主许诺的根本解决方案:由于规模不足,参与民主无法充分体现民主性和实现对政府公权力的监督;连贯性的缺乏又使得它无法满足公民能力逐步提升的要求;而参与影响力的未知与匮乏则使民主性、对政府的有效监督与自我治理能力的提升成为镜中花、水中月。究其根本,乃是源于绝大多数的参与民主

---

① 参见 Archon Fung, "Deliberative democracy, Chicago style: grass—roots governance in policing and public education", in Archon Fung and Erik Olin Wright, *Deepening Democracy*, London, Verso, 2003, p121, 128.

活动脱离了日常政治生活,未将民主与公民的日常生活相结合,它有限地开放了参与渠道,但却又没有将参与转换为日常政治形式,实际上,它是围绕着将公民从私人领域拖拽进入公共领域的逻辑来进行制度设计的,虽然标榜"自下而上的权力",但骨子里依然受"自上而下的权力"主导,重参与而轻影响效果,更遑论对公民个人自我治理能力的关怀。如此看来,由于失去了拥有自我治理能力的公民这个核心要素的支撑,西方国家的公众参与在20世纪70年代达致顶峰后的衰颓便不会令人感到惊讶了,参与民主并未辅助代议制民主重拾昔日的民主许诺。

与之相反,自治却将民主注入到公民的日常政治生活中。前已述及,萨托利敏锐地将民主优先放置于政治脉络之中,并以此为由指责托克维尔的"社会民主"本末倒置。在这一问题上,萨托利的判断并非完全正确,他抓住了民主至关重要的内核,却这么误解了托克维尔:"托克维尔把民主同贵族统治相对照,直到1848年还把民主理解为一种社会状态而不是政治形态。"① 实际上,托克维尔对当时美国民主社会状态的观察和分析正是他的政治关怀,在他眼中,美国的民主根植于自治之中,自治主要是公民的政治状态而非社会状态,正是自治使得民主要素融入了公民的日常政治生活。当代议制以民主之名完成自身的规范性论证,却在政治实践中将其虚化之时,自治则可以自我统治与治理的公民精神重新回归民主的本义。

值得关注的是,虽然萨托利正确地指出,在实践操作层面,自治的强度与自治的广度、持续性均成反比,即有效的自治只能在较小范围内实施,无法全面替代当前的政府形式,② 但是作为对代议制民主的纠偏和重新充实,自治最重要的理论价值在于重申了民主的本义,这

---

① 〔美〕乔万尼·萨托利:《民主新论》,冯克利、阎克文译,上海人民出版社2009年版,第21页。
② 同上,第79—81页。

在代议制民主性衰退的语境中具有特殊的意义；强调自治绝非仅仅局限于新英格兰乡镇式的小共同体构建，而是需要看到自治所蕴含的自我统治与治理之内涵对当今代议制民主的提醒。在自治的理论模型中，人民通过自由联合组成大小不一的团体，团体公共事务向团体内部所有人开放，即团体内的所有人统治团体内的每一个人，人民的自我统治得以实现。据此，若将自治与代议制民主勾连起来，则能使后者当中被疏离的民主虚像重新变得实在和具体起来。

此外，针对代议制民主一元模型的缺陷，运用自治的视角可以纠正代表角色角度的偏颇，有效治疗代议制民主在视野上的狭隘，后者是代议制偏离民主轨道的理论根源。如若将目光放在自治上，我们可以发现，自治的主体乃是人民自身，因此，借助自治可以将代议制民主模型的焦点分散到被代表者身上，它与国家层面的精英统治天然对立，正是在这个意义上，自治能够克服以代表角色为侧重点的一元模型弊端，从而补全代表和被代表者二元关系模型中缺失的一端，将对政治形态的观察引导到互动关系的思维方式上，而非局限于关系的某一方。同时，也唯有通过自治的理论模型，当下代议制民主才能重获培育人民自我治理能力、塑造公民精神的机会，托克维尔对此进行过很好的阐述："新英格兰的居民依恋他们的乡镇……他们参加乡镇的管理……在力所能及的有限范围内，试着去管理社会，使自己习惯于自由赖以实现的组织形式，而没有这种组织形式，自由只有靠革命来实现。他们体会到这种组织形式的好处，产生了遵守秩序的志趣，理解了权力和谐的优点，并对他们的义务的性质和权利规范终于形成明确的和切合实际的概念。"① 诚然，即使是托克维尔也承认，人民在自治过程中常常会使公共管理乱作一团，但是更为重要的是通过对公共

---

① 〔法〕托克维尔：《论美国的民主》（上卷），董果良译，商务印书馆1988年版，第76页。

事务的关心，人民能够扩大眼界、摆脱常规束缚，并实现公共参与。①

可见，之所以以自治来弥补代议制民主性的衰退，正是因为自治内里所蕴含的民主本义以及对人民本身的侧重能够作为一针强心剂，以自治为基本形态的日常政治能够时刻保持着对政府公共权力的警惕和监督，并在运作过程中随时保持着一种自我开放的态度，从而使公民个人对公共事务的参与成为可能。因此，若将自治在制度实践中铺展开来，或能在代议制民主的框架下，构建真正的二元关系模型，进而有效地治疗其民主衰退的症候。

（二）制度操作层面的自治可能性

前述对代议制政府的反思既是理念的，也是实践的，为公平起见，在扼要点明自治理论模型的民主性之后，有必要探讨一下自治问题如何在代议制民主的语境中具体展开，以使理想能对应理想、实践对上实践，而不是以理念中的自治去苛责代议制的政治实践中不尽如人意的地方。故，若要在制度操作层面实现自治与代议制民主的对接，需要从结社、参与以及公共事务分权三个角度推进，并观察实践效果。

首先，结社自由往往是代议制国家宪法中非常重要的政治权利，宪政的实现亦离不开对结社自由的充分保障。对结社自由的思考不能狭隘地局限在政党组建的意义上，而应当进行广义的理解，将其视作提升人民自我治理能力及培育公民精神的主要手段。在代议制框架下，人民借助结社形成团体力量，并在团体力量的运用中跳出窠臼、扩大眼界与自我教育，既是实践也是实现自我的政治地位，以此保障对代表的有效压力，使后者不致成为利益算计和交换者，远离民主正当性的渊源。因此，代议制民主需要真心实意地推动以自治为出发点的结

---

① 参见〔法〕托克维尔：《论美国的民主》（上卷），董果良译，商务印书馆1988年版，第279页。

社自由，单个公民通常倾向于躲在舒适的私人空间，经由结社形成的公民团体更加具备给议会及议员带来压力的能力，也更可能使代表与被代表者的二元关系模型在实践操作中名副其实与无偏颇。

其次，以自治为内核的参与是对代议制民主模型的重要补正。代议制民主通过代表概念虚拟了人民的政治参与，其在真实政治世界中的参与主要限于投票选举，当人民推翻君主统治的热情消退之后，代议制政府的民主性便愈渐虚化。自治对参与的关注则是以结果为导向、从实际操作层面入手，希望能够重建人民的统治与治理，在现实的政治生活中再现人民的权力。尤其是在代议制下的议会日趋无力完全应付纷至沓来的国家任务，而不得不将大量立法事项委托给行政机关的现代性背景下，不但是人民日渐失去对代表的控制，进而丧失对政府的"二手监督"，议会及议员面对行政机关的自行其是，也显得力不从心。由此可见，民主的正当性与终端的权力活动便会被切断两次。唯有将自治的理念与精神充实到日趋空洞的参与形式中，并在议会活动和行政权运作这两个层面从结果角度加以思考和实践，才能重新如接地气一般地与民主正当性相接续。具体而言，便是以公民团体组织化的形式进入议会活动，议会程序本身也应当进行调整，向此类团体开放，如在议会听证、质询等活动中听取公民团体的意见，并作出回应等；而在行政权运作领域则是以公共参与的形式来补正行政活动的民主正当性，行政机关在重大决策中需要遵循公开、听证等正当程序，并从公共参与中汲取其在议会委任立法那里并未充分获得的民主正当性。

此外，尤为需要强调的是，自治框架下的参与不能被狭隘地局限于"影响国家意志"的层面，①否则，作为国家意志体现的行政权力

---

① 关于国家意志和国民意志的区分，参见陈爱娥：《代议民主体制是民主原则的不完美形式？——加强、补充代议民主体制的可能途径》，载《警大法学论集》第四期，1999年3月，第42页。

等依旧可以继续裹挟早已虚化与含糊不清的民主正当性,对其前进道路上的一切阻拦肆意清扫。这便为参与沦为苍白的形式打开了论证之门,我国当下存在的诸多"听而不证"、"你都决定了还听什么"等现象背后就有该思考方式作祟。反之,自治模型中的参与应被放在政治领域里加以思考,将之定位为"人民意志的形成",具体而言,便是在国家公权力活动中,通过制度化、常规化的方式(如设立专员)对上述参与活动的结果,尤其是参与和最终决策、决定之间的关联予以评估和公布,以便真正实践自治的理念与精神。如此这般,方能在议会或行政机关的权力活动中使参与上升到政治高度,使权力的现实掌握者慎重对待具体事件中的参与者,乃至在更广阔的政治共同体背景中思考参与者诉求和共同体利益之间的关系,并探寻参与背后的人民意愿。

最后,公共事务的外放分权是自治得以有效运转、发挥最大功效的必要条件。近代代议制民主在汲取民主正当性的同时,也为将大量地方公共事务集中整合提取至中央打开了方便之门。在实践中,人民的自我治理能力并非从天而降,而是需要在公共事务的锻炼中逐步形成。经济领域的发展与发达已经使人们降低了通过结社、协商来解决共同问题的兴趣,政治领域权力的逐渐集中则将进一步缩减自治空间当中公共事务的范围。或许有论者会认为这是经济领域高度发达和技术化、国家事务复杂化带来的必然结果,是在财政上不可避免地倾向于中央的后果。确实,在中央和地方财政问题上,英国等发达国家亦面临地方财政日益依赖于中央的局面,但是,金钱不能取代思想,用国家财政来解决地方上的现实问题常常是虚假的许诺,学校教育、犯罪控制、福利等大量社会问题的有效解决方法实际上存在于自治当中。[1]当将这些

---

[1] 参见〔美〕保罗·海纳:《权利·自由·乡镇自治——重温托克维尔》,董礼胜译,载《自由与社群》,刘军宁等编,北京:生活·读书·新知三联书店1998年版,第226—227页。

公共事务重新分拆、外放到自治群体中时，人民便有机会借此在亲自解决问题的过程中积累美德、提升能力。而财政问题不应成为阻碍公共事务外放分权的借口，自治的实践完全可以依据当地的具体情况分事项分步骤地展开，地方政府对此需要采取更为开放的心态。若遵循该思路，与我国小区业主自治类似的诸多问题便能得到逐步解决，人民在制度化的实践操作当中，凭借渐渐提升的政治能力由小及大、推己及人，将为代议制民主的运作注入新的公民精神。

综上所述，自治模型在实践操作中所要求的结社、参与和公共事务的分权在当今代议制民主的框架中绝非空想，而是具有实践可能性，并已在某些领域中展开。同时，三者之间绝非彼此相隔的孤立关系，而是相互联系。譬如，单纯的结社并不能完全防范政治活动的私人利益化，而是需要辅之以连贯性的参与，通过公开的协商讨论来过滤私人利益诉求，确保政治的公共性；参与也需要公共事务进一步向自治群体开放，才能成为真正有效的民主活动；而公共事务的分权外放又必须与结社所形成的团体组织化力量相配合，方能实现分权外放的目的，培育民主时代的"新民"。正是借助自治模型及其实践的构建，代议制在民主晨曦年代的开出的支票才有了兑现的可能，其自身也避免在远离民主的歧路上渐行渐远。

四、结论

为什么要对代议制民主背弃自己当年的许诺如此敏感？任何一种政治观念和制度演进都应当有现世关怀，都应对现实问题有所反思与回应。回溯近代历史，我们可以得知，代议制是借助民主复兴而兴起的，它的矛头直接指向君主统治摇摇欲坠的正当性。由于权力天生善于隐蔽自己，所以，在君主统治下，权力的运作是封闭而神秘的，这在民主的时代是不可容忍的。代议制借助英文中"represent"一词的演化，成功地将自身与民主相勾连，平衡了民主理想和现实操作的诉求，不但在规范层面同时也在事实层面完成了对君主统治的替换，开启了代议制民主的政治时代。

然而，在政治领域，往往是许诺太多，兑现太少，代议制民主也难脱离这一窠臼。它当年描绘了一个民主的美丽新世界，许诺说将充分实现"代表"，保证人民和国家的真实联系，将对政府权力予以有效监督，并将培育人民的自我治理能力，但是，时间证明，代议制民主逐渐背离了自己的许诺，偏离了民主的本义。究其原因，这并不完全是残酷政治实践无可奈何的结果，而是代议制民主模型存在一定的缺陷：它以民主之名统摄整个政治秩序，却过分地关注代表者，而忽视了被代表者；它的模型是一元的，而非代表与被代表者的二元关系模型。

因此，以自治重建代议制民主的许诺是在当下为代议制政府解困、重塑其民主本义的重要途径。

诚然，公民对政治生活的参与水平和意愿不断降低，这是当今世界主要发达国家不得不面对的一个问题，也是现代性的隐忧，托克维尔当年倾心的美国亦不能免俗。对此，美国学者罗伯特·普特南（Robert Putnam）专门对20世纪后半期至今的美国作过观察和分析，认为今天的美国公民与过去相比，其参与水平已经下降不少。[①] 然而，民主观念依旧在当代政治中占据主流，人民仍然能回忆起以代议制为表征的民主在当年的许诺，在这一语境中，我们不妨回顾一下政治学者莫里奇奥·维罗里（Maurizio Viroli）所说的"公民民主（citizens'

---

① 参见 Robert D. Putnam, *Bowling Alone: The collapse and Revival of American Community*, New York: Simon & Schuster, 2000, p. 31—64.

democracy）", "公民民主"是一种未腐化的民主,"公民具有适度的公共意识,这种意识赋予公民以动机和勇气去监督公共决策并批评它们,去揭露权力的滥用和非法行为……人们不仅仅是名义上的公民,他们也拥有公民的精神。"[①]这是当年代议制民主的许诺,也是今日将自治精神和实践注入代议制民主模型,以重归民主本义的目标和期待。

---

① 〔意〕诺伯托·博比奥、莫里奇奥·维罗里:《共和的理念》,杨立峰译,应奇校,吉林出版集团有限责任公司2009年版,第113页。

人物思想

议会及议员的权责：
埃德蒙·柏克代表理念的可能贡献
及其限制

张福建*

一、前言

  代议政府乃是近代民主政治赖以运作的主要模式，无论是实行内阁制、总统制或混合制的国家，其议会的功能是否得以彰显、其代表性是否足够及议员素质的良莠等……对施行民主政治的成效都具有关键性的影响。在各国宪政史上，当议会的权力逐渐扩张时，一方面不免与王权或行政权有所冲突；另一方面也随着近代工商业的急速发展，新兴的资本家及广大的劳工阶级，也亟思在议会谋取一席之地，以保障或促进自己的权益。因此，从17世纪以降，在英法等工业及商业蓬勃发展的国家，其议会遂逐渐成为各个势力、党派及阶级逐鹿之地。思想家们也各自从不同的立场及角度，针对议会应扮演的角色、议会与选民的关系、议会任期的长短、选区重划及选民的条件是否放宽等

---

* 台湾"中央研究院"人文社会科学研究中心研究员。

问题，阐扬自己的理念。其中最值得吾人注意者，是18世纪英国的政治思想家埃德蒙·柏克（1729—1797）。

柏克是18世纪颇负盛名的政论家，追随当时辉格党（Whig）的罗京汉伯爵（Lord Rockingham）多年，并成为辉格党理论的代言人。柏克一生担任英国下议院议员长达29年之久（1766—1794），其间除了1774年是凭借自己的声望取得当时英国第二大商港布里斯托(Bristol)的议席外（到1780年即因支持其故乡爱尔兰得以从事自由贸易的立场与布里斯托的商业利益抵触而丧失议席），其余则全凭在当时已经饱受激进人士抨击的"衰废城镇制"（the system of rotten boroughs）才得以继续保有席位。柏克从政期间，英国正值多事之秋，内则因宗教及经济问题引发一连串的事件，其中较著名的有Wilkes案件、①爱尔兰国会改革运动及1780年在伦敦爆发大规模劫掠天主教徒的"戈登暴动"（Gordon riots）；②外则美洲有抗税而酿成的独立运动、东印度公司特许权问题及稍后爆发的法国大革命，这些都对英国政局造成不少的冲击。面对以上诸多问题，主政的国王乔治三世（George III，1760—1820）却一心向往恢复昔日的王权，不但不尊重议会的权力，反而不断运用其影响力笼络或贿赂国会议员，以使有利于王权的法案通过。这些作为不但削弱了国会的权力，使国会的自主性日益式微，更何况国会的结构并未随着社会经济的变迁进行合理的调整，凡此都给激进派莫大的口实，及至法国大革命爆发，激进派更感到前所未有的鼓舞，

---

① Wilkes案件指的是激进人士John Wilkes（1727—1797），于1762年发行激进的刊物North Brinton，不时批评乔治三世及朝政，因而遭到通缉，乃亡命法国，于1768年潜回英国，三度当选Middlesex的议员，但均遭除名，国会甚至任命与Wilkes竞选时落选的对手为议员，此举遂激怒了Middlesex的自由保有权人（free holder）。但国会仍然拒绝接受他们的请愿，而国王也无意对这些人的请愿加以救济。这些作法，柏克认为实有违英宪对人民选举权的保障。
② "戈登暴动"是指1780年由戈登爵士（Lord George Gordon）所领导的运动，以反对1778年的宽容天主教法案（Catholic Relief Act）为号召，在伦敦造成大规模的街头暴动。天主教徒、法官及律师的住宅，均被劫掠一空，其间更有数千名囚犯被释放出来。此次暴动在柏克心理造成不小的震撼。

R. Price，J. Priestley 等，莫不纷纷著书立说或成立"革命协会"（the Revolution Society）宣扬革命。此际英国大有山雨欲来之势，柏克既然身为罗京汉辉格党理论的代言人，对以上诸多问题自不能置身事外。要想妥善因应可能的危机，柏克以为较理想的对策，既不在于扩张王权，也非如激进派所主张的缩短国会任期、成年男子普选及选区重划等所能济事。① 因为在柏克看来，无论前者或后者的提议都有违英国的宪政传统及"光荣革命"的精神，况且未经节制的王权，更加容易滥权腐化，乔治三世的统治就是最有力的佐证。② 至于开放成年男子普选权等提议，由于柏克深信一般人民欠缺足够的智慧及理性来治理国家大事，因此不宜贸然实行。"戈登暴动"及法国革命初期的骚乱就足以证明。因此较稳当及明智的对策是——维护一个独立而健全的国会，而这正是辉格党的精神所在。

如何维护一个独立而健全的国会，的确是柏克一生的关怀所在，也是本文的焦点。为了达成这项目标，柏克的具体方案，包括国会议员应由社会中的自然贵族膺任、确立政党制度，国会议员应凭借智慧、良知独立判断行事，而不应完全顺从民意，以及国会任期不宜过短等。至于柏克为何有这些提议，又根据什么理由？这些理由是否充分等，都有待我们做更深入的探讨。

---

① 认为柏克采取议会政治——即中间路线者，Ian Hampsher-Monk (ed.), *The Political Philosophy of Edmund Burke*, London: Longman, 1987: p. 17; Alfred De Grazia, *Public and Republic: Political Representation in America*, New York: Alfred A. Knopf, 1951: p. 37。
② 在1780年国会以233比215票通过"Dunning's resolution"，柏克明白指出"王权已经高涨，而且还持续在涨升中，应该予以节制（C. Cook & J. Stevenson, *The Longman Handbook of Modern British History, 1714—1987*, London: Longman, 1988: p. 9.）。"

二、自然贵族、政党及实质代表制

自乔治三世当政后,民间发起的国会改革运动未曾间断,①即使议会本身也曾多次提出改革国会的议案,但屡屡在表决中挫败。②足见在柏克从政期间,改革国会已经成为朝野最关注的议题。这固然是由于国会的结构迟迟未能随着社会经济结构的变迁而有所调整所致,"衰废城镇制"及"囊中选区"(pocket boroughs)的陋制,使得许多议席操控在权贵手中,不但有损国会的尊严及独立性,更无法确切反映人民的心声。何况乔治三世每每利用闲缺及金钱来酬庸国会议员,使得国会不但无法对王权有所节制,反而一起腐化。对于国会所面临的窘境,柏克当然不会无动于衷。因此他曾先后在《对当前种种不满之原因的沉思》(Thoughts on the Cause of the Present Discontents)及《关于经济改革的演说》(Speech on Economical Reform)中,直言造成国会欠缺独立性的原因,在于国会拨给王室的大笔款项,反而被王室作为收买及笼络议员之资。柏克认为国会试图删减国王餐厨费用之所以会失败,曾语带讽刺地说其原因是:在御膳房内转动烤肉架的人就是国会议员。③

由此可知柏克并非无视于国会的腐化,只是他对于激进派主张国

---

① 激进派的国会改革运动,除了J. Wilkes外,80年代则以C. Wyvil领导及以伦敦地区为主体的"协会运动"(the Association Movement)最知名,其活动的高潮是1980年5月召开,并着手草拟"人民六点宪章"(the Six Point of People's Charter)。稍后则由R. Price及J. Priestley领导下成立的"革命协会"(the Revolutionary Society)声势最为浩大,1989年11月并曾在伦敦举行光荣革命百年庆。R. Price并发表《论爱国家》(Discourse on the Love Our Country)一文,文中将法国大革命比拟为英国的光荣革命,宣扬人民有权选择统治者、有权可以组织新政府、有权可以罢黜过失的统治者。这些论点即成为柏克《法国大革命反省》一书中,极力批驳的论点。
② 从1778年开始,议会即有改革的议案提出,只有1780年的Dunning's resolution顺利通过,此后陆续在1783年、1785年William Pitt均曾提案改革国会,但均一一挫败。
③ 《关于经济改革的演说》,《全集》卷三,第283页。

会年年改选、成年男子普选、秘密投票及按人口比例重划选区等方案都有所顾虑,于是他大力提倡"自然贵族"、"实质代表制"(virtual representation)及建立政党等理念,来回应当时一波波改革国会的运动。至于这些方案是否切中时弊?是否足以满足当时殷殷求治的期盼?则只能回到历史脉络中摸索可能的线索。确保一个独立的国会、有效的节制王权,诚然是柏克所盼望的,但一向审慎的他,绝不愿像激进派一样病急乱投医,贸然主张一些与当时情势条件不符的方案。在柏克看来,政治的事务相当复杂,无论行政立法都有赖理性、智慧及审慎的判断,而非仅凭意志(will)或意见可以成事。因此对于人民的意见固然应予尊重,但绝不宜完全顺从民意。

对此,他曾精辟地指出:

> 一位理发匠或一位油灯商,对任何人而言都算不上是份高尚的工作——更不消说其他更卑微的行业。像这类人不应再受到国家的压抑;但是假使让他们这类人个别的或集体的去统治他人的话,受压抑的将是国家。①

正因为柏克对于一般人民的智慧能力不敢寄予厚望,因此他才提出"自然贵族"的理念。究竟哪些人才算得上是"自然贵族"?"自然贵族"是如何养成的?他们的利益是否与国家相背离呢?柏克的答案是:

> 真正的自然贵族并不与国家的利益相背离,或在国家中自成一个独立的利益。在组合完善的大团体中,自然贵族是必要的组

---

① 《法国大革命之反省》,Edmund Burke, *Reflection on the Revolution in France*, C. C O'Brien ed, London: Penguin, 1969: p. 138.

成部分。……生于尊优的环境：从童年以至成年，不见卑鄙龌龊之事，由教育而知自尊自敬……有闲暇阅读、思考及讨论，能不时向智者及饱学之士请益；在军旅中养成发号施令及服从的习惯，受教育而肯为荣誉及职责冒险犯难……视自己为国民的导师及扮演人与神间的调人，因而养成谨言慎行的德行；受聘为执法者；成为高深科学及精致艺术的专家；或成功为富有之商家，而从其成功足以推定他们具有敏锐及强力的悟性，且具备谨慎、秩序、诚实及纪律等美德，并养成交易公正的习惯。①

从这段征引文字中，我们可以得知：

第一，柏克首先要澄清的是"自然贵族"，并非是国家中一个分离(separate)的利益，因此不会与国家整体利益背离，如果用当代的术语来讲，就是"自然贵族"并不是代表某一阶级的利益，因此不必对"自然贵族"理念有所排斥。

第二，"自然贵族"按照柏克的叙述，其大致上包括法官、律师、教士、科学家、艺术家及成功的资本家等。这些柏克心目中的"自然贵族"，主要不在于他们的出身，而在于其所具备的才能、德性及财富。这群人可说是社会的精英。而且"自然贵族"的理念与时下所谓"开放式菁英"（open élite）的理念十分相近，而与贵族政治，尤其是世袭贵族不相干，这点是特别值得我们注意的。

第三，柏克特别将经商致富的商人纳入"自然贵族"中，并推定其具有卓越的才干、德性。这点与一般认为辉格党较重视工商业利益的看法一致，从这里我们也可以看出，工商业的活动及利益在18世纪的英国政治上已经占有一席之地；至于劳工阶级则要到19世纪才逐渐

---

① 《新辉格党人对旧辉格党人的呼吁》，Edmund Burke, *Edmund Burke: Selected Writings and Speeches*, P. J. Stanlis ed, Gloucester, Mass.: Peter-Smith.1968: p. 542.

受到重视。

1832年的大改革法（the Great Reform Bill）可以说是一个重要的分水岭，在此之前具有选举权的人数还是相当有限。柏克虽然是一个改革者，但绝非是一个激进的改革者，这点可以从其对于选举权资格的取得及其所倡议的"实质代表制"得到佐证。

柏克既然期望政治事务能由"自然贵族"来担任，但由于对于一般人民的能力不具信心，如果贸然开放成年男子普选，这些理想的"自然贵族"未必能脱颖而出。因此对于选举权的开放，柏克仍相当审慎。根据他的估算：在英格兰及苏格兰成年男子中，精力未衰，有闲暇参与讨论，并有管道可以获得信息，及经济上独立自足者，大约在40万人左右。①

按照柏克的说法，实际上其有选举权的人数可谓十分有限，加上"衰废城镇制"所造成选区分配不均的情形极为严重，许多新兴城市如曼彻斯特（Manchester）、伯明翰（Birmingham）等，均未享有选举议员之权。反之若干市邑，随着产业结构的调整，居民相率迁离，已形同废墟，但仍保有选举议员之权。如苏格兰的彪特（Bute），只有选民一人，每逢选举，自行办理选举手续，即告当选。面对这诸多不合理的现象，自然成为众矢之的。可是柏克却提出"实质代表制"的观念来为这种现象辩解。

所谓"实质代表制"乃相应于"实际代表制"（actual representation）。前者意旨：某一地区如伯明翰虽无推派议员之权，但由于其与布里斯托同为商业地区，因此其利益便有布里斯托的议员来照顾，因此其利益在实质上也受到保障。至于"实际代表制"即指该地区或团体的确有选举权，并有议员与议会者，如彪特及布里斯托等地区。

---

① 《论弑君媾和第一信》，《全集》卷八，第140页。

柏克曾对"实质代表制"的意涵加以说明,并明言"实质代表制"优于"实际代表制"。再进一步分析讨论之前,我们不妨先看看柏克自身的说法:

> 实质代表制中,虽然不是真正由某类人民选举产生的,但在任何以某类人民名义行事的人(笔者按:即议员),及人民本身之间,却是利益共享、情感与欲望共鸣,这就是实质代表制。此种制度我认为在很多情况中,都远比实际代表制好。它具有后者大部分的优点,却避免后者诸多不便之处。①

根据柏克"实质代表制"的立论,对于许多未享有选举权的地区,"实质代表制"的说法如果成立,实在是给予主政者敷衍搪塞莫大的便利。因为只要认定该区或团体的"利益"已被代表,便可以搪塞其要求。但这种说法绝不是柏克的原意,因为他仍极力为爱尔兰的天主教徒及北美殖民地争取选举权,因为其利益的确乏人照顾。据此,我们可以推定柏克的想法是:究竟是否要赋予该地区或团体选举权,关键在于该地区或团体的利益是否受到妥当的照顾作为裁判的依据②。因此原先看来似乎极为保守的"实质代表制",也可以被用来做较激进的诠释,而其中的关键端赖谁有权决定其利益是否已受到妥当的照顾。

依照前面的分析,我们可以说"实质代表制"多少必须以实际代表制为基础,至于其中的关键,就在于该依地区或团体的实质利益是否受到关照。可是"实质代表制"的说法要成立,还得面临以下可能产生的问题:

---

① 《给朗格力希爵士的一封信》,Edmund Burke, *Edmund Burke: Selected Writings and Speeches*, p. 259.
② H. F. Pitkin, *The Concept of Representation*, Berkley: University of California Press, 1967: p. 178.

第一，所谓"实质代表制"是指某一地区虽然没有推选出自身的代表，但其实质利益却仍能受到关照。问题在于布里斯托选出的议员，为什么要关照伯明翰地区的利益？这两个地区间的利益是否一致？如果不一致，究竟以何地区的利益为优先？答案似乎是显而易见的。因此"实质代表制"确如柏克所言，必须是以利益共享、情感与欲望共鸣为前提。可是这项前提似乎过于脆弱，经不起事实严酷的考验。因为1780年柏克在布里斯托竞选连任失利，即在于其为爱尔兰争取自由贸易权，明显违背了布里斯托选民的付托所致。

第二，柏克始终相信有一整体、客观的利益存在，而各个利益的总和即是国家利益，议会所权衡的是国家整体的利益，如商业或农业利益等。柏克所期望的是一个能权衡国家整体利益，而非以个别利益为考虑的议会及议员，但这样的议会及议员是否经得起选举残酷的考验，答案似乎也不是那么乐观。

截至目前为止，我们可以看到柏克对于当时国会改革运动，无论是成年男子普选、选区重划等方案，基本上并不支持，其中最根本的原因，在于柏克对于一般人民的能力不具信心，因此才将希望寄托在"自然贵族"身上，期望这些人能基于客观整体的利益，权衡各地区实际的需要，再决定是否给予该地区推选议员之权。这种想法在实际运作上会有不少的困难，但其用意绝非想象中的保守，这可以从其主张给予爱尔兰天主教徒及美洲殖民地推派议员之权证明。

在改革国会的诸多提议中，柏克最在意的是如何强化国会的权力及自主性，以免其沦为一专为王权背书的橡皮图章。的确自乔治三世当政后，国会的权力已日益式微，而刚萌芽的内阁制度，在步履蹒跚之际，又被乔治三世重重地推了一把，更显得摇摇欲坠。当然这当中，辉格党的没落与自身派系林立也难辞其咎。即以罗京汉所属的派系而言，虽曾两度衔命组阁，但均为时短暂，主要就在于党内其他派系的杯葛，以及乔治三世在暗中作梗所致。就在这种背景下，柏克开始兴起了筹组政党的理念。下面一段话可为佐证：

> 人们彼此联结，则遇有任何密谋，彼此可以迅速地通风报信，人们可以共同计谋与合力对抗。反之，假如他们彼此离心，无同谋、无组织、无训练，则消息闭塞、聚议艰难，而难以有效对抗。当人们未曾彼此共事，既不熟悉彼此的原则、不知道彼此的才能、不了解彼此的脾性。无友谊、无共同利益作为彼此的基础，他们便难以在公众事务上展现其协同一致、坚忍及效能。在相互联结中，即使最微不足道的人在整体力量的赞助下，也有其价值、其用处。反之，彼此松散，即使再卓越的才能也难于在公众事务上一展长才。……当坏人彼此结合，好人也必须相互结合，否则他们将一个个地被击败，在卑鄙的斗争中牺牲无人怜惜。①

上述这段引文可以说是柏克无意间为近代政党催生草拟的一份宣言。虽然在当时的英国，政党的正当性仍备受质疑，每每将其视为一彼此间党同伐异、相互勾结竞逐利益的组合，谈不上什么原则，更不消说有益于国计民生。不过这可不是柏克心目中的政党，他所谓的政党是：政党乃是一群人依据他们所共同同意的某些特定原则彼此结合，共同努力以促进国家的利益。②

按照以上的界说可知柏克心目中理想的政党必须是：

第一，彼此间的结合是基于"某些共同同意的原则"。换言之，是基于共同的信念；因此其与"派系"（faction）最大的不同，在于

---

① 《对当前种种不满原因的沉思》，Edmund Burke, *Edmund Burke: Selected Writings and Speeches*, pp. 140—141.
② Ibid., p.143.

派系基本上是以竞逐私利为着眼点,因此彼此间的聚散,端视利之所趋。

第二,政党成立的宗旨,在于增进国家利益,因此政党间的竞争乃是原则之争;至于"派系",则着眼于私利,彼此间合纵连横,算计的无非是个人的得失。如果按照柏克的标准,检视当时英国的政坛,大体上仍是"派系"居多,唯一较接近其标准的是罗京汉所领导的辉格党,因为他们的结合,基本上是以维护辉格一贯的传统自居。

综合以上的研究,笔者认为柏克在从政期间,所面临的政治情势是:上有一不断高涨的王权以及一个腐化无能的国会,下则有民间一波波改革国会的运动,随着国内外政治经济情势的不断激化。借改革国会以强化国会,固然是他所乐见的,但对于激进派的诸多主张仍不免心存畏惧。原因无他,只因为他深怕激进派的诸多提议,不但不足以强化国会,反而使国会成为致乱之源。而他所提倡的"自然贵族"、"实质代表制"及"政党"等对策,我们不妨把它看成是柏克基于当时政治情势所采取的一种折衷方案,他的局限是未能体察到开放选举权、重划选区乃是势之所趋,也未能体认到借由国会代表性的强化,事实上是节制王权最有效的利器。

三、议会、议员与选民

议会是由各地区选出的议员组成,议员则由选民选举产生,按常理推断,议员应以选民的意见为重,而且更应该以其选区的民意为重。在今天我们习惯上认为议会乃是"民意代表机构",议员则是"民意代表",为民喉舌是其职责所在,在议会中争取其选区的利益,更是责无旁贷。今天我们不认为这种看法有什么偏差,事实上在18世纪的英国,认为国会议员是选民"训令代表"(instructed delegate)的看法也十分普遍。例如1774年布里斯托选举时,柏克竞选的对手Henry

Cruger,就明白宣称其愿意接受其选民的委任命令（mandate）；不过柏克却不以为然。理由之一是这种主张"于法无据"。他说：

> 表达意见是每个人的权利，选民的意见是重要而且值得敬重的，代表理应以听取选民的意见为荣，且应以最慎重的态度考虑他们的意见。但如据此认为，代表应该盲目而绝对地接受与其良心、判断明显抵触的权威指令，此乃是这块土地上的法律前所未闻之事，而其原因系来自对我们宪法整体秩序及旨意的一大误解。①

柏克之所以反对接受"训令代表"的主张，除了上述堂皇的理由外，更重要的原因是基于他对政治事务的认知，他以生动的口吻说：

> 你们的代表所应为你们尽到的职责，不仅是他的勤奋，而且还有他的判断。假使他放弃自己的判断而屈从你们的意见，那他不是服务你们，而是出卖了你们。……假使政务只是凭各方意愿（will）的事，那毫无疑问的，你们的意见应该被列为最优先的考虑。但是政务及立法乃是有赖于理性及判断的事务，而非凭意向可以成事。在未经讨论之前，就已经做成决定，这算是哪种理性呢？②

根据以上的论述，可以看出柏克之所以坚决反对"训令代表"的主张，最主要的是他认为政务及立法都有赖于理性及判断，并需经由充分讨论之后才能做出适当的决策，因此不宜唯民意是从。不过我们千万不要误以为柏克是主张议员可以不顾民众的感受。因为对于人民

---

① 《选举结果揭晓后对布里斯托选民之演说》，Hamspher-Monk, *The Political Philosophy of Edmund Burke*, p. 110.
② Ibid.

的意见固然不应该言听计从,但其感受却是最真实的。他说:

> 世界上最贫困、无知及闭塞的人,是实际压迫的裁判者。这是一件事关感觉(feeling)的事。当这些人普遍感受到(痛苦),而不是由于过分敏感,那他们是最佳的裁判者。但是对于真正的原因及适当的补救措施,则千万别去向他们求教。①

在这份"当选感言"中,柏克出乎人意料的,不但没有以充满感激的口吻对选民的支持致谢,反而以坚定的口气断然拒绝了"训令代表"的主张。不仅如此,他还更进一步说:"你们的确选举了一位代表,但当你们选举他之后,他已不再是布里斯托的代表,而是国家的代表。"②为什么布里斯托选出的代表,代表的不是布里斯托,而是整个国家?柏克认为:

> 国会并不是由敌对及不同利益所派遣使节的会议,在其中身为一位代表及其支持者,必须各自维护其利益以对抗其他代表及其支持者。国会乃是一个国家的审议会议(deliberative assembly),他只有一个利益——代表整体的利益。它不应该依照地区性的目的及地区性的成见来行事,而是应该以整体普遍理性所形成的普遍福祉为依归。③

柏克的坦率固然让人惊讶,不过令人更感兴趣的是,柏克提出的

---

① 《给朗格力希爵士的一封信》,Edmund Burke, *Edmund Burke: Selected Writings and Speeches*, p. 257.
② 《选举结果揭晓后对布里斯托选民之演说》,Hamspher-Monk, *The Political Philosophy of Edmund Burke*, p. 110.
③ Ibid.

论点是否成立？它是否具有足够的说服力？笔者以为这个问题涉及的层面过于复杂，因此难以直截了当地说是或不是，所以我们不妨迂回地从几个角度切入：

第一，在英国宪政史上，议会的产生原本是英王为了遂行征税的目的，乃召集各地的市民与骑士前来商议。由于摊税的承诺对地方有其约束力，因此这些与会的代表，通常都会被责成在允诺摊税之前，英王必须先协助解决地方的疾苦作为交换条件。因此，这些代表慢慢地演变出两种功能性的意义：分摊税赋及为地方争取权利。这些代表因而成为地区的代理人，他们领有薪俸，并且在返回地方后，有义务向地方报告他们在议会的言行。因此，他们获得某种程度的授权，在答应分摊额外税赋时必须先征得地方的同意。然而在14到17世纪时，骑士与市民代表慢慢地结合成一个团体，采取一致的行动，成为巴力门的共同成员，以共同对抗英王。到了内战时期，这种"共同体"的意识及行动不断升高，巴力门演变成为代表整个国家的机构，并且代表整个国家来监督统治者的作为是否与英国人民的利益符合[1]。因此从议会发展史的角度来看，早期的议会纯粹是各地区的骑士或市民代表组成，他们既不是一个团体，彼此也少有联络，各自争取的是地方的利益。一直到17世纪之后，代表们经由彼此共事，才慢慢形成一单独的团体，并且实行一致的行动来对抗英王。因此柏克认为议会及地区性选出的议员代表整个国家的说法，不能说是没有历史的根据的，不过那是17世纪以后的发展。

第二，就理论上而言，假定各个地区的议员只顾着争取其选区的利益，那么议会岂不是成为分赃大会，如此一来，议会理性（the reason of parliament）必然荡然无存。近代议会的存在，并不完全是基

---

[1] H. F. Pitkin, *The Concept of Representation*, pp. 244—245.

于一项权宜的考虑,而是由于议会就如同柏克说的,它是一个"审议的会议",来自各地区、各阶层的代表齐聚一堂,经由彼此相互的辩论、妥协,再依多数决作成决策。因此柏克告诉布里斯托选民说:

> 我现在已经成为富裕的布里斯托议员,不过它只是个富裕商业国家的一部分,其中有各式各样及复杂的利益存在。……假使可能的话,这些广泛的利益必须纳入考虑、比较和调和。①

因此任何一位议员都具有双重角色,一方面他是各地区选出的代表;另一方面他也是整个国家议会的组成分子。当这两种角色冲突时,究竟该如何取舍,似乎难以有一个固定的准则可供遵循,拿捏之间纯属政治艺术。

第三,就实际政治而言,议员既由某一地区产生,基于连任的考虑,莫不竞相沦为"声望拍卖会的竞价者"(bidders at an auction of popularity)②。除了乱开支票以取悦选民外,并声嘶力竭地为其选区争取利益。地区性的利益是他所不能忽略的,否则难保不会步上柏克竞选连任失利的后尘。

总之,依照柏克的理想,议会、议员与选民间的关系,应该是:议员尊重民意,但是不屈从于民意;身为国家最高审议会议的一员,应该在维系国家整体利益的前提下,依理性及判断来议政,并随时广求民瘼,给予适当的救济。而这样的议会及议员或许只能寄望于"真正的自然贵族"。

---

① 《选举结果揭晓后对布里斯托选民之演说》,Hamspher-Monk, *The Political Philosophy of Edmund Burke*, p.110.
② 《法国大革命之反省》,Edmund Burke, *Reflection on the Revolution in France*, p.374.

四、结语

"改革国会"是18世纪英国政治史上最富争议的议题之一,其中所牵涉的不仅仅是行政与立法间结构关系的调整,还包括选区是否应予重划,选民资格是否应予放宽、代表与选民间应然的关系以及国会任期的长短等课题。当然,以上问题的浮现,并非一朝一夕的结果,而是长期的积累所致,其中最重要的原因是,随着17、18世纪工商业的蓬勃发展,社会及经济情势已经有了重大的变迁,可是国会的结构及制度并未能做及时的因应调整,因此它既不足充分反映人民的声音,也无法有效地照顾到新兴的工商业利益;外加乔治三世当政期间,国会每每沦为国王的附庸,腐化及无能更为时人所诟病,于是随着美、法大革命的爆发,境内改革或革命的运动不免风起云涌。就在这种情势下,柏克身为罗京汉辉格党理论的代言人,对于一波波的改革或革命运动,自然不能不有所响应。不过他主要的着力点是放在如何有效强化国会、以有效节制王权的扩张及腐化,而"实质代表制"、"自然贵族"及"政党"等,就是为了响应这些问题所提出的主张。对于这些主张,我个人并不怀疑其中有若干合理性及说服力,然而相较于激进派所提出的若干方案,如选区重划、放宽选举人资格、缩短国会任期等,或许更贴合当时社会经济情势的发展。

柏克为了强化国会、节制王权,所提"自然贵族"、"实质代表制"等主张,诚然与当今的民主潮流未能尽然符合,然而就其实质内容而论,与当今所谓"开放菁英"的理念委实相去不远。而他对于"政党"的建立及其重要性,柏克也可谓深具洞见。至于他对议会、议员与选民关系的看法,即使时至今日,我们也难以断然否定其中有若干理据,而值得我们深思再三。

卡尔·施米特与代议制的思想基础

翟志勇 *

一、议会制危机

在《当今议会制的思想史状况》一书中,施米特提出一个令人费解的论断:"按流行的观点来看,议会制今天处在中间,受到布尔什维克主义和法西斯主义两面夹击。这是个简单而又浮浅的概括。议会体系和议会制度的危机,其实来自现代大众民主的环境。"更具体地说,"议会制危机是从现代大众民主中产生的,归根结底,是从充满道德情怀的自由个人主义与本质上受政治理想支配的民主制的国家感情之间的矛盾产生出来的。……就深层而言,这是自由个人主义意识与民主同质性之间不可逃避的矛盾。"①也正因为如此,施米特反复强调,议会制的基础不是民主,而是自由主义,因此,民主与自由主义之间的矛盾是理解议会制危机的关键。但是,同样是按照流行的观点来看,议会制常常被视为民主制的亚种,所谓的间接民主制或代议制民主,

---

* 法学博士,北京航空航天大学法学院副教授。我在宽泛的意义上使用"代议制"一词:一方面,它既包括施米特所批判的自由资产阶级的议会制,也包括施米特自己为之辩护的符合代表原则的总统制;另一方面,它既包括一般意义上的近代代议制(议会制和总统制),也包括中世纪代表制,两者之间的联系和区别,可参阅曼斯菲尔德:《近代代议制和中世纪代表制》,刘锋译,载刘小枫编:《施米特与政治法学》,上海三联书店,2002年,第329—364页。无论是代议制还是代表制,都是建立在代表(representation)这个词之上的,对这个词的系统性概念分析,可参阅 Hanna Fenichel Pitkin, *The Concept of Representation*, University of California Press, 1967.
① 施米特:《当今议会制的思想史状况》,冯克利译,载施米特:《政治的浪漫派》,刘小枫编,上海人民出版社,2004年,第169、171页。

密尔、伯克、贡斯当、基佐乃至联邦党人,对此都有详尽的论述。①现如今,议会制民主更被视为切实可行的民主实现方式,也是当今民主的普遍模式,显然是将民主视为议会制的基础,并且与自由主义相辅相成。那么施米特所谓的议会制危机来源于大众民主的发展,又是从何讲起的呢?又该如何理解呢?

在传统的政体分类中,并没有议会制的一席之地。从亚里士多德到孟德斯鸠,传统的政体分类一直未突破君主制、贵族制、民主制以及他们的各种变态和混合形式这个框架,而议会制是近代早期主要在英国逐步发展起来的一种新的政治形式,基佐对此制度的历史起源曾做过非常详尽的考察。②施米特认为:"议会制不是一种独立的政治形式,它既非特殊的政体,亦非特殊的政府形式,而是将不同的政府形式和立法形式付诸运用并加以混合的系统,其宗旨是要维持不稳定的平衡。……这种制度使不同的政治形式保持着不稳定的平衡,它同时运用了同一性要素和代表要素,运用了君主制、贵族制和民主制这几种不同的结构要素,因而就以一种特殊的方式符合自由市民阶层和国民法治国的政治趋向。"③简单来说,议会制的思想基础不是民主而是自由主义,议会制是自由主义对传统政体形式的一种实用主义的选择性利用,如果一定要说议会制更类似哪种传统政体形式,施米特认为,议会制更类似一种贵族制或寡头制,但是与民主制相去甚远。

议会制的社会基础是自由市民阶层的教养和财产,它们共同构成现代议会制的支撑点。当然,教养和财产并不是议会制独有的社会基础,

---

① 以密尔为例,在论证了"理想上最好的政府形式就是主权或作为最后手段的最高支配权力属于社会整个集体的那种政府", "能够充分满足社会所有要求的唯一政府是全体人民参加的政府"后,密尔认为"既然在面积和人口超过一个小市镇的社会里除公共事务的某些极次要的部分外所有的人亲自参加公共事务是不可能的,从而就可得出结论说,一个完善政府的理想类型一定是代议制政府了。"参见密尔:《代议制政府》,汪瑄译,商务印书馆1982年版,第43、55页。
② 基佐:《欧洲代议制政府的历史起源》,张清津、袁淑娟译,复旦大学出版社,2008年。
③ 施米特:《宪法学说》,刘锋译,上海人民出版社,2005年,第328—329页。

亚里士多德在讨论政体分类时，已经详尽论述教养（出身）和财产对政体类型的决定性意义。教养是一种个人素质，关乎人的理性，议会应该是由有教养的人组成的，从而是理性的汇集，议会的统治是理性的统治，代表着整个民族的教养和理性。因此对自由市民阶层的议会制来说，人的教养，特别是议会中议员的教养是议会制坚实的社会基础，是理性辩论的前提条件。财产曾经与人的教养密切相关，一般认为有财产才能有教养，中国古语所谓的"仓廪实而知礼节"（《管子·牧民》），但两者之间并没有必然的联系，有财产不一定有教养。"财产不是一种可被代表的品质，但财产占有者的利益可以被代理"。①代表与代理的区别，下文会详细讨论。对于施米特来说，秘密投票和党派政治的发展，使得议会成为各种利益的代理机构，议员不再是全体人民的理性或教养的代表，而是各种利益团体的代理人，议会不再是理性辩论的公开场所，而是各种利益讨价还价的藏污纳垢之地。财产取代了教养，利益取代了理性，现代议会制的社会基础发生了倾覆，而这一切都是自由资本主义的发展结果，民众对利益的无止境追求以及由此带来的种种冲动，破坏了议会制的思想基础：辩论和公开性。

虽然施米特认为议会制利用了君主制、贵族制、民主制要素，是各种政体要素的折中与混合，但施米特并不认为议会制仅仅是一种权宜之计，议会制有自己独立的思想基础，即辩论和公开性，这是伯克、边沁、基佐和密尔等议会制思想家一贯以之的思想主题。"辩论指意见交流，其目的是通过论证某事为真理或正确而说服对手，或被人说服而认为某事为正确或正当"。②而公开性为政治开辟了公共领域，使得各种权力和言辞置于公民的监督之下，从而保证对真理的寻求，国家能置于理性统治之下。辩论和公开性使得议会在意见分歧而非利益

---

① 施米特：《宪法学说》，第333页。
② 施米特：《当今议会制的思想史状况》，第162页。

分歧的基础上，形成理性共识，从而发现真理和正义，或者可以说，辩论和公开性是自由主义获取卢梭所谓的"公意"的方式。对于施米特而言，如果议会能够始终贯彻辩论和公开性原则，那么议会就具有代表原则的品性，因为它能够在多元的基础上形成理性的统治，不幸的是，议会已经成为党派利益的工具，成为利益妥协和秘密政治的场所，议会制的思想基础荡然无存，至少在魏玛时期的德国是如此。

但这与大众民主的发展有何关联呢？在施米特看来，大众民主的发展催生了各种各样的政党，他们作为社会和经济利益的权势集团，为了在议会中占据多数，进而掌控国家权力，不遗余力地以各种方式去动员和煽动群众，特别是极左的无产阶级政党和极右的纳粹党，它们是大众民主发展的最极端的表现形式，它们并不认同《魏玛宪法》的基本原则，但它们可以通过合法的竞选进入国会，进而改变《魏玛宪法》确立起来的共和体制。对于施米特而言，"敌友之分"中的敌人不仅指外部敌人，也包括内部那些试图以合法方式篡夺权力进而破坏宪法的人。"议会民主制在相当程度上已经被'大众政治'——通过现代传媒进行的宣传、广告式的竞选语言、煽动性的传单、满足大众'最直接的需求和冲动'的种种廉价的保证和主张——架空和取代。……简单地说，魏玛共和国的自由主义宪法有可能为宪法的敌人打开通向国家权力的道路，这是施米特的核心论点。"①也就是说，魏玛的议会制不但不能形成理性的统治，反而为宪法的敌人提供了可乘之机。为应对此种危机，施米特以同一性和同质性来解释民主，并将代表原则追溯到天主教神学，从而希望在自由资产阶级议会制和布尔什维克及无政府—工团主义专政之间，在魏玛宪法框架内，以天主教的代表观念重构代议制的思想基础，即以一元的总统制取代多元的议

---

① 张旭东：《施米特的挑战——读〈议会民主制的危机〉》，载《开放时代》，2005年第2期，第132页。

会制，表现为总统动用《魏玛宪法》第48条的授权实行"委任独裁"，但这一努力稍稍往前再走一步，就成了纳粹党"主权独裁"的理论资源，而这恰恰是施米特曾经非常警惕的《魏玛宪法》的敌人之一。

二、同一性与代表

国家是一国人民所构成的政治统一体的特定状态，政体是政治统一体的构成方式，即此特定状态的政治形式。传统上通常依据统治者人数的多寡以及出身、财富等因素，将政体划分为君主制、贵族制、民主制以及它们的变态和混合形式，但在施米特看来，各种政体之间的差异，实际上是两个相互对立的政治构成原则所决定的，一切政治统一体都从这两个原则的实现中获得其具体形式，这两个政治构成原则即同一性与代表。

所谓同一性，是指人民"可以在其直接给定性中——凭借强大的、有意识的同质性、并由于固定的自然疆域或其他任何原因——具备政治上的行动能力。在这种情况下，人民作为与其自身直接同一的实际在场的实体，构成了一个政治统一体"。这个拗口且抽象的表述实际上包含两层含义：首先，同一性意味着政治统一体的存在状态，必须事实上存在着一个政治统一体；其次，同一性意味着作为政治统一体的人民实际在场，作为统治者的人民与作为被统治者的人民是同一的。直接民主制是最接近同一性原则的政治形式。所谓代表，是指"人民的政治统一体本身从来不能在实际的同一性中直接在场，因而就始终要有人来代表它，这是一种人格化代表"。[①] 这个表述同样包含着两层含义：首先，代表的前提是存在着一个政治统一体，但它不能实际在

---

① 施米特：《宪法学说》，第219页。

场;其次,代表意味着由某个或某些实际在场的人代表着政治统一体,也就是说统治者和被统治者是不同一。"代表意味着通过公开现身的存在使一种不可见的存在变得可见,让人重新想起它。这个概念的辩证法在于,它预设了不可见的东西的缺席,但与此同时又使它在场了"。①君主制是代表原则最典型的表现形式,"朕即国家"的意思是,唯有君主才能代表国家。

再回到政体分类问题上,从理论上讲,民主制是按照同一性原则构成的,君主制和贵族制是按照代表原则构成的,就对代表原则的运用上,君主制和贵族制是相同的,差别仅在代表的人数上。但施米特认为,在实际的政治生活中,没有哪个国家能够放弃同一性,而实行绝对的代表;也没有哪个国家能够放弃代表,而实行绝对的同一性。实际的政治总是同一性原则和代表原则的辩证统一,原因何在呢?这就要从同一性这个概念说起。前面讲过,同一性不仅意味着政治统一体的存在,而且意味着政治统一体的实际在场,即统治者与被统治者的同一。而事实上根本无法实现统治者与被统治者的完全同一并且实际在场,因此同一性所预设的与其说是实际在场,毋宁说是组成政治统一体的人民的同质性。施米特通过卢梭的《社会契约论》来说明这个问题,在施米特看来,"卢梭的《社会契约论》所提出的国家学说中,包含着这两种有着内在不一致的不同因素,外表是自由主义的,国家之正当性理据是一份自由契约。但接下来对'公意'这个核心概念的描述和阐发却表明,在卢梭看来,真正的国家只能存在于人民具有同质性、从而基本上存在着全体一致的地方"。②也就是说,国家的真正基础并非契约,而是签订契约的人民的同质性,人民服从"公意"

---

① 施米特:《宪法学说》,第224页。
② 施米特:《当今议会制的思想史状况》,第168页;类似的论述亦见《宪法学说》,第246页。

的原因在于:"人民的实质性平等达到了极高的程度,正是出于这种相同的实质,所有的人都有相同的意志。"①因此,同一性是靠同质性而非实际的在场来保证的,姑且不要说几乎不可能所有人都同时在场,即便都能同时在场,也不能保证具有完全一致的意见。更为重要的是,对于施米特来说,数量上的总和也不构成政治统一体,"因为政治统一体超越了空间中的集会,超越了集会的那个时刻"。②政治统一体不是量的总和,而是质的同一(公意)。因此,同一性所预设的实质同质性,意味着两种专政的可能:其一是排除不具有同质性的异己分子的专政,其二是以专政的手段来促成实际上或许并不存在的同质性。这也是施米特后面反复申说的民主与专政并不矛盾的原因,建立在同一性之上的民主,恰恰需要以专政的手段来提供人民的同质性。总而言之,同一性所要求的,不是人民现实中的实际在场,而是人民具有绝对的同质性,至于是哪个方面的同质性,施米特诉诸了民族,不过不是民族的血缘、历史或语言等方面的同质性,这些固然重要,但更为根本的是政治意志上的同质性。③

与同一性和同质性相反,代表是个实在的概念,因为代表必然意味着实际的在场。如果代表的前提是存在着一个政治统一体,而政治统一体的同一性又是一个预设的同质性概念,那么实际上意味着政治统一体是通过代表而实际存在的,同质性内在于代表中。虽然从理论逻辑上说,先存在政治统一体,然后才存在代表,但从事实逻辑上看,

---

① 施米特:《宪法学说》,第246页。
② 同上,第220页。
③ 施瓦布指出,至少在种族的概念上,施米特并没有遵循纳粹的路线,参见施瓦布:《例外的挑战》,李培建译,上海人民出版社,第169—179页。张旭东也认为"施米特并不是指望有一种'纯粹的'、'同质性的'人民,或一种'自然形成'的共同体,而恰恰是强调具体的人民总是不纯粹的、不同质的集合体,所以真正的政治认同不能是文化认同(更不要说是种族认同),而是国家认同,而国家认同的基础不在于抽象的国家理念或制度安排,而在于一种实质性的政治意识"。参见张旭东:《施米特的挑战——读〈议会民主制的危机〉》,第128页。

当存在一个真正的代表时，说明政治共同体是统一的，当存在着两个或多个不同的代表时，就意味着政治共同体的瓦解或不稳定的统一。这就像立宪君主制经常存在究竟是君主代表人民还是议会代表人民的疑问一样。如果同一性意味着人民的同质性，具有相同的政治意志，那么由一个人作为代表，还是由几个人集体作为代表（几个人组成一个代表，而不是几个不同的代表），其结果都是一样的，因为代表的意志和被代表的人民的意志是一致的，但后者不如前者，因为几个人组成的集体容易发生内部分歧，进而影响代表性，这就是施米特认为贵族制是不稳定的过渡形式的原因，而君主制才是最典型的代表原则的体现。因此，同一性实际上是通过代表来体现的，绝对的同一性意味着绝对的代表。施米特认为，"如果彻底实施同一性原则，就会导致一个危险，即：根本前提——即人民的实质上的同类性——有可能被虚构出来"。① 而虚构的办法，必然是将人民的实质上的同类性（同质性）统一到绝对的代表身上。② 从这个意义上讲，没有代表就没有同一性，不同政体之间的差别不是代表与同一性的对立，而是不同程度的代表之间的差别，是绝对的一人代表呢？还是少数人代表呢？抑或多数人来代表？只存在一个代表还是存在两个甚至多个代表？因此，政体问题，最终是个代表问题，对政治问题的探讨，同一性和同质性是个预设，就像人民主权是个预设一样，核心问题是谁代表政治统一体，就此而言，代表原则可谓是政治构成的第一原则。

按照施米特的说法，议会制类似于贵族制，就其对同一性与代表原则的运用上讲，议会制处于一种不稳定的过渡状态。议会制容易因内部的党派纷争，使得作为政治共同体统一代表的议会，分裂为相互

---

① 施米特：《宪法学说》，第230页。
② 施瓦布认为，"在施米特的理论体系中，公意只能体现在一个人上，即由德国人民选举出来的那个人。施米特排斥人民可以全面参与决策的想法。"参见《例外的挑战》，第33页。

对立的多个代表，进而破坏政治共同体的同质性和同一性，而这正是当时魏玛政治的真实写照。因此，对议会制危机的拯救，核心问题是代表问题，为此施米特提出了代议制的另外一条路径，即总统制，与建立在自由主义之上的议会制不同，施米特为之辩护的总统制是建立在民主的同一性之上的，其思想源头可以追溯到天主教神学的代表观。

三、代表原则的神学基础

施米特认为："现代国家理论中的所有重要概念都是世俗化了的神学概念，这不仅由于它们在历史发展中从神学转移到国家理论，比如，全能的上帝变成了全能的立法者，而且也是因为它们的系统结构。"[①] 作为政治构成第一原则的代表，自然不能例外，必然有其神学基础，此即天主教的代表观念。

早在1918年发表的《教会的可见性：经院学思考》中，施米特就论述了教会在上帝与信徒之间的中介作用。唯有上帝是离群索居的，但上帝又在世上有无处不在，教会的可见性源于"上帝变成了人"，[②] 并具体化为基督的道成肉身，而教会则被视为基督的身体。由此，基督成为上帝与信徒之间的中介，而教会成为基督与信徒之间的中介，这两个过程在逻辑结构上是一致的，教会的本质正在于它的中介性。基于此，施米特阐述了教会可见性的辩证存在："教会的可见性乃基于某种不可见的东西，可见教会的概念本身具有不可见的性质。如同一切实在一样，可见教会在与上帝的关系中失去了现实性，因为上帝才是唯一真正的实在。……教会可以在尘世上，但不能属于尘世。一

---

① 施米特：《政治的神学：主权学说四论》，载施米特：《政治的概念》，刘小枫编，刘宗坤译，上海人民出版社，2003年，第31页。
② 施米特：《教会的可见性：经院学思考》，载施米特：《政治的概念》，刘小枫编，刘宗坤译，上海人民出版社，2003年，第101、106、107、111页。

种使不可见性变得可见的安排必须根植于不可见的事物,同时又在可见的事物中呈现出来"。①教会的可见性与上帝的不可见性通过教会的中介作用而辩证地结合起来,从而使得属灵的世界和尘世不再是二元分立的世界,而是内在统一的世界,教会是基督的在世代表。

在《罗马天主教与政治形式》中,施米特关注的重点开始从教会的中介性转向其代表性,②并回应了马克思·韦伯在《新教伦理与资本主义精神》中提出的挑战。面对新教对天主教会"独身制的官僚机构"和机会主义的政治倾向的批判,施米特认为"教宗不是先知,而是基督的在世代表"。更明确地说,教会"每时每刻都代表着与基督的道成肉身和被钉十字架的历史关联,代表着基督的人身:基督是历史现实中成人身的上帝"。③教会的中介性决定了教会的代表性,并通过代表性而展现出来。同时,中介性意味着代表不是单向度的,而是双向的。针对教徒,教会是基督的代表;针对基督,教会是教徒的代表。

天主教会是个对立复合体,其独特之处在于,它是一个属灵机构,但又具有建制化的形式特征。天主教会完美地展现了形式的三位一体:"艺术的审美形式、法的正义形式和世界历史性的权力形式"。④这里只讨论与本文主题相关的"世界历史性的权力形式",这也是天主教会备受批评的一个方面。施米特认为,天主教会的突出特征就是教会的政治性,与经济事务绝不相干,这使得天主教伦理与马克思·韦伯所讲的新教伦理截然有别,也注定了天主教会与建立在经济—技术理性之上的自由资本主义格格不入。"教会需要一种政治形式。离开了

---

① 施米特:《教会的可见性:经院学思考》,第 105—106 页。
② 乌尔曼认为,在 1917 年写作的《教会的可见性》中的核心概念是"中介",而 1923 年写作的《罗马天主教与政治形式》中的核心概念是"代表",从"中介"到"代表"的转变表明施米特思想中的世俗化过程。参加乌尔曼为《罗马天主教与政治形式》英译本所写的导言第 xiii 页。Carl Schmitt, *Roman Catholicismand Political Form*, Translated And Annotated By G. L. Ulmen,Greenwood Press,1996.
③ 施米特:《罗马天主教与政治形式》,第 69—70、74 页。
④ 同上,第 77 页。

政治形式，教会的内在代表行为就失去了与之相应的东西。"也就是说，天主教会天然地预设了与政治国家的共存，预设了教皇的代表性与政治权威的代表性的同构性，"在这个共同体中，两种代表形式面对面地互相合作"，①从而使得政治权威成为教皇进而成为上帝在俗世的代表，因为施米特强调，教会可以在尘世上，但教会不属于尘世，属于尘世的是国家和政治权威。就这样，"代表"从一个神学概念世俗化为一种政治概念。②

基于天主教会的代表性和形式性，教会确实几乎可以和任何政治形式相结合，特别是君主制和贵族制，因为这两种制度是代表原则在政治领域最好的展现。但是，当天主教的代表原则与民主制相结合时，就会遇到一些棘手的问题。原因就在于天主教会的代表是一种"自上而下"的代表，而大众民主制下的代表则是一种"自下而上"的代表，上帝只有一个，群众则不计其数，甚至可能是被撕裂的，施米特对代议制问题的焦虑，就在这个问题上。而施米特思考的结果，简而言之，无非以下两个方面：将人民人格化，从而上帝化，实现"人民变成上帝"，从而赋予政治权威的代表位格；同时展开两个方向上的批判：一个是自由主义的议会制民主，因为它破坏了代表原则，进而破坏了人民的同质性，以私人利益上的代理，取代了政治意志的人格化代表；一个是布尔什维克和无政府—工团主义的专政，因为它们以阶级的同质性取代了民族的同质性，以先锋队取代了代表，同样破坏了同一性—代表这一政治构成结构。但在施米特看来，自由主义的议会制和无产

---

① 施米特：《罗马天主教与政治形式》，第80页。
② 对于世俗政治领域的代表概念与天主教神学上的代表概念，以及近代代议制与中世纪代表制之间的关系，并没有一个被学界普遍接受的论断，正如曼斯菲尔德的研究所表明的，即便我们可以从制度和观念层面发现近代代议制与中世纪代表之间的诸种关联，但无可否认的是："近代代议制与中世纪代表制是两种不同的生活方式，而不仅仅是两种不同的代表机器；这个区别在近代代议制的现世主义中表现得最明显。"参见曼斯菲尔德：《近代代议制和中世纪代表制》，刘锋译，载刘小枫编：《施米特与政治法学》，上海三联书店，2002年，第364页。

阶级专政有着共通之处,它们都是建立在经济—技术理性之上的,本质上都不具有代表的属性,前者是利益的代理,后者是世界历史发展的先锋队。

四、代表与代理

施米特断言,罗马天主教的"代表原则的特殊性最明显地体现在,它与今日居于主导地位的经济—技术思维针锋相对"。[1]经济—技术理性关注实实在在的东西,蕴含着绝对的事务性,资本家和无产者如同孪生兄弟,他们都被经济—技术理性所支配,"经济与技术的结合(其内在差异仍值得注意)要求事物必须实际地在场,"[2]各种作为观念而存在的东西仅仅是物质的一种投射,因此经济—技术理性必然会弃绝一切代表功能,需要的仅仅是一种与代表相对立的代理。而天主教有着独特的理性,关注的是对人的社会生活进行规范指导,不关心对物的统治和利用,外在于生产和消费领域。代表原则建立在权威、伦理、人格等规范性概念上,是一种天主教独有的价值理性的展现。因此,代表与代理的区别,实际上是天主教的价值理性主义与经济—技术理性主义的区别,而后者不但主宰着自由资本主义,也主宰着布尔什维克和无政府—工团主义,这也挑明了施米特的理论斗争对象,即理论上的"敌友之分"。

对于政治领域内的代表原则及其与代理的区别,施米特有如下基本论断:

首先,代表是一种人格化的代表,这不仅意味着代表者和被代表者都是人或可被人格化的主体,更重要的是这意味着所代表的是意志

---

[1] 施米特:《罗马天主教与政治形式》,第64页。
[2] 同上,第76页。

或价值，而非利益，因为不具有人格性的物品是不能代表或被代表的。人格化赋予代表与被代表特殊的尊严。代表者要么是一个人，要么是具有共同意志的一些人，具有独立的人格。作为被代表者的人民或政治共同体，也必须是统一的，因而具有独立而统一的人格，被代表的是人民的政治统一体而非自然存在的民众，因为后者不具有独立且统一的人格。"代表观念的基础是，相对于以某种方式共同生活的人群的具体自然生存而言，一个作为政治统一体而生存的民族具有更高的、被提升了的、更集中的存在"。①这种存在就是一种人格化的存在，是"人民变成上帝"的存在。因此，代表是一种精神原则，是人格的代表，从而有别于私法领域中的物质利益的代理。在私法领域中，代理者所代理的是委托者的利益而非人格。

其次，代表是个公法概念，或者用德国特有的观念来说，是个国家法概念，只能发生在公共领域之中。"公共性和人格性使政治生活有了自己的品质，代表的价值正是由此而产生出来的"。②而代理是某个私人主体就其私人事务而委托的代办人，不具有公共性，因而不能将私法上的观念和概念移入到公法中，也不能混淆两者。从国家与社会二分的角度看，代表属于国家领域，代理属于社会领域，两者本来是分化的，而议会制的危机就源于社会领域对国家领域的侵入，政党成为选民的利益代理人，用私法中的利益代理取代了公法中的意志代表，从而使得议会被经济利益所控制，成为分赃的场所。

最后，代表具有独立性，特别是独立于被代表者，代表是全体人民的代表，不是某个选区或选民的代表。代表具有独立的意志，此意志即全体人民的意志，因此代表不受选民意志的决定。而代理者基于被代理者的委托，依据被代理者的意志行事，代理者不具有独立的意志。

---

① 施米特：《宪法学说》，第224页。
② 同上，第230页。

代理者所代理的是其委托人的利益,不是全体人民的利益,更不是全体人民的意志。

基于此,施米特认为,"把议会制等同于代表制度,是典型19世纪的混淆。代表的概念包含着人们至今仍未充分理解的更为深层的问题。……代表本质上属于公共领域(与代理、委托、委派等等最初属于民法的性质相反),它赋予代表和被代表的人以及需要委派代表的人以人身尊严(与利益或生意的代表相反)"。①自由资本主义的议会制度如果能够坚持辩论和公开性,就是符合代表原则的,议员是全体人民的代表,拥有不受选民支配的独立权威,议员不接受指导和命令,而只对自己的良心负责。但这样的代表观念在政党政治的挤压下,逐步被经济—技术理性思维下的代理观念所取代,自由资本主义的各种利益团体各自寻找议会中的利益代理人,而布尔什维克的苏维埃体制,一开始就不承认代表原则,"强调议会代表只是使者和代办,是生产者的代表,拥有强制委托权,可以随时被召回,是生产过程的行政公仆"。②无论自由资本主义的相对主义的经济—技术理性,还是苏维埃体制的绝对主义的经济—技术理性,都与施米特所理解的人格化的代表原则格格不入。

五、代表与专政

在施米特看来,专政的决定性反题不是民主,而是议会制或者说自由主义,专政自然与自由截然对立,但与民主却可以相互结合。因此,虽说议会制危机的根源是大众民主的发展,但最主要的表现却是来自专政的威胁,也就是建立在大众民主之上的诸种专政。无论是从议会

---

① 施米特:《当今议会制的思想史状况》,第186页。
② 施米特:《罗马天主教与政治形式》,第81页。

制的自由主义思想基础来看,还是从议会制对君主制、贵族制和民主制要素的综合利用来看,议会制都不能容忍任何意义上的专政。议会制的思想基础是辩论和公开性,专政却意味着不容争辩:一种是理性主义的不容争辩,其"可能性总以一种历史哲学的形式,作为一种政治理念而继续存活着;其支持者是激进马克思主义的社会主义,其最终的形而上学证明建立在黑格尔的历史逻辑的基础上"。一种是直接诉诸暴力的非理性主义的专政,"针对商业主义的平衡形象,出现了另一种形象,即一场血腥、明确、歼灭性决战的斗士形象。这一形象在1848年从两个方面攻击议会制宪政,一方是保守主义意义上的传统秩序,其代表是西班牙天主教徒柯特,另一方是普鲁东的激进无政府—工团主义"。①

自启蒙运动时起,自然科学的理性主义一直主宰人们的头脑,对政治问题的科学思考一拨又一拨,马克思主义的科学社会主义只是这类思考中的一个极端例子。科学社会主义吸收了黑格尔的历史辩证法,自称发现了人类社会发展规律中的"铁的必然性",从而可以对社会的发展进行控制,专政是人类社会螺旋上升发展过程中的阶段性的必要手段,用以清除发展道路上的陈腐垃圾。科学社会主义举起教育专政大旗,通过系统性改造人的思想,强迫其进入自由状态。专政需要的不是代表,而是先知先觉的先锋队:"世界精神在其发展的所有阶段,只在少数头脑中展现自身。……总是有一支世界精神的先头部队、一个发展和自觉的顶端、一个先锋队,它有采取行动的法权,因为它拥有正确的知识和意识,它不是一个身位的上帝的拣选人,而是发展中的一个要素。这个先锋队丝毫不会逃避世界历史发展的内在性,而是充当——用一句粗俗的比喻说——即将来临的事变的接生婆。"②代表

---

① 施米特:《当今议会制的思想史状况》,第202、214页。
② 同上,第206页。

是自下而上的选举产生的,而先锋队是历史性的存在,先锋队类似先知,是历史的选择。先锋队与人民之间是领导与被领导、而非代表与被代表的关系。

科学社会主义将无产阶级与资产阶级之间的斗争绝对化,以阶级作为敌友划分的标准,视阶级斗争为人类历史上最后的斗争,从而以阶级的概念取代民族的概念,作为人民同质性的基础,政治意识被等同于无产阶级的阶级意识,以消灭对手的方式取代与对手的辩论,其结果是将政治共同体(人民)彻底撕裂。

如果说无产阶级专政只是以先锋队取代代表,以阶级的同一性取代了民族的同一性,那么直接诉诸暴力的非理性专政,则彻底否定代表和同一性问题。无政府—工团主义反对一切类型的整齐划一,反对一切类型的国家建制,在索雷尔看来,"无产阶级专政的概念是公认的旧制度的遗产。结论是必然用建立一个新的官僚和军事机构来取代原有的机构,就像雅各宾党人已经做过的那样。这也许会是一种知识分子和意识形态学家的新政权,但是没有无产阶级的自由。"无政府—工团主义所诉诸的是种种非理性的神话,特别是无产阶级的神话,即总罢工,来实现人类的彻底解放,而"辩论、讨价还价和议会程序,是对神话和将改变一切的巨大热情的背叛。"因此,无政府—工团主义反对一切形式的理性主义,无论是无产阶级专政的绝对理性主义,还是议会制的相对理性主义。但是在种种非理性的神话里,人类不但未获得彻底解放,而且陷入更为残酷的专政之中。在施米特看来,"索雷尔和普鲁东一样,痛恨一切理智主义、一切极权主义、一切统一性,然而，索雷尔也跟普鲁东一样，要求最严格的纪律和道德。"①就像索雷尔对无产阶级专政的批判一样，无政府—工团主义要么陷入万劫不复的大混乱之中，要么陷入更为极端的意识形态学家的新专政之中。

施米特提到索雷尔晚年对列宁及其领带的苏俄革命的敬意，在施米特看来，这实际上等于间接承认民族神话的力量远远大于阶级神话的力量。从既往的历史来看，这两种神话虽然可能相互合作，但只要发生冲突，总是民族的神话获得最终胜利，这在墨索里尼所领导的意大利表现得更为明显。施米特在这里已经表现出对法西斯主义的暧昧态度，一方面他对意大利法西斯主义通过诉诸民族的神话来实现政治统一体的同质性心有戚戚焉，法西斯国家最接近他所期待的那种作为更高的第三者的国家形象；②另一方面他又对德国纳粹党通过合法竞选进入议会深怀戒备之心，因为他已经预见到，一旦纳粹党掌握了议会，便会破坏《魏玛宪法》确立的共和政体，而彼时彼刻，施米特仍寄希望于在《魏玛宪法》确立的政治结构内，以牺牲议会制来确立总统制的方式挽救魏玛的政治危机。

六、从委任独裁到主权独裁

对于施米特来说，拯救德国政治危机，出路就在于拯救同一性和

---

① 施米特：《当今议会制的思想史状况》，第217、214、216页。在《论暴力》中，索雷尔总结了总罢工的思想力量："它涵盖了全部的社会主义神话，也就是说，它是一些想象——能激起符合社会主义反对现代社会的各种战争形势的感情——的整体。各种罢工已经激发出了无产阶级身上最高贵、最深刻和最动人的情感；总罢工以一副浑然一体的画面把它们糅合在一起，并且通过汇聚它们，使得每个人都体验到最大的紧张；通过唤起他们对独特冲突的痛苦回忆，总罢工给呈现意识面前的细节打上了紧张生活的色彩。这样，我们就能获得语言无法以极端清晰的方式赋予我们的那种社会主义直觉——我们able在短暂的瞬间，从整体上把握到它。"参见乔治·索雷尔：《论暴力》，乐启良译，上海人民出版社，2005年，第100页。
② 另外两种国家形象是：国家作为不偏不倚的中立的第三者（自由资本主义国家，某种程度上当时的魏玛德国既如此），国家作为阶级斗争和统治的工具（布尔什维克的苏俄）。参见施米特：《法西斯主义国家的本质和形成》，载《论断与概念》，105页。

代表的辩证统一。建立在自由资本主义的经济—技术理性主义基础之上的大众民主的发展,既破坏了同一性,又破坏了代表。就其破坏同一性而言,要么是个人原子化的存在,人民分化为各种利益集团,从而丧失整体性,同质性便无从谈起;要么是以阶级的同质性来取代民族的同质性,以阶级的对立和斗争取代民族的公意。就其对代表原则的破坏而言,要么以私法中的代理取代政治领域中的代表,将议会变成利益妥协与分赃的场所;要么就是以理性的和非理性的专政直接取代代表,诉诸先锋队的领导或各种政治神话。如果前面有关同一性内在于代表之中的论断成立的话,如果说代表是政治构成的第一原则的话,那么拯救德国政治危机或议会制危机的核心问题就是确立代议制的另一个选项,即总统制,并借此重构代议制的思想基础。

施米特曾言:"我的残酷命运和疑虑降于一基础未固之国家,我必须挺身而战",[1]事实的确如此,施米特在多条战线上同时作战:西线是来自西欧北美的自由主义的议会制,东线是布尔什维克的无产阶级专政,同时还要应对弥漫整个欧洲的无政府—工团主义,并对法西斯主义保持足够的警惕。施米特开出的药方是以民族的同质性来重建政治共同体的同质性和同一性,以天主教的代表观念,来重塑政治统一体中的代表,从而实现同一性与代表的辩证统一,也就是确立谁应该且能够代表德国人民。直到1926年施米特写作《当今议会制的思想史状况》这本小册子时,他仍然希望在《魏玛宪法》的框架内来解决德国的政治危机,寄希望于总统动用《魏玛宪法》第48条的紧急状态

---

[1] 施米特:《宪法的守护者》,李君韬、苏慧婕译,商务印书馆,2008年,前言第2页。

条款，在官僚和军队的辅佐之下，实行"委任独裁"。①"施米特那时把国民议会看作魏玛最危险的因素；只有总统带来些许挫败'违宪'政党的希望。数年后，施米特把1929—1932年间所写的著作视为有效阻止纳粹的'警告和呼求'"。②根据魏玛宪法第48条的规定："联邦大总统于德意志联邦内之公共安宁及秩序，视为有被扰乱或危害时，为恢复公共安宁及秩序起见，得取必要之处置，必要时更得使用兵力，以求达此目的。"③但兴登堡总统迟迟不肯动用第48条的授权，一再拖延最后的决断，直到1933年纳粹党经过合法选举掌控议会，旋即通过《授权法》，赋予总统及行政机构包括立法权在内的无限权力，变相废除了《魏玛宪法》，总统也就从第48条下的"委任独裁"变为《授权法》下的"主权独裁"。在既有的希望破灭之后，施米特于1933年5月1日加入纳粹党，完成了从为"委任独裁"辩护到为"主权独裁"辩护的身份转换。

在施米特加入纳粹党前夕，他出版了《宪法的守护者》，认为"帝国总统作为宪法的守护者"是《魏玛宪法》的内在要求，而且也符合《魏玛宪法》的民主原则。"宪法特别试着让帝国总统之权威有机会能直接与德国人民之政治总意结合，并借此以宪法统一体之守护者、捍卫者及全体德国人的身份而行动。而当前德国的存在及存续，即是以此种尝试之成功为基础。"④在这个意义上，总统通过直接诉诸民意，

---

① 施米特1921年在《论独裁》中曾区分出"委任独裁"和"主权独裁"。委任独裁发生在秩序受到威胁时，根据法律或最高权威者的任命，独裁者暂时获得处置危机的专断权力，甚至可以暂时中止部分法律的实施，但不能彻底废除法律，待危机过后，委任独裁者就要交出独裁权力，罗马共和时期的独裁官就是典型的委任独裁，《魏玛宪法》第48条下的总统权力，也是一种委任独裁。而主权独裁与委任独裁的区别在于，主权独裁越过现有的法律秩序，直接诉诸人民的制宪权，也就是生存之法，而且没有一个时间上的限制。委任独裁是为了恢复原有的秩序，而主权独裁是为了开创出新的秩序。更详细的论述，参加施瓦布：《例外的挑战》，第43—55页。
② 肯尼迪：《施米特的〈议会制状况〉的历史语境》，魏朝勇译，载刘小枫编：《施米特与政治的现代性》，华东师范大学出版社，2007年，第218页。
③ 参见《魏玛宪法》第48条，载施米特：《宪法学说》，420页。
④ 施米特：《宪法的守护者》，第216页。

超越了议会中的党派之争,成为人民的真正代表。在1934年发表的"领袖守护法律"一文中,施米特将这个论断推向了极致,《魏玛宪法》框架下为恢复秩序而临时性大权独揽的总统,变成了越过《魏玛宪法》重新开创新秩序的领袖。施米特将领袖视为法官,而且是真正的和最后的法官,在危急关头,领袖可以凭借作为最高法官的地位,通过诉诸民意,直接创制新的法律。"领袖的行为是真正的司法。它并不隶属于司法当局,本身便是最高的司法当局。这并非一个共和制独裁者的行为,这类独裁者是在一个法律空虚的空间,当法律暂时紧闭双眼的时候造成既成事实,以便随后在如此创造的新事实的地盘之上使毫无缺漏的合法性的假想能够重新得到传播。领袖的法官地位来自每个民族的一切法所由产生的同一个法源。……一切法都来自人民的生存法。"[①]生存意味着非规范性,此时领袖直接诉诸了人民的制宪权,领袖的正当性直接来源于人民的生存之法,并且作为"人民的最高法官",领袖有权判断何为生存之法,这是领袖成为最高的和最终的法官的原因。亦如教皇是基督的在世代表一样,领袖是那个拟制的作为政治统一体的人民的具体化身,是政治统一体的真正代表,人民的同质性和同一性内在于领袖身上,领袖永无谬误,亦如教皇永无谬误,施米特在这里找到了同一性与代表的辩证统一。

托马在1925年曾对施米特的《当今议会制的思想史状况》做了彻底的批判,最后总结如下:"民族的专政者与天主教会的结盟,能够成为正确的解决方案,使秩序、纪律和等级制得到明确的恢复。"[②]在托马看来,施米特对议会制的批判,实际上是为专政的出场谱写的序曲。

[①] 施米特:《领袖守护法律》,载《论断与概念》,朱雁冰译,上海人民出版社,2006年,第202页。此处所谓"共和制独裁者"实际上指的就是委任独裁者,也即是《魏玛宪法》框架下动用紧急状态条款的总统,而施米特此处为领袖所的辩护,是主权独裁意义上的辩护,因此他说"这并非一个共和制独裁者的行为"。
[②] 理查·托马:《论议会制的意识形态》,载《当今议会制的思想史状况》,第224页。

施米特在 1926 年为该小册子的再版所写的"引论"中，对托马的这个评价的回应耐人寻味："托马在其评论的结尾处，把极为奇怪的政治目的归因于我，对此我可以沉默。"① 施米特在"引论"中详尽地反驳了托马的其他批评，然而却选择对这个最终的评价保持沉默，我们自然无法知晓施米特当时选择沉默的原因，但后来所发生的一切，印证了托马的"民族的专政者"的提法，差错仅仅在于，施米特虽然将代表原则的思想基础追溯到天主教神学，但他并未主张政教合一，在施米特看来，世俗化的进程是不可逆转的，他所在意的是神学上的代表和他所为之辩护的总统制在概念结构上的相似性，而非天主教会本身。事实上，"施米特 1929 年后对天主教的崇拜有所减弱，因为他发现，神学非但不能为政治理论奠定坚实基础，反倒比其他学科导致了更多喋喋不休的争论。第二次世界大战后，施米特对天主教基本上失去了信心，因为他反对教会介入一些与之无关的事务，同时也对 16、17 世纪神学家所挑起的宗教战争进行了批判的反思"。②

在施米特看来，德国议会制危机的根源在于，议会制赖以建立的自由主义基础无法抵挡大众民主带来的冲击，自由资本主义国家中立第三者的形象以及议会制下永无休止的辩论，使得建立在大众民主之上的极左和极右政党正试图通过合法的选举进入议会，掌控国家权力，毁灭《魏玛宪法》的共和体制。在此危机时刻，施米特坚决捍卫《魏玛宪法》和共和体制，但又鼓吹通过扩大解释《魏玛宪法》第 48 条，牺牲掉议会体制，在魏玛体制内开出总统制。而他为总统制提供的思想基础，便是源于天主教神学传统的代表观念，这种代表观念与民主的同一性相结合，以超然更高的第三者的极端形象和专政，对抗来自

---

① 施米特：《当今议会制的思想史状况》，第 159 页。
② 参见刘锋：《政治与神学的平行性》，载刘小枫编：《施米特与政治法学》，第 366 页。

极左和极右的专政。无奈这种思想上的努力，敌不过现实政治的残酷，施米特的方案并不被兴登堡所接受，以毒攻毒的方法最终以失败告终。就在施米特试图抓住纳粹党这根最后的救命稻草时，就在他试图成为纳粹党的精神导师时，他不但不被纳粹党所接受，反而受到党卫军和《黑衣军团》的无情抨击，被纳粹党抛弃。施米特为《魏玛宪法》而战，最终与《魏玛宪法》一样含恨隐去！

约翰·斯图亚特·密尔的代议制政府理论

张继亮*

与《论自由》相比,学者们虽然对密尔的《代议制政府》关注不多,但是这并不意味着,对密尔在《代议制政府》中提出的代议制政府理论上,他们都持有相同的观点。学者们争论的焦点围绕在密尔的身份上:密尔是一个民主主义者?还是一个精英主义者?娜迪亚·乌比娜提(Nadia Urbinati)和道那(Wendy Donner)认为密尔是一个民主主义者。在他们看来,密尔主张大众积极参与到政治当中去,因为只有这样才能保证每个人的安全和发展。[1]而格瑞姆·邓肯(Graeme Duncan)、郝雷德(R. J. Halliday)、乔纳森·赖利(Jonathan Riley)等人则更倾向将密尔理解成一个精英主义者,在他们看来,密尔实际上认为民众的政治能力不足,因而需要精英对民众进行教育或制约。[2]

实际上,密尔既不单纯是一个民主主义者,也不单纯是一个精英主义者,他同时强调大众参与和精英统治的作用,即他将两者结合

---

* 张继亮,北京大学政府管理学院 09 级博士研究生,专业为政治学理论,方向为西方政治思想史。

[1] Nadia Urbinati, *Mill on Democracy: From Athenian Polis to Representative Government*, Chicago, 2002. Wendy Donner and Richard Fumerton, Mill,London, 2009.

[2] 参见 Graeme Duncan, *Marx and Mill: Two views of social conflict and social harmony*, Cambridge, 1973. R.J.Halliday, *John Stuart Mill*,London,1976. Jonathan Riley, "Mill's Neo—Athenian Model of Liberal Democracy," in Nadia Urbinati and Alex Zakaras (eds), *J. S. Mill's Political Thought: a Bicentennial Reassessment*, Cambridge, 2007, pp.221—49.

起来,而这一结合的基础在于功利,只不过这里的功利"必须是最广义的,建立在人作为发展之存在物的永恒利益之上(grounded on the permanent interests of man as a progressive being)"①,而这一"最广义的"功利包括安全(security)和个性(individuality)。所以,对于密尔而言,代议制政府的基础在于它能保护安全和促进个性的发展。

一、在民主主义和精英主义之间

按照 J·H·伯恩斯(J.H.Burns)的观点,密尔对民主的看法经历了三次演变②:1829 年之前,密尔持有哲学激进派的观点:赞成秘密投票、短期国会以及逐渐扩大选举权、给予下院议员工资以及废除世袭的上议院;从 1829 年—1840 年,由于受到柯勒律治(Samuel Taylor Coleridge)、卡莱尔(Thomas Carlyle)、孔德(Auguste Comte)、托克维尔(Alexis De Tocqueville)以及圣西门(Saint-Simonians)等人的影响,密尔对民主持有保守的观点③:他认识到民主之中存在多数专制(tyranny of the majority)④的危险,从而强调精英的重要性。1840 年—1848 年,由于受到法国大革命以及哈瑞特·泰勒(Harriet Taylor)的影响,密尔在一定程度上转回到哲学激进派的观点,例如支持秘密投票和短

---

① John Stuart Mill, *Collected Works of John Stuart Mill*. Vol. XVIII., J. M. Robson (ed.), Toronto and London,1977, p.224. 对密尔而言,"前进"(progress)并不必然意味着"改善"(improvement),与此同时,密尔又用它来强调人类进步的前景,因此,progress 可以翻译为"发展"(development),可参见 J.S. 密尔:《代议制政府》,汪瑄译,北京:商务印书馆,1984,第 23 页。John Stuart Mill, *Collected Works of John Stuart Mill*. Vol. VIII., J. M. Robson (ed.), Toronto and London, 1974, pp. 913—15. 以 及 Dennis F. Thompson, *John Stuart Mill and Representative Government*, Princeton,1976, pp.136—37.
② 可参见 R. P. 安舒茨(R. P. Anschutz)的观点, R. P. Anschutz, *The Philosophy of J. S. Mill*, Oxford, 1953, pp.30—60. 以及 Allan Ryan, J. S. Mill,London and Boston, 1974, pp.191—192.
③ 这一时期密尔虽然受到保守主义的影响,但是,在政治上,他从来不是一个保守主义者,参见 Richard Reeves, *John Stuart Mill: Victorian Firebrand*, London, 2007, p.108.
④ 专制(tyranny)和暴政(despotism)两者是不同的现象,专制只是临时中断之前合法的宪法,而暴政意味着一个全面的统治体系。参见 Nadia Urbinati, *Mill on Democracy: From Athenian Polis to Representative Government*, Chicago,2002, pp.38—39.

期国会。1849年—1861年,密尔放弃秘密投票、短期国会以及给予下院议员工资的主张,转而支持公开投票制度、比例代表制以及复数投票权(the plurality of votes)制度。在1861年,密尔发表了《代议制政府》,这是他对民主问题看法的总结。①

在《代议制政府》中,密尔指出,在代议制政府之下,主权通过代表(representative)②掌握在人民手中,并且"至少是有时,被要求实际上参加政府,亲自担任某种地方的或一般的公共职务"③,从而实现"自保"(self-protecting)、"自立"(self-dependent)④。同时,人民通过参与政府事务来提高自身的公民德行⑤。但是,只有这些并不能保证多数因此就追求并维护公共利益,因为,代议制政府存在两个缺陷:一是议会以及控制议会代表的多数"普遍无知和无能"⑥;二是多数控制的代表有实行"阶级立法"的危险——多数意图实现眼前利

---

① J. H. Burns, "J. S. Mill and Democracy, 1829—61 (Ⅰ)," *Political Studies*, vol. 5, no. 2, 1957,pp.158—75. J.H.Burns, "J. S. Mill and Democracy, 1829—61 (Ⅱ)," *Political Studies*, vol.5, no.3,1957, pp.281—94. 同时参见 G. W. Smith (ed.), *John Stuart Mill's Social and Political Thought: Critical Assessments*, Vol. Ⅲ ., London, 1998, pp.35—68. 同时,Burns 认为虽然密尔对民主的看法有变化,但他认为密尔一直坚持一个基本的原则:精英为了大众的利益进行统治而不是大众自己统治自己。因此,Burns 认为密尔是一个精英主义者而不是一个民主主义者。
② 密尔区分了 representative 和 delegate, representative 是选民的"专职代表,即不仅有权代替他们行动,而且有权代他们判断该做的事情",即 representative 是选民的受托人,完全按照自己的知识、能力进行判断。而 delegate 则是指当选的议员"受选民对他的指示约束","是选民派往议会的使节",即 delegate 没有任何自主权,他只是选民的传话筒。本文所用的代表都是指 representative。参见 J.S. 密尔:《代议制政府》,汪瑄译,北京:商务印书馆,1984,第 171、178 页。同时可参见李强:《大众参与和精英统治的结合——约翰·密尔民主理论述评》,〔EB/OL〕http://www.aisixiang.com/data/47344.html,2012-1-14。
③ J.S. 密尔:《代议制政府》,汪瑄译,商务印书馆,1984,第 43 页。
④ 同上,第 44 页。self-dependent 翻译为"自立"更合适一些,参见 John Stuart Mill, *Collected Works of John Stuart Mill*. Vol. ⅪⅩ ., J. M. Robson (ed.), Toronto and London,1977, p.404.
⑤ J.S. 密尔:《代议制政府》,汪瑄译,商务印书馆,1984,第 54 页。
⑥ 同上,第 85 页。

益而损害公共利益①。为了消除代议制政府存在的缺陷,这就需要发挥少数受教育的精英的作用来弥补这些缺陷。他们通过参与到行政事务、立法事务②当中发挥他们的专业技能以及通过个人代表制(personal representation)、复数投票权制度③参与到议会当中来发挥他们的审议功能,影响多数及其代表,促使他们关注公共利益。④

因此,在《代议制政府》当中,密尔一方面强调人民通过选举代表表达自己的利益与意见从而维护自身的利益,更重要的是,他强调人民通过参与政府事务当中去不断提高自身的德行:"更有益的是普通公民参加公共职务(即使这种情况不多)所得到的道德方面的教育。当从事这种工作时,要求他衡量的不是他自己的利益;遇有相冲突的权利要求,应以和他个人偏爱不同的原则为指导;到处适用以共同福利为其存在理由的原则和准则……使他感到自己是公众的一分子,凡是为公众的利益的事情也是为了他的利益。没有这种培养公共精神的学校,几乎就不会感到,不处在显赫社会地位的普通人,除了遵守法律和服从政府外,还对社会负有义务。不会有和公众同一化的无私的感情。"⑤这一段话最能体现密尔民主理论中强调大众参与因素的部分。

另一方面,密尔也非常强调精英特别是少数受教育精英的重要性。

---

① J.S.密尔:《代议制政府》,汪瑄译,商务印书馆,1984,第85页、第98页以及第101页。与密尔相似,麦考莱(T. B. Macaulay)、白哲特(Walter Bagehot)等人同样对民主持有怀疑态度,参见 Richard Reeves, *John Stuart Mill: Victorian Firebrand*, London, 2007, p. 310.
② 同上,第70—83页、第190—206页。
③ 关于个人代表制参见 J.S.密尔:《代议制政府》,汪瑄译,商务印书馆,1984,第109—24页。关于复数投票权制度参见 J.S.密尔:《代议制政府》,汪瑄译,商务印书馆,1984,第133—43页。
④ 密尔对精英在行政和议会中作用的强调、对选民资格的要求、对议员职责和议会职能的规定体现了精英统治的原则,参见李强:《大众参与和精英统治的结合——约翰·密尔民主理论述评》,〔EB/OL〕http://www.aisixiang.com/data/47344.html,2012-1-14。同时可参见 J.S.密尔:《代议制政府》,汪瑄译,商务印书馆,1984,第80—82页、第112页、第129—131页、第171页、第178页。以及 Richard Reeves, *John Stuart Mill: Victorian Firebrand*, London, 2007, pp. 309—310.
⑤ J.S.密尔:《代议制政府》,汪瑄译,商务印书馆,1984,第54页以及127—28页。

首先，议会中的代表享有高度的自主性，议会中的代表"往往能得到信任并按照他自己的不受约束的判断以进行公共事务；对他来说，要求他按照在知识上不如他的人的命令放弃他自己的判断，将会是一种侮辱"①。其次，更重要的是，为了保证少数受教育的精英当选，他支持复数投票权制度，"尽管每个人应当有发言权，然而每个人应当有同等的发言权则是完全不同的命题。当对一件事有共同利害关系的两个人意见不同时，要保持公正是否要求两种意见都被看作具有完全等同的价值呢？……两者中之一，作为较聪明或较有道德的人，有权主张其意见具有较大的分量"，"原来，国家事务正是这种共同关心的事情，不同之点是无人需要完全牺牲他自己的意见。意见总是可以被计算进去，按某种数字计算，对于其意见具有较大分量的人的投票则派给较高的数字"②，这一复数投票权制度最能体现密尔民主理论中的精英主义因素。

因而，《代议制政府》既包含民主主义成分又包含精英主义的成分。不同的学者分别强调密尔民主理论中的不同成分。密尔究竟是一个民主主义者还是一个精英主义者？艾伦·阿兰（Alan Ryan）准确地表达了这一困惑："如果精英主义意味着接受从象征与情感姿态上安抚大众这一主张的话，那么密尔不是一个精英主义者；如果精英主义意味着民众参与机会最小化的话，那么密尔是一个彻底的民主主义者。但是，如果参与民主意味着接受毫不含糊的政治平等的话，那么密尔是一个精英主义者"③。

---

① J.S. 密尔：《代议制政府》，汪瑄译，商务印书馆，1984，第 178 页。
② 同上，第 133 页。当然，受少数受教育精英的代表不能超过未受教育的多数的代表，以免受少数受教育的精英实行"阶级立法"，参见 J.S. 密尔：《代议制政府》，汪瑄译，商务印书馆，1984，第 117 页、第 136 页。
③ Allan Ryan, *J.S. Mill*, London and Boston, 1974, p.217.

二、安全、个性与功利

表面上看,《代议制政府》中的确存在大众参与和精英统治这两个相互冲突的因素。但是,在密尔看来,这一冲突并不存在:"承蒙读过我以前著作的人,也许从目前这本书中得不到任何强烈的新奇印象;因为其中所叙述的原则是在我大半生中逐渐形成的,而所提出的时间建议则大多经别人或我自己先前提到过。然而,新奇之处在于我把它们汇集一处,并在它们的彼此联系上将它们展示出来(exhibiting them in their connexion)"[1]。大众参与和精英统治之间的"彼此联系"体现在它们都是为"人作为发展的存在的永恒利益"[2]而服务。而"人作为发展的存在的永恒利益"中的"永恒利益"包含安全[3]与个性(individuality)两个方面[4],而这两方面是构成功利的重要因素。

首先,"人作为发展的存在"需要以安全为基础,安全"对任何一个人的感情来说,它都是所有利益中最重要的利益。世上一切其他利益,都可以为一个人所需而不为另一个人所需,其中的许多利益,如有必要,都能高高兴兴地被人放弃,或被其他东西替代,但唯有安全,没有一个人能够缺少,我们要免除所有的祸害,要长久地获得一切好

---

[1] J.S. 密尔:《代议制政府》,汪瑄译,商务印书馆,1984,第3页。强调部分为笔者所加。参见 Dennis F. Thompson, *John Stuart Mill and Representative Government*, Princeton, 1976, p. 7.
[2] 参见 Allan Ryan, *The Philosophy of John Stuart Mill*, Macmillan, 1970, p. 255. 同时可参见 C. B. Macpherson, *The Life and Times of Liberal Democracy*, Oxford, 1977, pp. 50—64.
[3] 这里的"安全"包括人身、财产和契约等方面的安全,而且,密尔对安全概念的理解与边沁对这一概念的理解有相似之处,约翰·穆勒:《功利主义》,徐大建译,上海人民出版社,2008,第54—55页。以及 John Gray, *Mill on Liberty: A Defence*, London and New York, 1983, p. 54. Frederick Rosen, *Jeremy Bentham and Representative Democracy: A Study of the Constitutional Code*, Oxford, 1983, pp. 67—75.
[4] Jonathan Riley, "Mill's Neo—Athenian Model of Liberal Democracy", in Nadia Urbinati and Alex Zakaras (eds), *J. S. Mill's Political Thought: a Bicentennial Reassessment*, Cambridge, 2007, p. 223. 以及 John Gray, *Mill on Liberty: A Defence*, London and New York, 1983, p.52.

(good) 的价值，全靠安全"，[①]而安全是功利的重要组成部分。在《功利主义》中，密尔在论证正义的功利主义的基础时指出："正义感的构成不仅包含一种理性的因素，而且也包含着一种动物性的要素即报复欲，这种欲望所具有的强烈程度和道德合理性，都来自一种特别重要、极其动人的相关功利。这种所涉及的利益便是安全利益"[②]。

其次，每个人只有通过培养个性才能获得自身的发展，"只有培养个性才产生出或者才能产生出发展得很好的人类(well—developed human beings)"[③]。个性意味着每个人通过自己的选择来培养和发展自己的性格："一个人，其欲望和冲动是他自己的——这些是他自己的本性经过他自己的教养加以发展和校改的表现"——就称为具有性格。一个人其欲望和冲动不是他自己的，就没有性格，正如一架蒸汽机之没有性格。"[④]

理想的个性或性格包含两个方面——个人在涉己领域中自我发展以及在涉他领域中遵守相关的规则。其中，在涉己领域，每个人需要通过自己的选择来发展自己的个性，而不是仅仅盲目追随大众的意见，"人类的官能如觉知力、判断力、辨别感、智力活动、甚或道德取舍等等，只有在进行选择中才会得到运用。而凡因系习俗就照着办事的人则不作任何选择。因而他无论在辨别或者要求最好的东西方面都得不到实习。智力的和道德的能力也和肌肉的能力一样，只有经过使用才会得到进展得。而一个人做一件事若是只因为他人做了那件事，那正和相信一个东西只因他人相信了那个东西一样，他的官能便不

---

① John Stuart Mill, *Collected Works of John Stuart Mill*, Vol. X. ed. by J. M. Robson, Toronto and London, 1969, p.251. 参照约翰·穆勒：《功利主义》，徐大建译，上海人民出版社，2008，第 55 页。
② 同上。
③ 约翰·密尔：《论自由》，许宝骙译，商务印书馆，1998，第 75 页。
④ 同上，第 71 页。

会被运用"[1],而由于"一个人和另一个人不一样"[2],所以,个性的发展需要人们在涉己领域拥有自由,即个性的发展需要"自由和境况的多样性"[3]。

在涉他领域,人们需要遵守相应的规则,只有遵守这些规则,人们的安全才能得到保证,人们的个性发展才不会被干涉。个性的发展需要"靠在他人权利和利益所许的范围内把它培养起来和发扬出来"[4],同时,"为着防止人性的较强标本侵蚀他人的权利,必要数量的压制还不能免去"[5],但是这些限制是正当的,因为:首先,除了这些限制,个人还拥有发展个性的自由;同时,"从人类发展的观点来看,也是所得足以厚偿所失的。个人因被阻遏不得餍足其损害他人的意向而失去的发展手段,主要都以他人的发展为代价而得回了"[6];最后,最重要的是,"甚至就他本人来说,正因为约束了他本性中自私部分的发展才使其社会性部分(social part)可能有更好的发展,得失之间也是足以充分相抵的。一个人为他人之故而受制于严格的正义规则,这正足以发展他的以他人的利益为自己的目标的情感和能力"[7],因而,这些涉他领域的规则使得个人发展出同情他人的"情感和能力",使得他不会伤害他人或干涉他人的个性的发展。

理想的个性在密尔看来包含着"异教的自我主张"和"基督教的自我否定"[8],其中"异教的自我主张"[9]是指个体的自我发展,或"希

---

[1] 约翰·密尔:《论自由》,许宝骙译,商务印书馆,1998,第68页。略有修改。参见 John Stuart Mill, *Collected Works of John Stuart Mill*. Vol. XVIII., J.M.Robson (ed.),Toronto and London,1977, p.262.
[2] 同上,第84页。
[3] 同上,参照第80—82页。
[4] 同上,第74页。
[5] 同上。
[6] 同上。
[7] 同上,第74—75页。
[8] 同上,第74页。
[9] 同上,第73页。

腊式的自我发展的理想"①;而"基督教的自我否定"则是指服从上帝或其他权威的意志②。这一理想在赖利看来是一种"伯利克里式的"理想,即"它显然包含着自由和自发,同时辅以在自由选择遵循的规则意义上的自治"③。

理想的个性的发展能够促进幸福或功利。首先,理想个性的发展能够给个体带来幸福,因为个体通过发展自身的理想个性从而使得"每个人也变得对于自己更有价值"④。另外,个人理想个性的发展也会给他人带来好处或者幸福,即"还有必要进一步说明发展了的人对于尚未发展的人还有某些用处,这就是要对那些不要自由也不想受自由恩惠的人们指出,如果他们容许他人利用自由而不予阻碍,他们也会在某些不难理解的方式下得到报酬的"⑤。这些好处表现在四个方面:提升社会习俗与实践、使政府更加有效率、促进生活方式的多样化、防止社会停滞和衰退。⑥

总之,"人作为发展的存在的永恒利益"中的"永恒利益"包含安全与个性(individuality)两个方面,而这两方面是构成功利的重要因素。而代议制政府则是从制度层面来维护"人作为发展的存在的永恒利益",即保证安全和促进个性的发展。以此为目标,密尔的民主制其实是强调大众参与的自由民主式的代议制政府。

---

① 约翰·密尔:《论自由》,许宝骙译,商务印书馆,1998,第73页。
② 同上,第72—73页。
③ Jonathan Riley, *Routlege Philosophy Guidebook to Mill On Liberty*, London, 1998, p.82.
④ 约翰·密尔:《论自由》,许宝骙译,商务印书馆,1998,第74页。
⑤ 同上,第75页。
⑥ 同上,第75—88页。同时参见 Jonathan Riley, *Routlege Philosophy Guidebook to Mill On Liberty*, London, 1998, pp.84—88.

三、安全、个性与代议制政府

在《代议制政府》当中,密尔提出的代议制政府实际上是一种自由民主式的代议制政府,在这种形式的政府之下,人民拥有主权,人们通过积极参与到政治当中从而维护自身利益的安全,同时发展自身"社会性"方面(即涉他领域方面)的个性,同时由于代议制政府之中存在无知与阶级立法的危险,因而这就需要通过比例代表制以及复数投票权制度来发挥少数受教育的精英的作用,这些少数受教育精英通过这些制度可以维护自身的利益的安全,同时他们可以保护涉己领域的自由,即保护个人在涉己领域发展自身个性的自由,同时他们可以发挥教育功能,使多数人认识到维护涉己领域自由的重要性。

首先,密尔理想的代议制政府首先是一种体现人民主权的政府,"理想上最好的政府形式就是主权或作为最后手段的最高支配权力属于社会整个集体的那种政府"①,但是,在现代条件下,这一理想的政府形式只能是一种代议民主制,所以在这一代议制政体之下,"全体人民或一大部分人民通过由他们定期选出的代表行使最后的控制权"。② 然而,为什么说理想的政体要体现人民主权呢?因为,政府应该体现社会上力量构成情况,"社会中最强大的力量将取得统治的权力"③,而在现代条件下,人民的力量是"最强大的力量"④,所以,代议制政府因而要体现人民主权的力量。

其次,密尔理想的代议制政府是主张大众参与的政府——只有实行广泛的大众参与才能保证公民的安全同时发展公民的理想的个性:

---

① J.S.密尔:《代议制政府》,汪瑄译,商务印书馆,1984,第43页。
② 同上,第68页。
③ 同上,第13页。
④ 同上,第114页、第184页。

首先，由于"每个人是他自己的权利和利益的唯一可靠保卫者"①，因而，每个公民只有通过选举自己的代表来表达自己的利益与意见，才能保证它们不会被忽视与误解②；其次，人民主权原则虽然保证了主权掌握在人民手中，但是这一主权只是间接掌握在人民手中，因而，公民只有通过积极参与，加强与代表之间的联系，才能保证代表不会违反选民的"政治原则"、"根本信念"或"根本权利观念"③，这样才能保证公民的安全④，同时，通过参与制约由受教育的精英组成的官僚机构；⑤最后，也是最重要的是，通过积极参与到政治当中，人们可以发展自身理想个性中的"社会性"方面的个性："更有益的是普通公民参加公共职务（即使这种情况不多）所得到的道德方面的教育。当从事这种工作时，要求他衡量的不是他自己的利益；遇有相冲突的权利要求，应以和他个人偏爱不同的原则为指导；到处适用以共同福利为其存在理由的原则和准则……使他感到自己是公众的一分子，凡是为公众的利益的事情也是为了他的利益。没有这种培养公共精神的学校，几乎就不会感到，不处在显赫社会地位的普通人，除了遵守法律和服从政府外，还对社会附有义务。不会有和公众同一化的无私的感情"⑥，即，在代议制民主制之下，公民通过公共参与从而不断加深对公共利

---

① J.S. 密尔：《代议制政府》，汪瑄译，商务印书馆，1984，第 44 页。
② 同上，第 45—46 页。同时参见 John Stuart Mill, *Collected Works of John Stuart Mill*. Vol. XXVIII., J. M. Robson and Bruce L. Kinzer (eds), Toronto and London, 1988, p. 65.
③ 同上，第 179 页。
④ 密尔认为人性之中存在热爱、追求"强制性和压迫性权力"的"邪恶激情"，参见 John Stuart Mill, *Collected Works of John Stuart Mill*. Vol. XIX., J. M. Robson (ed.), Toronto and London, 1977, p.610. 因而，密尔并没有对精英持有过分乐观的态度，因为，一方面，密尔认识到没有有效的标准能够将少数受教育的精英区分出来；其次，密尔也认识到权力的腐蚀作用，因此，这就需要公民监督代表，见 J.S. 密尔：《代议制政府》，汪瑄译，商务印书馆，1984，第 96 页、第 135 页。
⑤ J.S. 密尔：《代议制政府》，汪瑄译，商务印书馆，1984，第 89—90 页。同时参见 Paul Kelly, "J. S. Mill on Liberty," in David Boucher and Paul Kelly (eds), *Political Thinkers: From Socrates to the Present*, Oxford, 2009, p.397.
⑥ J.S. 密尔：《代议制政府》，汪瑄译，商务印书馆，1984，第 54 页以及第 127—128 页。

益的理解以及增强对公共利益的感情,因而,在做决定时他们考虑的不是自身的利益,而是公共利益,因而,通过广泛的参与从而提高公民们遵守维护公共利益的规则的意识,而这方面的意识则体现了理想个性中"社会性"方面的个性。

最后,密尔理想的代议制政府是自由的民主制政府。在代议制政府之中存在着"普遍无知和无能"[①]以及"阶级立法"的危险——多数意图实现眼前利益而损害公共利益。[②]首先,为了克服"普遍无知和无能"的危险,这就需要将"谈话"(talking)的能力与"做事"(doing)的能力[③]区分开,即将议会的审议功能与官僚机构的行政(包括行政事务与立法事务)职能区分开,"对政府事务的控制和实际去做这些事务,其间有根本的区别"[④]。其中,议会审议职能包括:监督官僚机构,审议选民的各种意见,命令立法委员会起草法律,审议并通过由立法委员会起草的法案。[⑤]而由技术精英组成的官僚机构的职能包括:起草法律(立法委员会)以及执行法律(行政机构)。其中,立法委员会在制定法律时,所制定的法律必须和"以前存在的法律构成首尾一贯的整体"[⑥],因而,这实际上要求立法委员会在起草法律时要和存在于以前制定的法律之中的宪法精神构成一致[⑦],因而,这就构成了对议会权力滥用的制约,同时,由于有专门精通法律的精英制定法律,所以,这不仅提高了立法效率,而且将议会从制定法律的繁琐事务中摆脱出

[①] J.S. 密尔:《代议制政府》,汪瑄译,商务印书馆,1984,第85页。
[②] 同上,第85页、第98页以及第101页。同时参见 Paul Smart, *Mill and Marx: Individual liberty and the roads to freedom*, Manchester and New York, 1991, p.108.
[③] John Stuart Mill, *Collected Works of John Stuart Mill*. Vol. XIX., J. M. Robson (ed.), Toronto and London, 1977, p.433.
[④] J.S. 密尔:《代议制政府》,汪瑄译,商务印书馆,1984,第70页。
[⑤] 同上,第80—82页。
[⑥] 同上,第76页。
[⑦] Jonathan Riley, "Mill's Neo—Athenian Model of Liberal Democracy," in Nadia Urbinati and Alex Zakaras (eds), *J.S.Mill's Political Thought: a Bicentennial Reassessment*, Cambridge, 2007, p. 243.

来,从而使它专注于审议功能的发挥①。其次,行政机构的首脑有解散议会进行重新选举的权力②,而这就对议会的权力(特别是多数的权力)形成制约,同时由于行政机构是由通过专门考试的技术精英组成③,因而这就保证了行政部门的效率。

其次,为了抵制阶级立法的危险,这就需要"一种支点"、"一种集合点"来保护公共利益④,而这就发挥少数受教育的精英的作用。首先,在政治领域,需要通过个人代表制以及复数投票权制度⑤来抵制多数对权力的滥用以及阶级立法的危险,从而它不仅保护少数受教育的精英的安全,而且它也保护公共利益不受阶级利益的侵害,因而最终从间接意义上保护其他人的安全。之所以实行复数投票权制度是因为政治事务属于"涉他"领域的事务,因而要按照对公共利益最有利的方式来处理这一领域事物,而这就需要发挥少数受教育的精英的作用,因为他们具有较多的知识、较高的道德能力⑥。其次,在社会领域也存在"多数的专制(the tyranny of majority)"⑦或"习惯的暴政(the despotism of custom)"⑧的危险,即多数人从意见上压制个性,多数人可能通过立法使得"多数暴政"在政治领域合法化,因而这就需要少数受教育的精英通过政治领域中的活动来保护个体在涉己领域的自由,即,在"涉己"领域,个人拥有绝对的自由⑨,以此来保护充满个性的

---

① J.S. 密尔:《代议制政府》,汪瑄译,商务印书馆,1984,第76—78页。
② 同上,第197—98页。
③ 同上,第201—06页。
④ 同上,第115页。
⑤ 关于个人代表制参见 J.S. 密尔:《代议制政府》,汪瑄译,商务印书馆,1984,第109—24页。关于复数投票权制度参见J.S.密尔:《代议制政府》,汪瑄译,商务印书馆,1984,第133—43页。
⑥ 参见 J.S. 密尔:《代议制政府》,汪瑄译,商务印书馆,1984,第133—134页、第139页以及第153—54页。
⑦ John Stuart Mill, *Collected Works of John Stuart Mill*. Vol. XVIII., J. M. Robson (ed.), Toronto and London, 1977, p.262.
⑧ Ibid., p. 272.
⑨ 约翰·密尔:《论自由》,许宝骙译,商务印书馆,1998,第10—11页。

公民不受多数人的压制①，维护个人在私人领域的自由不仅维护公共利益而且也是在维护少数受教育精英他们自己的利益。最后，少数受教育的精英在政治以及社会领域发挥教育作用，使得多数及其代表的能力得到提升，从而促进个人和社会的发展②，同时，他们也可以向多数人展示个性发展的好处，从而促使人们尊重每人个性的发展。因而，从发挥少数受教育的精英来制约多数人阶级立法的危险以及他们维护个人在私人领域中的自我发展(以及实现自我发展的相关的自由)角度来讲，密尔"首先是一个自由主义者，其次才是一个民主主义者"③。

总之，为了实现"人作为发展的存在的永恒利益"，从而促进安全以及个人个性的发展，密尔在《代议制政府》中提出了强调大众参与的自由民主制度，这一制度体现了密尔关于民主理论比较系统、完整的观点。在这一制度当中，密尔既强调大众的参与，同时他也强调精英的作用。实际上，由于多数当中存在无知以及阶级立法的危险，因而，密尔倾向于强调少数受教育的精英的作用，但是对精英作用的强调也是为了实现个人与社会的发展，因为精英倾向于"服从于理性、正义和全体的福利"④，同时需要指出的是，密尔认识到少数受教育的精英并不是一直是关注公共利益⑤，因此，这就需要多数的代表去制约他们。

---

① John Gray, *Mill on Liberty: A Defence*, London and New York, 1983, pp. 55—56.
② J.S. 密尔：《代议制政府》，汪瑄译，商务印书馆，1984，第220—21页。以及John Stuart Mill, *Collected Works of John Stuart Mill*. Vol. Ⅰ., J. M. Robson and Jack Stillinger (eds), Toronto and London, 1981, p. 179. John Stuart Mill, *Collected Works of John Stuart Mill*. Vol. ⅪX., J. M. Robson (ed.), Toronto and London, 1977, p. 364.
③ John Skorupski, *Why Read Mill Today?* London and New York, 2006, p.88.
④ J.S. 密尔：《代议制政府》，汪瑄译，商务印书馆，1984，第99页。
⑤ 同上，第98页。

书评评论

新君主制与中立性权力
——评贡斯当《适用于所有代议制政府的政治原则》中的政体设计

田飞龙*

一、贡斯当的思想世界：自由与秩序

贡斯当以对两种自由（古代人的自由和现代人的自由）的区分闻名于世，这种区分构成了著名的自由主义思想家关于两种自由概念（积极自由和消极自由）的理论来源。[①]贡斯当是西方启蒙后期非常重要的一位自由主义理论家，但其重要性却一直没有获得英语世界的重视和承认。其著作的英译本在当时只有一部小说《阿道尔夫》（*Adolphe*, London,1916）以及非常零散的一些政治论文的残章——《论大臣的责任》（*The Responsibility of Ministers*, London, 1815）、《论出版自由》（*On the Liberty of the Press*, London, 1815）以及《论代议制议院的解散》（*On*

---

* 法学博士，北京航空航天大学人文与社会科学高等研究院讲师。
① 参见以赛亚·伯林：《自由论》（修订版），胡传胜译，译林出版社2011年版，"两种自由概念"，第167—221页；佩迪特在此基础上的发展出了"无支配的自由"，成为英国共和主义理论家集体接受的自由概念，参见菲利普·佩迪特：《共和主义：一种关于自由和政府的理论》，刘训练译，江苏人民出版社2006年版。

the Dissolution of the Chamber of Deputies, London, 1821）[1]，其政治著作的系统性英译直到 1988 年才完成，以《贡斯当政治著作选》（*Constant Political Writings*）的名义纳入"剑桥政治思想史原著系列"出版[2]，从而最终在文本意义上确立了贡斯当在英语世界的政治思想家地位。

但是，贡斯当的核心思想早在这一系统性的英译本出版之前即已在西方世界发生了重要的影响。就贡斯当的思想传播史而言，根据笔者的考察范围，第一个发现他的并不是 20 世纪的自由主义大师伯林，而是德国著名的政治思想家施米特。当然，伯林是英语世界第一个发现其自由类型理论并予以精致化表达的人，而施米特是德语世界第一个发现其独特的政体理论并予以创造性重构的人，他们汲取了贡斯当思想宝库的不同养分并各自在所属语言世界产生了不同的思想与制度后果。从贡斯当的"现代人的自由"到伯林的"消极自由"，西方自由主义的自由概念得以最终奠基，成为西方世界的核心价值观。从贡斯当的"中立性君主"到施米特的"总统"再到凯尔森的"宪法法院"，贡斯当为法国设计的独特的代议制政体竟然为 20 世纪初德语世界最伟大的两位政治思想家的"宪法守护者"的设计提供了直接的灵感、启发与论据。

如果我们单纯借助伯林的"自由"来管窥贡斯当，所得到的必然是一个片面与扭曲的贡斯当，以为他是现代消极自由伦理的坚定支持者，只有"自由"的面向。实际上，由于身处法国大革命那样的剧烈动荡时代，法国语境中的贡斯当的思想世界是很复杂的。这种复杂性表现在两个方面：一是他对"现代人的自由"的发现具有"社会学"倾向，主要陈述其历史演变的合理性，而不是一种现代自由主义者的意识形态化的论证，并且他在文中明确提出了两种自由的综合问题，

---

[1] 参见贡斯当：《贡斯当政治著作选》，中国政法大学出版社 2003 年版，"Introduction", p.i, note. a.
[2] Constant, *Constant Political Writings*, Biancamaria Fontana (ed.), Cambridge University Press, 1988.

并无偏废之意,比如他在结尾处明确告诫"现代自由的危险在于,由于我们沉湎于享受个人的独立以及追求各自的利益,我们可能过分容易地放弃分享政治权力的权利"[①];二是在自由理论之外,贡斯当投入了大量的时间和精力来写作其政治论文,而且这些作品具有极强的现实针对性,同样是一种贴近时代主题的思想性写作。在自由理论之外,贡斯当结合法国政治演变的形势发展出了影响深远的代议制政体理论,确立了法国的"新君主",将君主制有效地整合进了三权分立的现代宪制结构之中。英语世界主要关注其"自由理论",关注其对消极自由伦理的奠基性贡献,将其政治社会学的考察转换为政治哲学的证明,而德语世界主要关注其"秩序理论",关注其"中立性君主"对代议制政体结构的保障与创新意义。

本文关注的正是贡斯当的"自由理论"之外的"秩序理论",关注的是其"中立性君主"学说对欧陆代议制政体及违宪审查模式的结构性影响。

二、贡斯当的秩序理论:
代议制政体结构中的"中立性君主"

贡斯当出生于瑞士洛桑的一个法裔贵族家庭,接受了高质量的贵族教育。贵族爱自由,也爱政治,这种综合的倾向贯穿其一生。贡斯当进入法国思想与政治上流社会是通过其情人斯塔尔夫人完成的,这样一种浪漫暧昧的关系便利并激发了贡斯当在政治问题上富有灵感的

---

① 贡斯当:"古代人的自由与现代人的自由之比较",李强译,载贡斯当:《古代人的自由与现代人的自由——贡斯当政治论文选》,阎克文、刘满贵译,商务印书馆1999年版,第44—46页;关于该篇所述自由理论及其内在张力的分析,参见杨利敏:"一种关于宪法自由的社会理论——《古代人的自由与现代人的自由之比较》导读",载高全喜主编:《大观》2011年第2期。

思考与交流。贡斯当在法国大革命的思想与政治漩涡中逐步成熟,其自由理论和秩序理论在这一时期也渐然成形。

法国大革命一度循着卢梭激进民主主义的轨道狂飙突进,展示了法兰西民族在世界性的启蒙创制时期独特的自由观念与革命原创能力,其思想光芒与政治影响一度超越了保守而光荣的英国革命以及融"自由选择"和"深思熟虑"于一体的美国革命。因此,在保守主义者柏克激烈批评法国大革命基本原则之时,曾深度参与并在精神上影响美国革命的托马斯·潘恩立即迎头回击,坚决捍卫法国大革命的基本原则。[①]但是如此热情捍卫法国大革命的潘恩却遭到更为激进的雅各宾派的逮捕和审判,其获救完全得益于雅各宾派的倒台。法国大革命一直存在一个深刻的连续性难题,即大革命如何对待"旧制度"的问题。当时的君主制观念尽管在美洲大陆已经成为历史,但在其发源地欧洲却不可能轻易摆脱:不仅法国本身无法彻底摆脱君主制观念,而且整个欧洲世界以"维护君主制"的名义继承了具有君主制国家集团性质的"神圣同盟"。法国大革命的失败固然有其内部民主激进化的因素,但整个欧洲世界的君主制传统及其制度性力量以"神圣"名义展开的干涉也是很关键的原因。欧洲世界存在君主制的"神圣同盟",就不可能同时存在"民主同盟"。严格而言,在法国大革命时期的欧洲,现代意义上的民主制还只是一种远海上刚刚露出的桅杆,是君主制海洋中的孤岛。雅各宾专政之后,法国政治的核心命题开始由与传统彻底断裂的激进民主制革命转向如何借助代议制的框架整合传统的君主制与大革命的宪政遗产的问题,也就是所谓的"立宪君主制"的问题。也就是说,法国也需要一场类似于17世纪英国克伦威尔专政之后的"光荣革命"。贡斯当的秩序理论回应的正是法国版的"光荣革命"问题,

---

① 潘恩的回应参见托马斯·潘恩:《人的权利:驳柏克并论法国大革命与美国革命》,田飞龙译,中国法制出版社2011年版。

为此他对19世纪初的代议制政府的基本原则进行了系统讨论，主要体现在其1806年完成、1815年正式发表的《适用于所有代议制政府的政治原则》[1]。历史证明，法国版的"光荣革命"并不成功，法国大革命之后的一百多年时间里，法国的政体一直没有稳定下来，直到1958年戴高乐领导制定的第五共和宪法出台为止。但是，以法国的"光荣革命"为己任的19世纪初的贡斯当的"中立性君主"学说却为欧洲大陆开辟了一条不同于英美的代议制政体结构方案及其违宪审查模式。

贡斯当的"中立性君主"学说集中体现在该部作品第二篇关于"立宪君主制的王权性质"的讨论，其写作背景是拿破仑称帝与波旁王朝复辟，其意图显然是为了回应法国本身之立宪君主制的宪法架构问题。

贡斯当首先提出了一对重要的概念区分，即王权与大臣权力，前者是中立权力，后者是能动权力[2]。值得注意的是，贡斯当在讨论"王权"时进行了颇值玩味的概念扩展，这使得他的讨论有可能启发了施米特对总统权力的思考——"王权（我指的是国家元首的权力，无论他碰巧被冠以什么称号）是一种中立的权力。"[3]贡斯当十分清楚当时法国的政治情势，即革命势力和复辟势力正在进行殊死的搏斗，他希望通过对立宪君主制之"君主"或"王权"的更加理性与普适化的重构，特别是提供一种王权与常规政府权力关系的新式架构来为法国宪政秩序奠定理论基础。贡斯当对于王权中立性的论证可谓十分经典：

"行政权、立法权和司法权是三种各领一方、但必须在整体运作中进行合作的权能。当这些权能的职责被混淆，以致相互交叉、抵触和妨碍的时候，你就需要一种能够使它们回到恰当位置上去的权力。

---

[1] 中译本参见贡斯当：《古代人的自由与现代人的自由——贡斯当政治论文选》，阎克文、刘满贵译，商务印书馆1999年版，第二编"适用于所有代议制政府的政治原则"，第49—222页。
[2] 同上，第66页。
[3] 同上，第66页。

这种力量不能寓于三种权能的任何一种之内,不能它会帮助一种权能而破坏其他两种权能。它必须外在于任一权能,在某种意义上说,它必须是中立的,以便在真正需要它的时候能够采取恰当的行动,以便它能够保持或恢复秩序而又不致引起敌意。

立宪君主制的国家元首身上建立起了这种中立的权力。国家元首所真正关心的不是让这三种权能的任何一种推翻其他两种,而是让它们相互支持,互相理解,协调行动。"①

显然,贡斯当作为现代政治思想家并不反对孟德斯鸠的三权分立学说,但他又必须通过王权功能之重构推演出一个具有复合性质的分权体系,其中包含了传统王制和三权分立的合理因素。在贡斯当看来,新王权是一种超脱于三权的调节性权力,其核心功能在于监督三权各负其责,维持宪法秩序的平衡,这显然构成了欧陆违宪审查的一个重要面向②。贡斯当进一步认为,王权是一种高于其他常规权力的上级权力。需要注意的是,在贡斯当的理论构想中,王权的中立性与王权的至上性必须同时满足,因为如果王权至上而不中立,就可能演化为专制权力,就与历史上的绝对君主制无异,而如果王权中立而不至上,则缺乏必要的政治权威来担当护宪之责。贡斯当同时运用了罗马共和国和英国君主立宪制的历史材料对其中立王权的理论予以佐证。

这样,贡斯当实际上设计出了一个"五权分立"的政体结构:1. 王权;2. 行政权;3. 长期代议权;4. 舆论代议权;5. 司法权。③当然,这里的"五权分立"并非后世孙中山式的平面化的"五权",而是立体化的分权结构。王权具于至上地位,但其至上性受到其中立性的严格

---

① 中译本参见贡斯当:《古代人的自由与现代人的自由——贡斯当政治论文选》,阎克文、刘满贵译,商务印书馆1999年版,第二编"适用于所有代议制政府的政治原则",第67页。
② 陈端洪教授曾认为罗马政体中的保民官是现代违宪审查制的雏形。
③ 前引贡斯当书,第67页。

制约，确保其不堕落为具体的某种权力而沦为专制。长期代议权和舆论代议权可以结合为一种两院制的立法权，这一立法权结构本身就是贵族制与民主制的结合形态。行政权与司法权自成体系，接受立法权的法律约束以及来自王权的宪法性调控。这一立宪君主制方案的君主不再是法国大革命之前的专制君主，而是宪法约束下的"立宪君主"，是被有效整合入代议制政体的宪法框架内的"新君主"，在保留其传统权威因素下的"至上性"的同时，在宪法上设定了它的"中立性"，使其不得干涉立法、行政、司法领域的具体事务，而超脱为担负违宪审查与政体平衡之责的中立性宪法人格。这一设计精巧、优美而脆弱，是19世纪法国政治思想界代议制政体理论思考的杰出成果。

我们这里不妨简单比较一下贡斯当的立宪君主与英国的立宪君主。关于英国立宪君主的宪法角色，白芝浩认为是宪法的"尊严部分"[①]（the dignified part），而常规政府机构只是宪法的"效率部分"（the efficient part）[②]，二者之间的关系是"政制中富于尊严的部分给予政府力量——使它获得动力。政制中富于效率的那部分只是使用了这种力量。政府中体面的部分是必需的，因为其主要力量就建立在这部分的基础之上。"[③]这样一种理解框架注意到了王权的"尊严"（权威）的一面，但对此功能的论证有神秘化倾向，不够具体和理性。戴雪对英国宪法结构的总结是"国王在议会中"[④]，这样一种结构化的描绘确实大致符合英国王权的实际形象，但却使王权丧失了独立的宪法角色和功能。英国君主立宪制的历史走向是通过议会主权的成长而不断将君主虚化，使之仅具有仪式化的象征性地位，成为英国宪法的"尊严"所在。相比之下，贡斯当的君主则具有维系政体平衡的关键性职责，

---

① 参见〔英〕沃尔特·白芝浩：《英国宪法》，夏彦才译，商务印书馆2005年版，第56页。
② 同上。
③ 同上，第57页。
④ 参见戴雪：《英宪精义》，雷宾南译，中国法制出版社2001年版，第116页。

尽管其权力是中立的。

总之,贡斯当的秩序理论的关键不在于对"三权分立"的创造性发挥,而在于通过"中立性君主"的宪法化实现了"旧君新命"。这一方案具有妥协折中的性质,既延续了法国君主制的权威因素,又肯定了法国大革命的宪政遗产,至少在理论意义上是一种成功的"革命的反革命"(revolutionary counter-revolution)方案,是法国版的"光荣革命"的蓝图版。当然,历史不是理论家的历史,法国也始终未能接受这一高度理性化的"立宪君主制"方案,而是在专制君主制与民主制之间反复震荡。

三、对"中立性君主"的模仿：施米特、凯尔森及欧陆违宪审查模式的形成

由于同属欧陆思想传统,贡斯当思想在德语世界的影响与传播要比英语世界早得多。当然,德语世界基于其国家法学的学术传统,对贡斯当思想的接受主要限于其秩序理论,尤其是"中立性君主"学说,而对于其自由理论则相对淡化。英语世界和德语世界对贡斯当的不同接受与利用方式也表征出了欧陆与英美的政治思想传统的差异。

没有证据证明,贡斯当直接影响了凯尔森的宪法法院的模式设计。有明确证据证明,贡斯当直接影响了施米特关于"宪法守护者"的严肃思考。同时,借助与施米特的论战,凯尔森间接接受了贡斯当的思想影响,为其专门法院式的欧陆违宪审查模式及审查机构在宪法中的正当性寻找到了更为合理的欧陆政治思想基础。某种意义上,这构成了对贡斯当思想与制度取向的"模仿"。下面简要考察一下贡斯当的"中立性君主"学说对施米特、凯尔森的不同影响及对欧陆代议制政体与违宪审查模式的结构性影响。

欧陆违宪审查模式的确立伴随着一场著名的争论，即凯尔森和施米特关于"宪法守护者"的争论①。施米特的观点很明确，总统应成为宪法的守护者，这是一种政治宪政主义的结论，笔者称之为"总统自己"（the president himself）。凯尔森则针锋相对，提出了独立法院作为宪法的守护者，并为自己建构的奥地利宪法法院模式辩护。二者的争论是从贡斯当的"中立性君主"学说开始的。

施米特对贡斯当的"中立性君主"学说是极其推崇的，并将之引为支持"总统作为宪法守护者"这一论断的重要理论来源。施米特的写作背景是魏玛宪法所确立之议会民主制无法正常运转，而总统权力及其行使程序因自由法治国思想的束缚而难以展开。施米特在重述贡斯当之学说时，几乎原封不动地"照搬"了贡斯当的理论逻辑：

"在一个将各种权力予以区隔的法治国里面，这样的功能不应该附带地托付给任何一个现存的权力部门，否则该权力部门就会取得相对于其他权力部门的优势地位，并且使自己不受任何审查。藉此，它也就成了宪法的主宰。因而我们有必要在这些权力部门之外，另行设置一个平行而具特殊中立性的权力部门，其系通过独特的权限而与其他部门相互连结，并求取平衡。"②

施米特只是对贡斯当的理论逻辑作了一点点小小的改动，即这种"中立性权力"并不高于常规政府权力，而是平行关系。施米特将贡斯当的学说称为"关于中立性、斡旋性和规制性权力"的特别学说，属于市民法治国的经典学说，并回顾了这一学说在德国国家法学说史（如施泰因、耶利内克、巴勒泰米、特里佩尔等③）以及19世纪的宪

---

① 这场争论的主要文本参见卡尔·施米特：《宪法的守护者》，李君韬、苏慧婕译，商务印书馆2008年版；汉斯·凯尔森："谁应成为宪法的守护者？"，张龑译，载许章润主编：《历史法学》（第一卷·民族主义与国家建构），法律出版社2008年版，第241—290页。
② 卡尔·施米特：《宪法的守护者》，李君韬、苏慧婕译，商务印书馆2008年版，第190页。
③ 同上，第191页。

法史上的重要影响——"19世纪所有宪法中对国家元首（君主或国家总统）之特权与权限所列举之典型目录，都可上溯到该学说"。①当然，施米特的根本意图是将贡斯当的"中立性君主"置换为魏玛宪法中的"总统"，使之具有宪法守护者的职责正当性。为此，施密特对"中立性权力"学说进行了德国国家法学上的重构。施米特首先指出："根据魏玛宪法所构成的实证法，由全体人民选出的帝国总统所具有之地位，唯有藉助一种关于中立性、斡旋性、规制性与持存性权力，并且更进一步开展的学说，才有可能被建构出来。"②如何"更进一步开展"呢？施米特回归到德国国家法学说脉络中寻找具有支撑作用的相关学说，主要是魏玛宪法设计者普罗伊斯和国家法学者璐曼的观点。根据施米特的引述，普罗伊斯认为总统之功能包括：其一，作为众议院的平衡力量而存在；其二，构建为所有常规权力机制之外的稳固的中心③。璐曼则进一步明晰了总统的宪法角色定位，认为总统应成为"时时刻刻关注整体状态的人物"并负担维系民族国家之完整统一性的"代表性义务"④。经此重构，魏玛宪法的守护者就被理论性地指向了总统，这正是施米特的论证意图所在。施米特在论证中多处提及多元主义的问题，这是苦恼施米特乃至于整个1920年代之德国国家法学界的共同问题。施米特的政治法学说之建构具有明确的处境意识，即德国议会在多元主义的冲击之下已经不能够达成多数共识并采取及时行动，已经丧失了维护宪法的可能性。施米特突出总统之护宪角色，是其对议会民主绝望态度的一种体现。那么，施米特如何认识法院在护宪中的角色呢？《宪法的守护者》一书正面讨论了这一问题，基本观点为：其一，实体的司法审查权在德国不足以构成宪法的守护者；其二，对

---

① 卡尔·施米特：《宪法的守护者》，李君韬、苏慧婕译，商务印书馆2008年版，第190页。
② 同上，第194页。
③ 同上，第195页。
④ 同上，第195—196页。

宪法争议之关键决定权属于立法者——而非司法者——之本质任务①。对于美国的司法审查经验，根据台湾学者吴庚教授的总结，施米特的排除理由为：1. 德意志不具备盎格鲁萨克森传统，故不能成为美国式的司法国家；2. 美国司法审查主要以正当法律程序条款为手段，保护私人财产及自由之免于国家干预，但在其他领域未必具有功能，其判决亦非广受尊重，甚至招致危机；3. 美国的司法审查权是偶发性裁判权，不足以担当护宪重任。②实际上，施米特的"总统"尽管从贡斯当的"中立性权力"学说中获得了护宪的正当性，但在施米特所引述的关于德国国家法学说对总统作为常规体制外之中心的论证以及施米特本人关于"总统/领袖"的人格化理论与政治决断理论的重构之下，所谓的"中立性"很难获得理论上严格的坚持和制度上有效的保障，"能动性"将逐步取代"中立性"。显然，从施米特的整体理论脉络来看，他并没有严守"中立性"的边界，也没有认真对待贡斯当关于这一"中立性权力"学说付诸实践的严正告诫：

"这当然是一项伟大的事业，它需要非凡的天赋和强烈而高贵的使命感。只有阴险狠毒的顾问们才会向一位立宪君主提出不受限制或不受束缚的专制权力的目标，是他心向往之，或者扼腕惜之；那将是含义不清的权力，因为它不受限制；那将是岌岌可危的权力，因为它滥用暴力；它将使君主和人民同样面临灾难性的后果：前者必将误入歧途，后者或是忍受折磨，或是走向堕落。"③

1933年的《授权法》标志着作为国家元首的总统放弃了"中立性"，获得了"能动性"，开始了专制暴政。"总统作为宪法的守护者"因

---

① 卡尔·施米特：《宪法的守护者》，李君韬、苏慧婕译，商务印书馆2008年版，第16—71页。
② 参见吴庚：《政法理论与法学方法》，中国人民大学出版社2007年版，第269页。
③ 〔法〕邦雅曼·贡斯当：《古代人的自由与现代人的自由——贡斯当政治论文选》，阎克文、刘满贵译，商务印书馆1999年版，第二编"适用于所有代议制政府的政治原则"，第77页。

为希特勒的负面影响而累及施米特本身构建学说的学术影响。

不过，我们这里的任务不是"以成败论英雄"，而是进行理论上的探讨，澄清欧陆司法宪政主义的宏观政治思想背景。凯尔森作为"欧洲宪政之父"，尽管反对施米特关于"总统作为宪法守护者"的具体结论，但对于"中立性权力"学说本身以及违宪审查权的"立法权"属性却仍然保持着高度的认同。下面我们就简要考察一下凯尔森如何回应施米特的观点以及在一个更加开阔的理论脉络中凯尔森如何展开自己关于欧陆司法宪政主义的构想的。

在《谁应成为宪法的守护者？》一文中，凯尔森对施米特的"宪法守护者"理论进行了针锋相对的批评。根据吴庚教授的总结，凯尔森的批评意见主要有四点：1. 施米特引述贡斯当"中立性权力"学说的动机在于对魏玛宪法第48条进行扩大解释，证成总统的宪法守护者地位；2. 以自己的法律规范层级理论批评施米特关于宪法条文不可供司法涵摄的主张；3. 违宪审查机关的本质是具有维持宪法秩序、撤销违宪法规的功能，是否具有司法机关名义并不重要；4. 奥地利宪法法院运行良好，可为例证。① 凯尔森是1920年的奥地利宪法法院模式的主要设计者，主张通过设立专门的宪法法院作为"宪法的守护者"。

为何专门的宪法法院应作为"宪法的守护者"？这需要从凯尔森的纯粹法学理论中获得理解。在《法与国家的一般理论》中，凯尔森一方面认为存在"法律"违反"宪法"的可能性，且必须加以纠正，另一方面又认为赋予立法机关之外的机关来宣告违宪的法律无效可能"在政治上是不合适的"。② 凯尔森如何解决宪法保障问题呢？他进一步论述道：

---

① 参见吴庚：《政法理论与法学方法》，中国人民大学出版社2007年版，第270页。
② 凯尔森：《法与国家的一般理论》，沈宗灵译，中国大百科全书出版社1996年版，第176页。

"关于立法的宪法规则的适用只有在委托除立法机关以外的一个机关以下任务时,才能有效地保证,那就是:审查一个法律是否符合宪法,以及如果根据那一机关的意见,它是'违宪'的,就将他废除。可能有一个专为这一目的而成立的特殊机关,例如,特殊的法院,所谓'宪法法院';或者是对法律的合宪性监督,所谓'司法审查',可能授予普通法院,尤其是授予最高法院。"[1]

这里,凯尔森明确提出了两种宪法保障模式,即专门法院模式和普通法院模式。由于美国式的司法审查采取的就是普通法院模式,且成熟运行了一百多年,故凯尔森不可能断然否定其合理性。当然,作为奥地利模式的主要设计者,凯尔森提出了普通法院模式的缺陷——"如果一个普通法院有权审查一个法律的合宪性,它可能只是有权在它认为该法律是违宪法律时就拒绝将它适用于具体案件,而其他机关却仍然负有适用该法律的义务"。[2]凯尔森认为美国式的普通法院审查仅具有个案效力,这是对普通法传统的一种误解。但无论如何,凯尔森主张在常规的三种权力之外专门设立作为宪法裁判机关的宪法法院,这一模式构成了欧陆司法宪政主义的主导模式。不过,凯尔森本人并不认为宪法法院是"普通"的法院,违宪审查权是"普通"的司法权,而认为这是一种消极立法权,是宪法赋予宪法法院的一项本该保留给议会的立法职能,而且宪法法院的成员并非如普通法院那样独立,而是由国会选举产生,具有一定的民主基础。[3] 1949 年的《德国基本法》采用了凯尔森的宪法法院模式。学界通常所说的违宪审查的"德奥模式"就是指凯尔森的这种专门法院模式。

---

[1] 凯尔森:《法与国家的一般理论》,沈宗灵译,中国大百科全书出版社 1996 年版第 177 页。
[2] 同上。
[3] 参见凯尔森:"立法的司法审查——奥地利和美国宪法的比较研究",张千帆译,载《南京大学法律评论》2011 年春季号,第 1—9 页。

由此观之，凯尔森尽管批评了施米特调用贡斯当之"中立性权力"学说的不良动机和理论歪曲，但在护宪机构的设计上却沿用了"中立性权力"的思路，在常规国家权力之外创设新的权力机构，为其专门法院式的违宪审查模式寻找到了更为合理的欧陆政治思想基础。

四、结语：贡斯当的复合代表制及其启示

本文侧重通过贡斯当的《适用于所有代议制政府的政治原则》中关于"中立性君主"的有关论述考察了贡斯当"自由理论"之外的"秩序理论"及其在欧陆代议制政体与违宪审查模式中的结构性影响。根据欧陆思想传统，违宪审查在本质上不是司法权的一项特殊功能，不是普通法院将审查依据由法律扩展至宪法的一种自然而然的"普通法"式的过程，而是一个严肃的政体设计命题，是分权框架下的"第四种权力"的建构问题。基于这一思想定性，贡斯当为宪政时代的传统君主确立了一个新的权威性角色——作为中立性君主履行违宪审查职责。同样基于这一思想定性，凯尔森在思考欧陆违宪审查模式时也无法简单地照搬美国的普通法院模式，而是从其纯粹法学体系出发提出了专门法院方案，但这一方案缺乏合理的欧陆政治思想基础的支撑。贡斯当通过施米特间接地影响了凯尔森，为其违宪审查模式提供了这一支撑。

因此，我们不能以单纯的民主制眼光来打量近日欧洲主要国家的代议制政体结构。由于缺乏普通法传统，欧陆国家三权分立结构中的司法权难以获得承载违宪审查权的正当职责，这一权力需要作为相对超越的"第四种权力"来加以建构。我们习惯于在比较宪法意义上将欧陆的专门法院模式与美国的普通法院模式进行功能性比对与主题性比较，但缺乏对欧陆违宪审查权理论属性及其思想来源的严肃思考。

贡斯当在这方面给予我们的思想史意义上的教诲与启发正在于此。

对于面临优良政体建构任务的后发国家而言，欧陆专门法院模式要比美国普通法院模式更具理性基础和可移植性。张千帆教授关于司法审查模式的比较研究证明了这一点：采取普通法院分散审查模式（美国模式）的国家是 15 个，采取特殊法院/委员会模式（欧陆模式）的国家是 74 个。[①]这对于我们中国严肃思考自身的代议制结构及违宪审查权的制度化具有重要的启发意义。

另外，就代议制理论而言，贡斯当的理论方案显然是一种复合代表制模式，糅合了象征代表制(symbolic representation)、实质代表制(virtual representation)和形式代表制(formalistic representation)[②]的诸多合理性要素。复合代表制背后是源远流长的混合政体传统，英国的"光荣革命"依赖于这一传统，甚至具有显著民主制特征的美国政体也暗含着这一传统的现代运用。因此，对于宪政的成熟而言，复合代表制是一个不容轻易跳脱的政治思想维度。

---

① 参见张千帆："从宪法到宪政——司法审查制度比较研究"，载《比较法研究》2008年第1期。
② 关于这三种代表制类型的思想史考察与分析，see Hanna Fenichel Pitkin, *The Concept of Representation*, University of California Press, 1967, pp.38—59, 105—106, 168—189.

在民主主义与精英主义之间
——密尔代议制民主理论研究文献综述

张继亮 *

约翰·斯图亚特·密尔（John Stuart Mill）去世已有一个多世纪，但学者们对密尔的民主理论的争论仍然没有停止，而争论的焦点在于：密尔是强调大众参与的民主理论者还是强调精英统治的精英主义者？这种争论一方面源于密尔自身对民主的看法前后有所变化：或强调大众参与或强调精英统治；另一方面源于他关于民主理论的总结性著作——《代议制政府》——中同时包含着强调大众参与和精英统治的两个方面的内容。这两方面的原因导致了学者们在解读密尔时的分歧。按照笔者对西方学术界关于密尔民主理论研究情况的梳理，可以大致将西方学者的观点归结为三种趋向：

首先，以优根尼奥·F·比亚基尼（Eugenio F. Biagini）、娜迪亚·乌比娜提（Nadia Urbinati）的研究为代表，他们认为密尔是一个民主主义者。在他们看来，密尔主张大众积极参与到政治当中去，但是，具体而言，二者的主张存在差别。其次，格瑞姆·邓肯（Graeme Duncan）、乔纳森·赖利（Jonathan Riley）则更倾向将密尔理解成一个精英主义者。在他们看来，密尔实际上认为民众的政治能力不足，

---

* 张继亮，北京大学政府管理学院 09 级博士研究生，专业为政治学理论，方向为西方政治思想史。

因而需要精英对民众进行教育或制约。最后,丹尼斯·F·汤普森(Dennis F. Thompson)坚持认为密尔是一个折衷主义者。在汤普森看来,密尔同时强调大众的参与以及精英的领导作用。

笔者在以下的叙述中将试图对于以上三种代表性的观点分别做出具体叙述和分析。一方面力图展现以上三种不同观点的论证思路和逻辑,另一方面在对于不同作者的材料选择和思路总结的基础上对于各派观点作出笔者自身初步的回应和评论。

因此,本文一共分为五部分:第一部分概论密尔对于民主的观点;从第二部分开始到第四部分将对于西方学术界的三派观点的分别予以介绍和简要的评论;最后在第五部分的总结中得出笔者自己的结论,即虽然密尔同时强调大众参与和精英统治的作用,但他意在实现"人作为发展的存在的永恒利益"(the permanent interests of man as a progressive being)[①],从而促进个人的发展,从这个意义上讲,密尔是一个强调大众参与的自由民主主义者。

一、密尔的民主理论

在进行综述之前,首先有必要将密尔对民主看法的前后变化以及他在《代议制政府》中的民主理论作简要介绍。

按照J·H·伯恩斯(J. H. Burns)的观点,密尔对民主的看法

[①] John Stuart Mill, *Collected Works of John Stuart Mill*. Vol. XVIII., J. M. Robson (ed.), (Toronto and London, 1977), p. 224. 对密尔而言,"前进"(progress)并不必然意味着"改善"(improvement),与此同时,密尔又用它来强调人类进步的前景,因此,progress可以翻译为"发展"(development),可参见J.S.密尔:《代议制政府》,汪瑄译,北京:商务印书馆,1984,第23页。John Stuart Mill, *Collected Works of John Stuart Mill*. Vol. VIII., J. M. Robson (ed.), (Toronto and London, 1974), pp. 913—15. 以及 Dennis F. Thompson, *John Stuart Mill and Representative Government*, (Princeton, 1976), pp. 136—37.

经历了三次演变①：1829 年之前，密尔持有哲学激进派的观点：赞成秘密投票、短期国会以及逐渐扩大选举权、给予下院议员工资以及废除世袭的上议院；从 1829 年—1840 年，由于受到柯勒律治（Samuel Taylor Coleridge）、卡莱尔（Thomas Carlyle）、孔德（Auguste Comte）、托克维尔（Alexis De Tocqueville）以及圣西门（Saint-Simonians）等人的影响，密尔对民主持有保守的观点②：他认识到民主之中存在多数专制（tyranny of the majority）③的危险，从而强调精英的重要性。1840 年—1848 年，由于受到法国大革命以及哈瑞特·泰勒（Harriet Taylor）的影响，密尔在一定程度上转回到哲学激进派的观点，例如支持秘密投票和短期国会。1849 年—1861 年，密尔放弃秘密投票、短期国会以及给予下院议员工资的主张，转而支持公开投票制度、比例代表制以及复数投票权（the plurality of votes）制度。在 1861 年，密尔发表了《代议制政府》，这是他对民主问题看法的总结。④

在《代议制政府》中，密尔指出，在代议制民主政体之下，主权

---

① 可参见 R. P. 安舒茨（R. P. Anschutz）的观点, R. P. Anschutz, The Philosophy of J. S. Mill, (Oxford, 1953), pp. 30—60. 以及 Allan Ryan, J. S. Mill, (London and Boston, 1974), pp. 191—92.
② 这一时期密尔虽然受到保守主义的影响，但是，在政治上，他从来不是一个保守主义者，参见 Richard Reeves, John Stuart Mill: Victorian Firebrand, (London, 2007), p. 108.
③ 专制（tyranny）和暴政（despotism）两者是不同的现象，专制只是临时中断之前合法的宪法，而暴政意味着一个全面的统治体系。参见 Nadia Urbinati, Mill on Democracy: From Athenian Polis to Representative Government, (Chicago, 2002), pp. 38—39.
④ J. H. Burns, "J. S. Mill and Democracy, 1829—61 (I)," Political Studies, vol. 5, no. 2, 1957, pp. 158—75. J. H. Burns, "J. S. Mill and Democracy, 1829—61 (II)," Political Studies, vol. 5, no. 3, 1957, pp. 281—94. 同时参见 G. W. Smith (ed.), John Stuart Mill's Social and Political Thought: Critical Assessments, Vol. III ., (London, 1998), pp. 35—68. 同时, Burns 认为虽然密尔对民主的看法有变化，但他认为密尔一直坚持一个基本的原则：精英为了大众的利益进行统治而不是大众自己统治自己。因此, Burns 认为密尔是一个精英主义者而不是一个民主主义者。

通过代表（representative）①掌握在人民手中，并且"至少是有时，被要求实际上参加政府，亲自担任某种地方的或一般的公共职务"②，从而实现"自保"（self-protecting）、"自立"（self-dependent）③。同时，人民通过参与政府事务来提高自身的公民德行④。但是，只有这些并不能保证多数因此就追求并维护公共利益，因为，代议制政府存在两个缺陷：一是议会以及控制议会代表的多数"普遍无知和无能"⑤；二是多数控制的代表有实行"阶级立法"的危险——多数意图实现眼前利益而损害公共利益⑥。⑦为了消除代议制政府存在的缺陷，这就需要发挥受少数受教育的精英的作用来弥补这些缺陷。他们通过参与到行政事务、立法事务⑧当中发挥他们的专业技能以及通过个人代表（personal representation）制、复数投票权制度⑨参与到议会当中来发挥他们的审

---

① 密尔区分了 representative 和 delegate，representative 是选民的"专职代表，即不仅有权代替他们行动，而且有权代他们判断该做的事情"，即 representative 是选民的受托人，完全按照自己的知识、能力进行判断。而 delegate 则是指当选的议员"受选民对他的指示约束"，"是选民派往议会的使节"，即 delegate 没有任何自主权，他只是选民的传话筒。本文所用的代表都是指 representative。参见 J.S. 密尔：《代议制政府》，汪瑄译，北京：商务印书馆，1984，第 171、178 页。同时可参见李强：《大众参与和精英统治的结合——约翰·密尔民主理论述评》，〔EB/OL〕http://www.aisixiang.com/data/47344.html，2012—1—14。
② J.S. 密尔：《代议制政府》，汪瑄译，北京：商务印书馆，1984，第 43 页。
③ 同上，第 44 页。self-dependent 翻译为"自立"更合适一些，参见 John Stuart Mill, *Collected Works of John Stuart Mill*. Vol.Ⅺ Ⅹ., J. M. Robson (ed.), (Toronto and London, 1977), p. 404.
④ J.S. 密尔：《代议制政府》，汪瑄译，北京：商务印书馆，1984，第 54 页。
⑤ 同上，第 85 页。
⑥ 同上，第 85 页、第 98 页以及第 101 页。
⑦ 密尔相似，麦考莱（T. B. Macaulay）、白哲特（Walter Bagehot）等人同样对民主持有怀疑态度，参见 Richard Reeves, *John Stuart Mill: Victorian Firebrand*, (London, 2007), p. 310.
⑧ J.S. 密尔：《代议制政府》，汪瑄译，北京：商务印书馆，1984，第 70—83 页、第 190—206 页。
⑨ 关于个人代表制参见 J.S. 密尔：《代议制政府》，汪瑄译，北京：商务印书馆，1984，第 109—24 页。关于复数投票权制度参见 J.S. 密尔：《代议制政府》，汪瑄译，北京：商务印书馆，1984，第 133—43 页。

议功能，影响多数及其代表，促使他们关注公共利益。①

因此，在《代议制政府》当中，密尔不仅强调人民通过选举代表表达自己的利益与意见从而维护自身的利益，更重要的是，他强调人民通过参与政府事务当中去不断提高自身的德行："更有益的是普通公民参加公共职务（即使这种情况不多）所得到的道德方面的教育。当从事这种工作时，要求他衡量的不是他自己的利益；遇有相冲突的权利要求，应以和他个人偏爱不同的原则为指导；到处适用以共同福利为其存在理由的原则和准则……使他感到自己是公众的一分子，凡是为公众的利益的事情也是为了他的利益。没有这种培养公共精神的学校，几乎就不会感到，不处在显赫社会地位的普通人，除了遵守法律和服从政府外，还对社会附有义务。不会有和公众同一化的无私的感情。"②这一段话最能体现密尔民主理论中强调大众参与因素的部分。

与此同时，密尔更强调精英特别是少数受教育的精英重要性。首先，议会中的代表享有高度的自主性，议会中的代表"往往能得到信任并按照他自己的不受约束的判断以进行公共事务；对他来说，要求他按照在知识上不如他的人的命令放弃他自己的判断，将会是一种侮辱"③。其次，更重要的是，为了保证受少数教育的精英当选，他支持复数投票权制度，"尽管每个人应当有发言权，然而每个人应当有同等的发言权则是完全不同的命题。当对一件事有共同利害关系的两个人意见不同时，要保持公正是否要求两种意见都被看作具有完全等同的价值呢？……两者中之一，作为较聪明或较有道德的人，有权主张其意见

---

① 密尔对精英在行政和议会中作用的强调、对选民资格的要求、对议员职责和议会职能的规定体现了精英统治的原则，参见李强：《大众参与和精英统治的结合——约翰·密尔民主理论述评》，〔EB/OL〕http://www.aisixiang.com/data/47344.html, 2012-1-14。同时可参见J.S.密尔：《代议制政府》，汪瑄译，北京：商务印书馆，1984，第80—82页、第112页、第129—131页、第171页、第178页。以及 Richard Reeves, *John Stuart Mill: Victorian Firebrand*, (London, 2007), pp. 309—10.
② J.S.密尔：《代议制政府》，汪瑄译，北京：商务印书馆，1984，第54页以及第127—28页。
③ 同上，第178页。

具有较大的分量","原来,国家事务正是这种共同关心的事情,不同之点是无人需要完全牺牲他自己的意见。意见总是可以被计算进去,按某种数字计算,对于其意见具有较大分量的人的投票则派给较高的数字"①,这一复数投票权制度最能体现密尔民主理论中的精英主义因素。

因而,《代议制政府》既包含民主主义成分又包含精英主义的成分。不同的学者分别强调密尔民主理论中的不同成分。总体而言,传统上,学者们倾向于认为密尔是一个精英主义者,例如伯恩斯(Burns)、莱特文(Shirley Letwin)以及肯道(Willmoore Kendall)和盖瑞(George Garey)、邓肯以马兹里斯(Bruce Mazlish)等人②。而最近,许多学者从雅典民主制对密尔的影响这一角度出发分析密尔的民主理论,但他们分别强调雅典民主制中的不同方面对密尔的影响,从而将他塑造成各式民主理论的代表者: 比亚基尼强调雅典民主制中的公民直接参

---

① J.S. 密尔:《代议制政府》,汪瑄译,北京:商务印书馆,1984,第 133 页。当然,受少数受教育精英的代表不能超过未受教育的多数的代表,以免受少数受教育的精英实行"阶级立法",参见 J.S. 密尔:《代议制政府》,汪瑄译,北京:商务印书馆,1984,第 117 页、第 136 页。
② 除了上文已经提及的伯恩斯的文章之外,可参见 Shirley Letwin, *The Pursuit of Certainty*, (Cambridge, 1965), p. 306. Willmoore Kendall and George W. Garey, "The 'Roster Device': J. S. Mill and Comtemporary Elitism," *Western Political Quarterly*, Vol. 21, No. 1, 1968, pp.20—39. Graeme Duncan, *Marx and Mill: Two views of social conflict and social harmony*, (Cambridge, 1973). Bruce Mazlish, *James and John Stuart Mill: Father and Son in the Nineteenth Century*, (New York, 1975), p.401. 当然,在 20 世纪 90 年代之前,也有学者强调密尔思想中大众参与这方面的因素,例如 Graeme Duncan and Steven Lukes, "The New Democracy," *Political Studies*, Vol. 11, No.2, 1963, pp. 158—60. Jack L. Walker, "A Critique of the Elitist Theory of Democracy," *American Political Science Review*, Vol. LX, No.2, 1966, p. 288. Peter Bachrach, *The Theory of Democratic Elitism*, (Boston,1967), pp. 3—5. Carole Pateman, *Participation and Democratic Theory*, (Cambridge, 1970), pp. 28—35. Dennis F. Thompson, *John Stuart Mill and Representative Government*, (Princeton, 1976). C. B. Macpherson, *The Life and Times of Liberal Democracy*, (Oxford, 1977), pp. 50—64. 在强调密尔思想中民主参与因素的学者中,除了汤普森对密尔的民主参与方面的因素做了全面探讨之外,其他作者都没有深入探讨这一主题。另外,有趣的是,虽然邓肯在"The New Democracy"这篇文章中强调密尔民主参与的因素,但是,在后来的著作中,他反而强调密尔思想中精英统治这方面的因素,参见 Graeme Duncan, *Marx and Mill: Two views of social conflict and social harmony*, (Cambridge, 1973))。

与对密尔的影响,因而他认为密尔是一个强调直接民主制的古典共和主义者;而乌比娜提则认为雅典民主制中的民主审议是理解密尔政治思想的关键,因而她认为密尔是一个强调民主审议的审议民主主义者;而赖利则认为雅典民主制中对精英的依赖是理解密尔政治思想的关键,因而,他认为密尔是一个强调精英作用的精英民主主义者。另外,汤普森认为密尔同时强调大众参与和精英的作用,因而,他认为密尔是一个折衷主义者。

二、作为民主主义者的密尔

优根尼奥·F·比亚基尼和娜迪亚·乌比娜提认为密尔是一个民主主义者。在他们看来,密尔主张民众积极参与到政治当中去。但是,虽然如此,两者的观点存在差异:比亚基尼认为密尔是一个古典共和主义者,他认为密尔倾向于雅典式的直接民主制,因为它能增强公民德行(virtue),并使知识精英产生更大的影响;乌比娜提则认为密尔是一个审议民主主义者,在她看来,密尔认为每个人都具有审议能力,公民通过发挥这一能力选举代表,公民通过这一能力辨认并选出最好的代表组成议会,因而,密尔是一个间接民主制的倡导者。

(一)

在《自由主义与直接民主:约翰·斯图亚特·密尔和古代雅典模型》(*Liberalism and direct democracy: John Stuart Mill and the model of ancient Athens*)①这篇文章中,比亚基尼认为密尔是一个古典共和主义

---

① Eugenio F. Biagini, "Liberalism and direct democracy: John Stuart Mill and the model of ancient Athens," Eugenio F. Biagini (ed.), *Citizenship and community: Liberals, radicals and collective identities in the British Isles, 1865—1931*, (Cambridge, 1996), pp. 22—42.

者①,或者更准确地说是"以社群为中心"(community-centered)的自由主义者。在分析密尔的智识背景基础上,比亚基尼认为密尔受到格罗特(George Grote)的影响,从而他将雅典直接民主制视为理想的模式,以此为基础,《代议制政府》试图使代议民主制尽可能多地具有直接民主制功能——使公民直接参与到政治当中去,因为,只有公民直接参与到政治中才能提高自身的德行,同时,只有在直接民主制之下,知识精英才能在政治当中发挥更大的作用。

比亚基尼认为"'古典共和主义'模式在密尔自由主义中处于关键的位置"②,因而,要理解密尔的思想需要从古典共和主义着手。首先,他将密尔置于19世纪对古代人论争的背景之下:以贡斯当(Benjamin Constant)自由派提出两种自由(古代人的自由和现代人的自由)的划分,他站在现代人的立场上反对古代人的自由——直接民主制。以米特福德(William Mitford)为代表的英国保守派对古希腊历史持有反民主、反雅各宾主义式(anti-Jacobin)的态度。以格罗特为代表的激进派则对雅典民主制采取自由主义式的解读方式。③密尔也受到这一争论的影响:他对雅典民主制的兴趣起源于他对米特福德用保守主义解释雅典历史方式的批评④,更重要的是,他受到格罗特从自由主义解读雅典历史方式的影响。

---

① 另外,J. W. 巴罗(J. W. Borrow)和斯蒂芬·考林尼(Stephen Collini)也认为密尔是一个古典共和主义者,他们认为密尔强调公民直接参与到政治当中,在参与过程中培养德行,从而克服商业社会对公共精神的腐蚀,分别参见 J. W. Borrow, *Whigs and Liberals: Continuity and Change in English Political Thought*, (Oxford, 1988), pp. 92—93. 以及 Stephen Collini, *Public Moralists: Political Thought and Intellectual Life in Britain, 1850—1930*, (Oxford, 1993), pp. 130—133. Bernard Semmel 和 Strewart Justma 也强调密尔政治思想中包含古典共和主义因素,参见 Bernard Semmel, *John Stuart Mill and the Pursuit of Virtue*, (New Haven, 1984). 以及 Strewart Justma, *The Hidden text of Mill's Liberty*, (Savage, 1991).
② Eugenio F. Biagini, "Liberalism and direct democracy: John Stuart Mill and the model of ancient Athens," Eugenio F. Biagini (ed.), *Citizenship and community: Liberals, radicals and collective identities in the British Isles*, 1865—1931, (Cambridge, 1996), p.22.
③ Ibid., pp. 24—27. 参见下文乌比娜提对这一时期关于古代人的思想论争的分析。
④ Ibid., p. 25.

其次，比亚基尼分析了密尔从19世纪30年代到40年代之间（密尔评论格罗特的《希腊史》(The History of Greece)之前的一段时期）的思想历程。在这一时期当中，比亚基尼着重分析了托克维尔对密尔的影响。密尔撰写了两篇关于托克维尔《论美国的民主》的评论：《德·托克维尔论美国的民主》("De Tocqueville on Democracy in American"分别发表于1835年和1840年）。比亚基尼认为，在这两篇评论当中，同托克维尔一样，密尔认识到在民主社会当中公共意见有压制个人自由的危险。但是，托克维尔和密尔对于这一危险的原因有着不同的分析。托克维尔认为，这一危险的原因来源于民主社会不断平等化的趋势：一方面，新的中产阶级太弱小以至于他们不认为他们作为个体能对当前的问题能够产生影响，另一方面，他们又太富有以至于他们不认为他们需要其他人的帮助与合作，因此，他们逐渐将自己封闭在私人领域，追求私人利益，因而缺乏公共精神，所以置多数专制（the tyranny of majority）的危险于不顾。①

在比亚基尼看来，密尔则认为多数专制的危险源于商业社会的发展而不是民主社会不断平等化的趋势。商业社会的发展打破了基于面对面关系的社群，使传统上处于关系中的个人变成原子化的个体，而这就为多数暴政奠定了基础。传统的社群规模不大，因而社群成员之间彼此熟悉，相互之间能彼此监督，因而，社群成员能够辨认出并乐于接受真正知识精英或"公共道德学家"（public moralist）的引导。而在商业社会，个人之见彼此不熟悉，个人无法辨认出真正的"公共道德学家"，反而容易受鼓动与宣传的影响，因而在公共意见当中，非理性占据主导，所以，公共意见具有压制个人自由的危险倾向。②因

---

① Eugenio F. Biagini, "Liberalism and direct democracy: John Stuart Mill and the model of ancient Athens," Eugenio F. Biagini (ed.), *Citizenship and community: Liberals, radicals and collective identities in the British Isles*, 1865—1931, (Cambridge, 1996),pp. 30—31.
② Ibid., pp. 28—29.

而,密尔认为,要保护个人自由就需要公民积极参与到公共生活当中,并在公共参与过程当中培养自身的公民德行,只有这样才能保护个人自由。①

在此基础上,比亚基尼分析了格罗特对密尔的影响。密尔分别于1846 年和 1853 年针对格罗特的《希腊史》发表了两篇评论("Grote's History of Greece〔Ⅰ〕", 1846, "Grote's History of Greece〔Ⅱ〕", 1853)②。两篇评论中最重要的是他于 1853 年发表的那篇评论,在这篇评论中,在比亚基尼看来,密尔认为,与斯巴达相比,雅典真正卓越的原因在于"公共意见和'公共道德学家'之间的相互影响"③。而且,在他看来,密尔认为与传统上对雅典民主制的批评相反,雅典人不仅享有政治自由而且也享有个人自由:"法治以及对宪政程序的最大尊重是雅典人的标志"④。此外,雅典人通过积极行使政治自由来保护个人自由。⑤但是如果雅典民主制尊重个人自由,那么如何看待苏格拉底之死这一事件? 密尔认为雅典人并没有宗教自由的概念,宗教信仰属于公共事务或属于"涉他"(regarding-others)领域的事务而不属于私人领域或"涉己"(self-regarding)领域的事务。⑥因此苏格拉底之死这一事件并不意味着雅典直接民主制侵犯个人自由,苏格拉底之所以被处死是因为他危及到城邦的安全——城邦的公共信仰是城邦团结的基础。

在分析格罗特对密尔影响的基础上,比亚基尼认为密尔实际上提

---

① Eugenio F. Biagini, "Liberalism and direct democracy: John Stuart Mill and the model of ancient Athens," Eugenio F. Biagini (ed.), *Citizenship and community: Liberals, radicals and collective identities in the British Isles*, 1865—1931, (Cambridge, 1996), p.31.
② 参见 John Stuart Mill, *Collected Works of John Stuart Mill*. Vol. Ⅺ., J. M. Robson (ed.), (Toronto and London, 1978), pp. 271—337.
③ Eugenio F. Biagini, "Liberalism and direct democracy: John Stuart Mill and the model of ancient Athens," in Eugenio F. Biagini (ed.), *Citizenship and community: Liberals, radicals and collective identities in the British Isles, 1865—1931*, (Cambridge, 1996), p.32.
④ Ibid., p. 33.
⑤ Ibid., pp. 33—34.
⑥ Ibid., pp. 35—36.

出了一个"自由民主的社会"应该符合的标准:"首先,公共生活中有最可能多的大众参与;其次,'涉己'行为领域(一个具有历史相对性的领域)中有最大的个人自由;以及第三,自由讨论得到最可能的充分发展,这一自由讨论既作为探讨的习惯又作为基于讨论而非暴力的统治方式"①。雅典民主制完全符合这一标准,因而,在比亚基尼看来,它成为密尔至高的理想。②

因而,比亚基尼认为,《代议制政府》的任务就是使代议民主更多地体现直接民主制的功能,例如,密尔在《代议制政府》中强调公民直接参与到公共事务当中去,"担任陪审员和教区职务",而这在比亚基尼看来正体现了密尔对雅典民主制中"雅典陪审员和公民大会的实践"的仰慕;③另外,密尔在《代议制政府》中还提出实行公开投票制度,在比亚基尼看来,这源于密尔对公民德行的'雅典式'理解,因为他将投票看作是一项公共职能,而不仅仅是作为个人的权利;④最后,为了发挥知识精英的作用,密尔在《代议制政府》中主张实行比例代表制和复数投票制度,这在比亚基尼看来,这些制度能保证知识精英像雅典民主制之下在公民大会中的哲学家做的那样对现代人做出积极的影响。⑤另外,比亚基尼用密尔自己的例子来表明哲学家在现代政治场景下的作用:在1865年—1868年之间,作为议员,密尔运用自己"在知识方面的权威与在道德方面的卓越"在议会中发挥积极影响;在1868年—1873年之间,他作为民众鼓动家在议会之外积极促进改革事业。⑥总之,在比亚基尼看来,雅典式的直接民主制是密尔的理想,因为它既确保公民的德行又能保证知识精英发挥有益的影响。

---

① Eugenio F. Biagini, "Liberalism and direct democracy: John Stuart Mill and the model of ancient Athens," in Eugenio F. Biagini (ed.), *Citizenship and community: Liberals, radicals and collective identities in the British Isles, 1865—1931*, (Cambridge, 1996),p. 36.
② Ibid.
③ Ibid., p. 37.
④ Ibid.
⑤ Ibid., p. 38.
⑥ Ibid., pp. 39—40.

比亚基尼强调格罗特对雅典民主制的重新解释对密尔的影响,他特别强调雅典民主制中的公民直接参与对密尔的影响,因而,他将密尔看作是一个强调直接民主制的古典共和主义者。

虽然密尔在《代议制政府》中也强调公民的直接参与,但他并非一个古典共和主义者。首先,密尔在《代议制政府》当中明确指出"一个完美政府的理想类型一定是代议制政府"[1]。代议制政府无法实现直接民主的要求:所有公民在同一点,同时参与,同时表决。其次,在雅典直接民主制之下,真正的精英并不是总能发挥作用,公民反而更容易受煽动家的影响。最后,在《代议制政府》中,密尔将"不会读、写"以及"不会做普通算术运算"[2]的人、"不交税的人"[3]以及"领取教区救济"[4]的人排出在选举权之外,更别提公民直接参与到政治当中去亲自制定公共政策,审议法律了。因此,密尔是在代议制政府框架之下思考问题,而不是在直接民主制的框架之下思考问题:"男子和妇女一样,需要政治权利不是为了进行统治,而是为了不致受到不当的统治(misgovernment)"[5]。

(二)

在《密尔论民主:从雅典城邦到代议制政府》(*Mill on Democracy: From Athenian Polis to Representative Government*)[6]这一著作中,乌比娜提认为,密尔实际上主张每个公民都具有审议能力,公民通过发挥这一能力从而辨认并选出最好的代表组成议会,因而,尽管密尔没有

---

[1] John Stuart Mill, *Collected Works of John Stuart Mill*. Vol. XIX., J. M. Robson (ed.), (Toronto and London, 1977), p. 412.
[2] 约翰·斯图亚特·密尔:《代议制政府》,汪瑄译,北京:商务印书馆,1984,第129页。
[3] 同上,第130页。
[4] 同上,第131页。
[5] John Stuart Mill, *Collected Works of John Stuart Mill*. Vol. XIX., J. M. Robson (ed.), (Toronto and London, 1977), p. 480.
[6] Nadia Urbinati, *Mill on Democracy: From Athenian Polis to Representative Government*, (Chicago, 2002).

发展出一套完整的审议民主理论,他却是一个审议民主主义者①。与比亚基尼相似,乌比娜提将密尔置于19世纪欧洲关于古代人的争论中去理解他的民主理论,她认为密尔试图按照雅典民主制的模式建立"现代人的城邦"(the polis of the moderns),而"现代人的城邦"包含两部分:审议民主式的政治和审议民主式的社会。所以,以审议民主理论为视角,乌比娜提认为密尔的整个政治理论由三部分构成:审议民主式政治、它的道德基础以及它的社会应用(包括家庭与经济)。

首先,与比亚基尼相似,乌比娜提认为要理解密尔对现代民主理论的贡献需要理解密尔对古代人的看法,"古代人是理解密尔对现代民主理论贡献的关键"②。因此,她将密尔置于19世纪早期欧洲知识分子对古代人(雅典与斯巴达)的争论中。19世纪早期欧洲知识分子对古代人的争论实质上是他们对逐步兴起的民主的争论,他们借助古代人来表达对民主兴起的看法。其中有三派:以贡斯当和基佐(Francois Guizot)为代表的法国自由派、以米特福德为代表的英国保守派以及以格罗特、密尔为代表的英国激进派。③

密尔与法国自由派观点不同,同时他反对米特福德的观点。以贡斯当和基佐为代表的法国自由派为对抗以卢梭为代表的共和主义(以

---

① 另外艾利克斯·扎卡若斯(Alex Zakaras)和布鲁斯·鲍姆(Bruce Baum)也认为密尔是一个审议民主主义者。扎卡若斯从密尔的个性(individuality)理论去出发分析他的审议民主理论,他认为密尔的《论自由》与《代议制政府》之间有矛盾:密尔在《论自由》中一直强调公共意见(public opinion)对讨论、自我表达的压制,但是在《代议制政府》当中,密尔则认为公共意见能促进讨论,从而最终对公共利益形成理性共识,而根本没有提及公共意见对讨论的压制。因此,扎卡若斯认为需要用密尔的个性理论去弥补这一矛盾。见 Alex Zakaras, *Individuality and Mass Democracy: Mill, Emerson, and the Burden of Citizenship*, (Oxford, 2009), pp.178—98. 鲍姆则从密尔著作中社会力量原理(the theory of social power)与自由原理(the theory of freedom)去解释密尔的民主理论,他认为密尔是一个激进的审议民主主义者,他的民主理论即使按照现代的标准来看也对今天的民主政治构成挑战。见 Bruce Baum, Rereading Power and Freedom In J. S. Mill, (Toronto, 2000), pp. 228—66.
② Ibid., p. 2. 虽然比亚基尼和乌比娜提都强调雅典民主制是理解密尔民主理论的关键,但是两者强调的重点不同:比亚基尼强调的是雅典民主制中的公民直接参与,而乌比娜提强调的是雅典民主制中的审议因素。
③ Ibid., p. 14.

斯巴达为理想重塑法国的社会与道德），提出古代人的自由与现代人的自由，他们认为古代人代表的共和主义式的自由不适合现代人。因此，他们认为即使是文化成就比较高的雅典人也只享有古代人的自由——政治自由而不知道现代人的自由——个人自由。密尔认为雅典人同时享有古代人的自由和现代人的自由，同时他强调古代人持有现代人所没有"对公众负责"的概念，即政治自由不仅是权利更是义务和责任。同时他认为积极实践政治自由才能保证个人自由。[1]

为了反对逐渐兴起的民主与自由，以米特福德为代表的英国保守派以寡头制的斯巴达为理想，将民主制的雅典与暴政（despotism）等同起来，指责雅典民主制实行平等原则，排斥能力原则。密尔认为，雅典民主权力来源——人民大会的权力受到宪法制约，同时，雅典虽然实行平等原则，但是它依靠并鼓励有能力的人来领导公共审议。[2]总之，乌比娜提看来，密尔笔下的雅典民主制是受限制的民主制，在这一制度之下，人民既享有个人自由又享有政治自由，并且通过积极参与民主审议来保护个人自由，另外，它也不排斥有能力的人，因为，它需要有能力的人来充当发言者的角色以及担任公共职务。因此，乌比娜提认为，对密尔而言，充满审议特性的雅典民主制是现代民主制的理想，以雅典民主制为榜样，他试图构建"现代人的城邦"。

在分析"现代人的城邦"之间，我们需要明确它的道德基础。在乌比娜提看来，它的道德基础在于"个人判断的主权"（the sovereignty of individual judgment），而"个人判断的主权"建立在这一观念基础之上："从潜能方面来说，人类是平等的，但是他们有非常不同的方式来发展他们的'内在力量'（inner force）"[3]。同时，密

---

[1] 同 p176 页注释①, pp. 22—32.
[2] Nadia Urbinati, *Mill on Democracy: From Athenian Polis to Representative Government*, (Chicago, 2002), pp. 39—40.
[3] Ibid., p. 124.

尔认为，就政治、道德方面的观点而言，重要的不是得出明白无误的真理，而是要养成批判的习惯，①因为，所有的政治、道德观点都只包含部分真理，所以，只有通过对他人的与自己的观点进行批判才能使个人获得真正的认识，从而实现"个人的高贵和道德自主"②，而不是去盲从多数人持有的教条。因此，乌比娜提认为这也是为什么密尔非常强调苏格拉底辩证法的重要性：不仅反驳别人的错误，而且证明自己的观点。③同时，对自己与他们人观点的批判不仅能抵抗充满教条主义的多数人意见的专制(tyranny)，而且它也增强个人对他人的同情感，从而增强社会的凝聚力④。最后，它也促进公民积极参与到政治当中去，通过积极发挥政治自由来保护个人自由。⑤

"现代人的城邦"包含政治与社会两部分。乌比娜提首先探讨了密尔"现代人的城邦"中的政治部分——《代议制政府》当中的"立法制度"（包括议会、立法委员会以及议会的执行机构）⑥。但是，仅有"立法制度"并不能保证现代代议制制成为雅典民主制相似的"现代人的城邦"：在雅典，公民广泛地直接参与决策与立法。而这正是现代代议制所缺乏的，因此，为了弥补代议制带来的缺陷，就需要通过各种措施来保证公民参与除政府事务（主要是选举）之外的活动。因此，她探讨了密尔著作中充满审议特性的经济合作与女性解放。

乌比娜提首先探讨了密尔所谓的"立法制度"。她认为密尔所谓的"立法制度"是受格洛特影响。格洛特重构了雅典的历史，他认为雅典的公民大会具有审议的特征，它的法庭由公民选举有能力的人构成，另外，由于立法议会(nomothetai)的存在以及雅典人对程序看重，

---

① Nadia Urbinati, *Mill on Democracy: From Athenian Polis to Representative Government*, (Chicago, 2002), p. 127.
② Ibid., p. 147.
③ Ibid., pp. 138—46.
④ Ibid., p. 146.
⑤ Ibid., p. 153. 参见 Ibid., p.124.
⑥ Ibid., p. 74.

雅典的立法实际上受到制约。[1]在探讨"立法制度"之前,乌比娜提首先区分与密尔的"立法制度"有关的两种能力:审议(deliberative)能力与技术(technical)能力[2]。审议能力是指做出"道德、政治判断以及通过语言进行交流的能力",每个人都拥有审议能力,人们通过这一能力辨认并选出最好的代表组成议会。[3]其次,技术能力是指行政、司法方面的专业技能[4],这一技能并非为所有人拥有,但它是保证政府良好运作所需的能力。所以,代议制政府需要拥有技术能力的精英组成官僚机构(包括行政与司法)来保证效率,但是官僚机构有暴政(despotism)的倾向:它试图用管理来取代政治,试图通过例行化(routinization)来压制人们的道德与智力方面的特性。[5]因此,理想的代议制政府需要议会运用审议能力来制约官僚机构[6],保证人民的自由。其次,密尔也主张在议会当中设立与雅典立法议会相似的机构——立法委员会来制约议会的立法活动,而且,由于这一机构负责起草法案的工作,因而这就保证了议会审议功能的发挥。

接下来,乌比娜提接着着重探讨了《代议制政府》与中议会有关的审议民主政治。与议会有关的审议民主政治包括议员选举(涉及个人代表制、复数投票权制、公开投票制度)以及议员的代表职能发挥。

---

[1] Nadia Urbinati, *Mill on Democracy: From Athenian Polis to Representative Government*, (Chicago, 2002),, pp.61—63. 虽然格罗特强调雅典政治中的审议特性,但他更注重雅典的民主立法受到限制,因此,格罗特认为雅典政治充满现代性,即雅典政治属于自由主义式政治。但是,密尔不仅视雅典政治为自由主义式政治,而且他认为雅典的民主是一种"好的"民主,他更注重雅典民主政治中的审议因素。参见 Nadia Urbinati, *Mill on Democracy: From Athenian Polis to Representative Government*, (Chicago, 2002), p.17. 同时可参见 T. H. Irwin, "Mill and the Classical world," in John Skorupski (ed.), *The Cambridge Companion to Mill*, (Cambridge, 1998), pp.449—52.
[2] 有时密尔将它们分别称为"谈话"(talking)的能力与"做事"(doing)的能力,参见 John Stuart Mill, *Collected Works of John Stuart Mill*. Vol. XIX., J. M. Robson (ed.), (Toronto and London, 1977), p. 433.
[3] Nadia Urbinati, *Mill on Democracy: From Athenian Polis to Representative Government*, (Chicago, 2002), p.51. 以及 Ibid., pp. 145—46.
[4] Ibid., 46.
[5] Ibid., p.59.
[6] Ibid., p. 46.

在进行分析之前，我们需要明确的是：密尔倡导的是什么模式的审议民主。在乌比娜提看来，密尔倡导的审议民主是一种"论争性模式的审议民主"（the agonistic model of deliberative democracy）：在政治领域，"审议理性并不是要发现真理，而是要表明如何论证或者挑战一个特定的主张、习惯或者法律"①，因为，在政治与道德领域的判断并不像数学原理那样在不同地点、不同背景之下都是唯一的，所有的政治、道德观点都包含部分真理，所以，只有对这些观点进行不断的讨论、审议才能准确理解它们的含义。

在密尔"论争性模式的审议政治"的基础上，乌比娜提讨论了《代议制政府》中与议员选举有关的个人代表制、复数投票权制度以及公开投票制度，此外，她也分析了议员在议会中的作用。

首先，在乌比娜提看来，密尔认为，在民主制之下，每个人都是平等的，所以，每个人需要有平等的机会表达他的观点，因为只有这样才能保证每个人的安全与自治，"每个公民需要有一个平等的机会表达他们自己以影响、制约并最终修改法律"②。而这就需要比例代表制，只有实行比例代表制才能保证每个公民在议会当中有自己的"声音"。其次，密尔主张复数投票制。乌比娜提认为密尔主张复数投票制的原因有两点：第一，从功利主义角度考虑，复数投票权鼓励其他没有享有复数投票权的公民去发展他们的智力潜能，从而获得复数投票权。而且，从长期看来，这将促进竞争与参与。另外，乌比娜提认为密尔实行复数投票权的目的是为了产生"能够更好地服务公共利益

---

① Nadia Urbinati, *Mill on Democracy: From Athenian Polis to Representative Government*, (Chicago, 2002),, pp. 84—85. 与"争论性模式的审议民主"相反的是"共识模式的审议民主"：在该模式下，审议只是一个过程，其目的是产生一个"真实"的结论——对公共利益的"真实"认识，并且通过这一"真实"的认识最终消除对公共利益"歪曲性"的解释。见 Nadia Urbinati, *Mill on Democracy: From Athenian Polis to Representative Government*, (Chicago, 2002), p. 82.

② Ibid., p. 80.

的法律"①，而不是确保精英的优势地位。第二，从历史方面来考虑，乌比娜提认为，在19世纪，由于受到中产阶级（middle class）商业精神的影响，社会趋于同质化，政治趋于平庸化，因此，密尔主张复数投票制从而促进议会内部意见的多元，从而鼓励各种观点之间的竞争，最终促进个性的发展。②最后，密尔主张实行公开投票制。在乌比娜提看来，密尔主张公开投票制的原因在于：首先，投票行为不仅是"涉己"行为，而且它也是"涉他"行为，因此，公众有权知道投票的内容；其次，通过公开投票制度来实现"公民之间相互影响，并且从充满见识、德行的同伴的榜样和口才那里获得益处"③，从而使公民对公共利益产生正确的认识，以及促进公民"有责任的参与"。

其次，乌比娜提分析了密尔笔下代表的职责。在乌比娜提看来：首先，密尔认为代表要顾及他代表的选区的利益，因为，"特定的利益和权利必须被获悉和注意到"④，因此，这就需要代表从选区的利益出发去解释公共利益；其次，密尔认为代表不仅要注意代表选区利益，他还要注重保持公正，注重公共利益，否则就会容易产生腐败：用公共权力追求特殊利益。在这种情况之下，如何实现公正？乌比娜提认为要做到这一点就要诉诸"代表的良心与审慎推理"，因为议会并没有将公正制度化。在她看来，密尔认为这实际上需要议员在政治审议过程中对其他代表的观点保持开放的态度，因为，每种政治观点都包含部分真理。同时，她认为，由于密尔主张比例代表制，所以这保证了议会内部观点的多样性，鼓励各种观点之间的竞争，从而促进代表们保持公正并且关注公共利益。⑤

---

① Nadia Urbinati, *Mill on Democracy: From Athenian Polis to Representative Government*, (Chicago, 2002), p.95.
② Ibid., p.104.
③ Ibid., p.114.
④ Ibid., p.85.
⑤ Ibid., pp.90—93.

最后，乌比娜提分析了密尔审议民主理论在社会方面（家庭与经济）的应用①。首先，乌比娜提从"个人判断的主权"出发分析了密尔自由理论中"免于屈从的自由"（liberty as freedom from subjection）这一概念。她认为以赛亚·伯林（Isaiah Berlin）两种自由的概念（消极自由与积极自由）没有涵盖密尔自由理论。密尔消极自由概念中除了包含免于干涉的自由（noninterference）之外还有一种她称之为"免于屈从的自由"，屈从意味着：当一个人被迫屈从于另一个人时，虽然屈从者仍然拥有免于干涉的自由，但是他成为屈从实施者的工具，②从而失去自己的个性，失去了"个人判断的主权"。"免于屈从的自由"则意味着：具有相同政治权利的全体公民相互合作，相互之间进行协商、讨论、审议，从而做出"由理性支持"的决定，而不是基于"个人偏好"的决定："一方面，它（免于屈从的自由）意味着区分'由理性支持'的决定与基于'个人偏好'的决定；另一方面，它要求涵盖性（inclusion）和相互性（reciprocity）"③。而且，重要的是，国家在"公认的程序"之下可以干涉私人领域以保护个人"免于屈从的自由"。④

其次，乌比娜提分析了密尔的积极自由概念：自主，或者用密尔自己的话来说是"自立"（self—dependence）。她认为这一概念意味着每个人都具有自主的潜能，而且在这一潜能实现之前需要有消极自由——"免于屈从的自由"——加以保护。⑤而暴政（despotism）意味着暴君首先否定人的自主潜能，使他们处于屈从的地位，然后使他们失去抵抗的动力。

---

① 这一点体现了乌比娜提对汤普森观点的反驳：汤普森认为密尔并没有将他的参与原则与能力原则贯穿于非政府的政治领域当中去。见 Dennis F. Thompson, *John Stuart Mill and Representative Government*, (Princeton, 1976), pp. 180—81.
② Ibid., p.163.
③ Ibid., p.171.
④ Ibid., p.166. 同时参见 Ibid. p.168. 和 Ibid, p.178.
⑤ Ibid., pp.172—74.

在"免于屈从的自由"的基础上,乌比娜提将密尔的《妇女的屈从地位》(The Subjection of Women, 1869)[①]和《社会主义章程》(Chapters on Socialism, 1879)[②]这两部著作当作政治著作去解读。在《妇女的屈从地位》当中,她认为密尔将家长制婚姻(patriarchal marriage)看作是暴政,而妇女在家长制婚姻之下处于屈从的地位。[③]她认为,在密尔看来,要结束妇女这一屈从的状态,仅仅免于干涉的自由("平等地分配权利与义务"[④])是不够的,因为,妇女虽然行动上有自由,但是她们在精神上仍然处于屈从的地位。所以,在她看来,密尔认为这就需要一种友爱式的理想婚姻:双方"相互依存",具有"平等的身份、共同的价值",共同构成"互补性力量的联合体"。[⑤]而这一理想的婚姻实际上是一个充满友爱的"微型城邦"(miniaturized polis)。

在《论社会主义章程》当中,乌比娜提认为密尔将工人阶级看作是处于资本主义制度的暴政之下。[⑥]要结束这一屈从地位,需要两种策略:工团主义(trade unionism)以及合作(cooperation)。其中,乌比娜提认为工团主义属于消极策略,它赋予工人阶级结社的权利以对抗资产阶级,但这只是免于干涉的自由,而不能从根本上结束屈从的状态,[⑦]而要真正结束屈从的地位工人阶级就需要实行合作:通过讨论、审议使工人阶级与资产阶级认识到公共利益之所在,从而实现合作,进而实现经济民主。[⑧]同时,她认为在经济领域中合作的实现又促使政治领域审议民主的发展:不断消除阶级利益冲突,从而促使审议民主

---

① John Stuart Mill, *Collected Works of John Stuart Mill*. Vol. XXI., J. M. Robson (ed.), (Toronto and London, 1984), pp. 259—340.
② John Stuart Mill, *Collected Works of John Stuart Mill*. Vol. V., J. M. Robson (ed.), (Toronto and London, 1967), pp. 703—53.
③ Ibid., pp.180—82.
④ Ibid., p.181.
⑤ Ibid., pp.187—88.
⑥ Ibid., p.192.
⑦ Ibid., p.197.
⑧ Ibid., p.198.

的发展。①

总体而言，乌比娜提这一著作是一部具有创新性的力作。首先，她将密尔的民主理论置于19世纪欧洲知识分子的争论这一"语境"当中去思考，同时她揭示了密尔的政治理论对于当代的意涵：密尔著作中包含的"免于屈从的自由"发展了伯林的两个自由理论。其次，她用审议民主理论将密尔的《代议制政府》、《妇女的屈从地位》以及《论社会主义》这三部著作结合起来。最后，最重要的是，她用这一理论将《代议制政府》中一些关键的制度联系起来，从而将大众参与和精英统治结合起来。

但是，乌比娜提的著作也存在一些缺陷。首先，她没有将密尔的功利主义和审议民主理论结合起来考虑，而功利主义是密尔政治思想的基础。同时，她也没有详细分析密尔的"伤害原则"（harm principle）与她提出的为实现"免于屈从的自由"而干涉私人领域的主张之间的关系。其次，乌比娜提一直强调民主审议的益处，但是她似乎对民主审议过于乐观，而没有认真分析民主审议过程中所隐含的阶级立法的危险。另外，乌比娜提没有仔细区分各种层次的审议民主：议会之中的民主审议、选民与代表之间的民主审议以及选民之间的民主审议是否相同？同时，她也没有分析精英在各种民主审议之中的作用。再次，她对选民与代表之间的民主审议也没有进行详尽的分析，而民众与代表之间的审议是确保代表对民众负责的重要保障。最后，乌比娜提的基本假设——每个人都具有相同的审议能力——存在问题。实际上，每个人在作为有尊严的存在的意义上，或密尔的话来说，"人作为发展的存在"的意义上是平等的，但是，这并不意味着每个人都

---

① John Stuart Mill, *Collected Works of John Stuart Mill*. Vol. Ⅴ., J. M. Robson (ed.), (Toronto and London, 1967), pp.200—01.

具有相同的审议能力①。而精英主义者正是强调这种不平等，从而主张精英的统治地位。

总体而言，比亚基尼和乌比娜提都强调密尔著作中民众参与这方面的因素：他们都认为密尔是一个民主主义者，都认为密尔主张大众要积极参与到政治当中去。另外，虽然他们都强调密尔著作中的民主参与，但是他们都没有从密尔的功利主义理论出发去分析密尔的民主理论。最后，他们之间的观点存在很大差别：比亚基尼认为密尔实际上是一个强调大众直接参与的直接民主主义者，而乌比娜提虽然也强调密尔著作中的民主参与的重要性，但是她认为密尔是一个间接民主主义者。

三、作为精英民主主义者的密尔

如果说比亚基尼和乌比娜提都强调密尔著作中民众参与这方面的因素，那么，格瑞姆·邓肯和乔纳森·赖利则强调密尔著作中精英统治这方面的因素。邓肯和赖利都认为密尔是一个精英民主主义者：强调精英统治在政治当中的作用。在《马克思与密尔：对社会冲突和社会和谐的两种观点》（Marx and Mill: Two views of social conflict and social harmony）②中，邓肯从密尔的文章《时代的精神》（The Spirit of

---

① 参见 J.S. 密尔：《代议制政府》，汪瑄译，北京：商务印书馆，1984，第35页。约翰·穆勒：《功利主义》，徐大建译，上海：上海人民出版社，2008，第10页。以及 John Stuart Mill, *Collected Works of John Stuart Mill*. Vol. XIX., J. M. Robson (ed.), (Toronto and London, 1977), p. 323. Jonathan Riley, "Mill's Neo-Athenian Model of Liberal Democracy," *J. S. Mill's Political Thought: a Bicentennial Reassessment*, in Nadia Urbinati and Alex (eds) Zakaras. (Cambridge, 2007), p. 228. Dennis F. Thompson, *John Stuart Mill and Representative Government*, (Princeton, 1976), p. 56.

② Graeme Duncan, *Marx and Mill: Two views of social conflict and social harmony*, (Cambridge, 1973).

the Age, 1831）①出发，分析了密尔对精英的作用以及社会冲突、和谐的看法。在邓肯看来，密尔认为他正处在一个充满冲突的转型的时代，这种冲突主要起源于观念上的冲突，而精英的作用就是教育与引导无知的民众接受精英的观念从而摆脱冲突的状态，最终实现社会和谐，进入一个稳定的时代。同时，在其文章《密尔的自由民主的新雅典模型》（"Mill's Neo—Athenian Model of Liberal Democracy"）②中，赖利也认为密尔属于精英民主主义者，或者用他自己的话来说，密尔的民主理论属于"自由民主"（liberal democracy）理论。同时，他也认为密尔受雅典民主制影响，但他特别强调雅典民主制中精英统治因素对密尔的影响。

（一）

邓肯是以密尔的《时代的精神》这篇文章作为分析框架的。在《时代的精神》这篇文章中，密尔认为观念的变化先于社会的变化，人们关于社会与自我的观念是一个逐渐增长与扩展的进步过程：新的观念取代旧的观念，但是这个进步的过程并不是匀速的——处于转型时期的社会，由于观念之间的冲突，这个过程进行得较慢；而处于稳定时期的社会，由于观念之间的基本一致，这个过程进行得较快。密尔认为自己所处的社会正处于一个转型的时代，他认为自己和其他人的任务就是促使观念的更新，减少冲突，促进社会的道德凝聚力，进而使

---

① John Stuart Mill, *Collected Works of John Stuart Mill*. Vol. XXII., Ann P. Robson and J. M. Robson (eds), (Toronto and London, 1986), pp. 227—34, pp. 238—45, pp. 312—16.
② Jonathan Riley, "Mill's Neo—Athenian Model of Liberal Democracy," in Nadia Urbinati and Alex Zakaras (eds), *J. S. Mill's Political Thought: a Bicentennial Reassessment*, (Cambridge, 2007), pp. 221—49.

社会从转型时期向稳定时期转变。①

在邓肯看来,密尔认为当时英国社会首要的冲突是贵族阶级与"逐渐兴起的中产阶级"(the rising middle class)之间的冲突②:贵族阶级是一个"自私"的阶级,在道德和智力方面落后,对经济没有贡献,但是他们占据着权力,③同时"中产阶级"在观念和经济上具有优势,但在政治上没有地位,"中产阶级在智力和经济上占主导地位,但是在政治上却并不占主导地位,这种状态是不稳定和资源浪费的根源"④。因此,"逐渐兴起的中产阶级"需要取代"自私"的贵族阶级。需要注意的是,在这一冲突中劳动阶级与中产阶级利益一致,他们有共同的敌人——贵族阶级。因此,中产阶级劳动阶级共同被称为"人民"⑤。

但是,在邓肯看来,密尔逐渐认识到劳动阶级是"不成熟的、未经教导的、缺乏反思能力的、没有理性的和自私的"⑥,他们可能会被唆使反抗中产阶级的领导,而认为他们自己的观念要优于中产阶级的观念。更为危险的是,如果实行普选,劳动阶级有实行阶级立法的危险。⑦因此,社会有陷入新的冲突的危险。邓肯认为密尔从而不再强调阶级冲突,而是弥合中产阶级与劳动阶级的差距⑧。一方面,"密

---

① Graeme Duncan, *Marx and Mill: Two views of social conflict and social harmony*, (Cambridge, 1973), pp. 215—216. 同时可参见他的文章 Graeme Duncan, "John Stuart Mill and Democracy," in G. W. Smith (ed.), *John Stuart Mill's Social and Political Thought: Critical Assessments*, Vol. III., (London and New York, 1998), pp. 69—87.
② 密尔所谓的"阶级"是指"具有同一邪恶利益(sinister interest)的任何数量的人——就是说,他们的直接而明显的利益指向同一种坏措施",参见J.S.密尔:《代议制政府》,汪瑄译,北京:商务印书馆,1984,第98页。略有修改。同时参见 Graeme Duncan, *Marx and Mill: Two views of social conflict and social harmony*, (Cambridge, 1973), p. 219. 中间阶级能获得统治地位是因为他们在观念上的优势,所以能摆脱"邪恶利益"的影响,见下文分析。
③ Ibid., pp. 220—21.
④ Ibid., pp. 216—17.
⑤ Ibid., p. 224.
⑥ Ibid., p. 226.
⑦ Ibid., pp. 226—28.
⑧ Ibid., p. 224.

尔采取一系列的保守的政治措施来保护""智力、技能和个性免遭未受教导大众的潜在的侵害"①。另一方面,中产阶级通过教育使劳动阶级接受中产阶级的观念,从而最终消除冲突,实现社会和谐。

就后一方面而言,在邓肯看来,密尔有两个基本的假设:第一,密尔认为"知识、德行和社会团结是紧密联系在一起的,从而,减少无知就能增强社会纽带",②例如,中产阶级是"有学问的、公正的、稳健的、关注公共利益的、爱德行的"③,这些因素能增进社会团结。而劳动阶级是无知的和自私的④,这些因素使得社会充满冲突;第二,密尔认为人不仅仅是自私的,人还具有"社会情感":利他主义、无私以及同伴情感。⑤这些情感是社会稳定的自然基础,而自治或广义上的教育(包括政治上、经济上的自治以及公共观念的教育)⑥能够增强这一情感。

在上述假设的基础上,在邓肯看来,密尔认为通过中产阶级领导之下的民众自治(包括政治上的自治和经济上的自治)或广义上的教育,劳动阶级会逐渐接受中产阶级的观念,他们之间的冲突就会消除,社会就能逐渐实现和谐。

之所以要坚持中产阶级的领导是因为中产阶级是代表先进观念,他们有知识并且关注公共利益;相比之下,民众是无知的和自私的,因此,需要中产阶级指导他们摆脱这种无知的状态。⑦但是,为什么要实行民众自治呢?因为,只有实行政治上的自治民众才能实现"自保"、"自助"以及提高自身的"德行",才能增强社会情感,认识到自身

---

① 同 p.187 注释②, p. 229.
② Ibid., p. 253.
③ Ibid., p. 260.
④ Ibid.
⑤ Ibid., p. 254.
⑥ Ibid., pp. 252—53.
⑦ Ibid., p. 260.

利益与公共利益相一致,从而减少社会冲突。①另外,只有实行经济上的自治才能工人"更好、更高兴、更有尊严感、更热情、更投入并且因此效率更高",而且,更重要的是,经济上的自治能增强社会情感。②

总之,邓肯认为,密尔主张通过中产阶级领导下的自治"把人们,特别是工人阶级转变成理性的存在物":通过自治,人们认识到自己的利益与公共利益相一致,从而在追求自身利益时考虑到是否会与公共利益相冲突。而中产阶级是与公共利益一致的,因此,劳动阶级会逐渐接受中产阶级的领导,社会冲突逐渐消除,社会最终实现和谐的状态③。同时,需要注意的是,这一和谐状态并不是通过强制来实现的,而是通过"理性的方式",通过"启蒙者"与"被启蒙者"的一致来实现的。④

虽然密尔强调中产阶级的重要性,但是邓肯发现在密尔民主理论存在一个非常大的问题:不能保证中产阶级在"智力上的优越性"。⑤为了保证中产阶级"智力上的优越性",需要一个有效的教育体制,但是,当时并不存在这种有效的教育体制,密尔因而诉诸职业这一标准,这样,"无阶级的精英"就包括雇主、制造商、商人以及银行家等等,这实际上是将受教育者与未受教育者的区分等同于富人与穷人之间的区分。⑥这样就不能保证中产阶级的无私。因此,为了保证中产阶级对民众的负责,就需要采取措施制约中产阶级的自私情感。⑦然而,这

---

① 同 p.187 注释② pp. 232—33.
② Ibid., pp. 246—47.
③ Ibid., p. 280.
④ Ibid., p. 276.
⑤ Ibid., p. 281.
⑥ Ibid. 参见 J.S. 密尔:《代议制政府》,汪瑄译,北京:商务印书馆,1984,第 35 页。
⑦ Graeme Duncan, *Marx and Mill: Two views of social conflict and social harmony*, (Cambridge, 1973), p. 283. 参见 J.S. 密尔:《代议制政府》,汪瑄译,北京:商务印书馆,1984,第 115 页。以及 John M. Robson, *the Improvement of Mankind: the Social and Political Thought of John Stuart Mill*, (Toronto and London, 1968), p. 43.

就在事实上承认中产阶级不能保证无私的特点。而这就与密尔的前提假设——中产阶级代表了先进的观念，是无私的阶级——有矛盾。

邓肯虽然也强调密尔思想中的民主参与的因素，但他更强调精英的作用，而且他夸大了密尔笔下精英的能力而且他也特别强调密尔思想中观念上和谐的重要性。但是需要指出的是，邓肯这一主张有偏颇。首先，邓肯过分夸大了密尔笔下精英的能力。即使在《代议制政府》中，密尔虽然强调精英的重要性，但也没有过分夸大精英的能力①。其次，密尔虽然认为终有一天经济会停止增长，但是人的道德与智力的增长并不会停滞②，而道德与智力的增长就需要在观念或意见上的"对抗"而非和谐③。另外，密尔在《代议制政府》中也强调各种力量之间的对抗是社会进步的动力④。邓肯之所以强调密尔思想中精英与和谐的因素，是因为他主要围绕密尔的《时代的精神》这篇文章展开分析的，而这一文章在受到孔德的影响⑤，有很强的保守主义色彩：过分强调精英和稳定的作用。而密尔的思想在后来有很大的变化，因此以密尔早期的一篇文章为基础分析他的思想有失偏颇⑥。

---

① J.S. 密尔：《代议制政府》，汪瑄译，北京：商务印书馆，1984，第 179 页。
② Richard Reeves, *John Stuart Mill: Victorian Firebrand*, (London, 2007), p. 235.
③ 密尔对对抗的作用强调是受基佐的影响，参见 Richard Reeves, *John Stuart Mill: Victorian Firebrand*, (London, 2007), p.194. 可以对照邓肯的观点，虽然他批驳了毛莱斯·克劳武应（Maurice Clowing）的观点，但是他还是认为密尔非常强调社会和谐。关于克劳武应对这一问题的观点参见 Maurice Clowing, *Mill and Liberalism*, (Cambridge, 1963). 关于邓肯对克劳武应的批驳以及对这一问题观点参见 Graeme Duncan, *Marx and Mill: Two views of social conflict and social harmony*, (Cambridge, 1973), pp. 276—280. 另外，Thompson 也认为密尔一直持有"意见一致"这一主题，参见 Dennis F. Thompson, *John Stuart Mill and Representative Government*, (Princeton, 1976), p. 84.
④ J.S. 密尔：《代议制政府》，汪瑄译，北京：商务印书馆，1984，第 114—15 页。
⑤ 参见密尔后来对孔德的批判，*John Stuart Mill, Collected Works of John Stuart Mill*. Vol. X., J. M. Robson (ed.), (Toronto and London, 1969), p. 352, 364, 368. 同时可参见 Richard Reeves, *John Stuart Mill: Victorian Firebrand*, (London, 2007), pp.351—52.
⑥ 参见 Dennis F. Thompson, *John Stuart Mill and Representative Government*, (Princeton, 1976), p. 83.

(二)

赖利也认为密尔是一个精英民主主义者。在其文章《密尔的自由民主的新雅典模型》中,与比亚基尼和乌比娜提相似,赖利也强调密尔对雅典民主制的关注,但他认为密尔将雅典民主制看作"自由民主模式之一"而不是直接民主制模式或者参与式民主制模式:在民众直接控制立法权的前提下,通过发挥精英的作用来"提高决策能力,阻止权力滥用,促进个人自由"。[1]而密尔的理想的代议制政府正体现了雅典民主的精神:立法的最终控制权通过代表掌握在民众手中,并且,通过一些反多数主义的(antimajoritarian)措施(例如,复数投票权制度)来保证受教育的精英当选,从而"促进政府能力,约束权力滥用并且促进个体自由"。因此,在赖利看来,密尔的理想的代议制政府是一个"自由民主的新雅典模式",而"新雅典"体现在通过比例代表制和复式投票制来保证受教育的精英当选,而雅典民主制并没有这些制度。

赖利首先反驳了学者们对密尔民主身份的质疑,通过这一反驳使人们认识到精英在代议制民主的重要作用。学者们对密尔民主身份的质疑主要体现在他坚持复式投票制度,例如汤普森和乌比娜提。乌比娜提特别指出密尔的复式投票制与他对人性假设不符:人们都具有参与政治所需的"尊严感(sense of dignity)",并且"人们具有相同的政治能力"。[2]赖利认为这种"尊严感"只在发展高贵性格过程中才能

---

[1] Jonathan Riley, "Mill's Neo—Athenian Model of Liberal Democracy," in Nadia Urbinati and Alex Zakaras (eds), *J. S. Mill's Political Thought: a Bicentennial Reassessment*, (Cambridge, 2007), p. 223.

[2] Ibid., p. 227.

获得①,而且,实际上,人们之间的政治能力也是不相同的。而政治领域属于"涉他"领域,这一领域不像"涉己"领域那样,人们做决定时拥有完全的自由,在政治领域,人们做决定时不仅涉及自己而且还涉及别人,因此,这就需要有能力的精英。②同时,在代议制民主之下的公民并不能像雅典公民那样具有很高的审议能力,③而且他们倾向于选择像自己一样的代表而不是有能力的精英。④因此,这就需要通过反多数主义的措施来保证精英当选。

接下来,赖利阐明了密尔理想的代议制政府包含的主要因素,并且说明为什么密尔理想的代议制政府体现了雅典民主的精神。

赖利认为,密尔理想的代议制政府包含的主要因素有两个:安全与个性。这两个要素体现了"人作为发展的存在的永恒利益",因此,理想的代议制政府的主要任务是保证个人的安全以及促进个性的发展。其中个人的安全涉及"确立和实施一套统一的公平的正义规则";而个性的提高需要人们在"涉己"领域拥有完全的自由,在"涉他"领域(包含政治、经济领域)拥有一定的自由。其中,人们在"涉己"领域拥有完全的自由对发展个性的具有重要作用,但是,在民主制之下,人们倾向压制个性的发展,因此,这就需要精英使民众认识到"涉己"自由的重大价值,而这一任务的实现需要精英参与到立法过程当中制定保护"涉己"自由的正义规则来实现。⑤

在具体分析密尔理想的代议制政府之前,赖利首先分析了作为"自由民主模式之一"的雅典民主制,他认为密尔将雅典民主制看作是"自

---

① 关于这一点,赖利的理解与密尔的意思有出入:密尔明确提出人人拥有尊严感,只不过每个人拥有的多少有差别,"这种尊严感人人都以某种形式拥有,并且与他们拥有的高级官能成某种比例,虽然不是严格的比例",参见约翰·穆勒:《功利主义》,徐大建译,上海人民出版社,2008,第10页。
② Ibid., pp. 228—30.
③ Ibid., pp. 232—33.
④ Ibid., p. 230.
⑤ Ibid., pp. 234—37.

由"的民主制。无疑,雅典的民主制是直接民主制:公民直接参与立法与政策制定。但是,为什么它是"自由"的呢?首先,在密尔看来,雅典人特别重视精英人物的在政治领域的重要作用,通过这些精英人物提高决策水平,并且制约多数的权力。其次,密尔认为在雅典还有一些辅助性制衡措施来限制权力的滥用来保护公民自由。最后,密尔指出,雅典人虽然没有个人自由的概念,但是他们对个人自由和多样性持一种宽容态度。[①]

在分析了密尔对雅典民主的看法之后,赖利分析了密尔理想的代议制政府,他认为密尔理想的代议制政府也是一种"自由民主制度":民众通过选举代表控制立法,在此基础上通过个人代表制和复数投票权制度保证受教育的精英当选,从而提高决策水平,制约权力滥用,保护个人自由。赖利认为,密尔特别重视代议制之下受教育精英的重要作用,因为,受教育的精英是弥补代议制之下公民政治能力不足的替代措施。因此,密尔提出四项措施来发挥受教育精英的作用,从而保证政治能力:将立法权与行政权分开,成立立法委员会专门负责起草与修改法律,实行个人代表制以及复数投票权制度。其中,行政机关由通过资格考试的精英组成,立法委员会由精通法律的精英组成,以此来保证政府效率;而通过个人代表制以及复数投票权制度,受教育的精英得以当选,以此来制约多数滥用权力的倾向,保证个体自由。[②]

其中,前两项与雅典民主制之下的一些制度相对应,例如,在雅典,人们选举具有相关能力的精英担任相应的行政职务,同时,雅典的立法议会与立法委员会的职能大体相似。[③]但是,雅典并没有比例代表制和复式投票制度,因此在这个意义上,密尔的理想代议制政府是"自

---

① 同 p.192 注释①, pp. 238—40.
② Ibid., pp. 240—47.
③ Ibid., pp. 241—42.

由民主的新雅典模式"。

总体而言,赖利虽然强调雅典民主制对密尔的影响,但他强调并不是作为"参与式民主"的雅典对密尔的影响,而是强调作为"自由民主"的雅典对他的影响,即赖利认为,在代议制之下应加强受教育精英的影响,以此来弥补代议制之下政治能力不足的缺陷,而不是凸显民众的参与,因为民众大多是无知的,并且倾向于压迫个性,所以,民众的作用只是投票与表达意见,而不是积极参与到政治当中,而这一作用也只是为了防止他们陷入"政治麻木"(political torpor)①。

但密尔在《代议制政府》的开篇就强调代议制政府的职能之一就是发展民众的各项能力(智力、道德与积极的能力),而这些能力的提高需要参与到各种行动当中去,因为,"感情的粮食是行动"②,要提高人们的政治能力就要他们积极参与到政治事务当中去,通过参与政治事务来提高政治能力。而赖利显然低估了政治参与对提高人们政治能力的重要性,即使他也认识到"一个人的真正幸福在于作为理想'平等社会'的一名成熟的成员"③。

此外,在赖利看来,密尔认识到民主有多数专制的危险,因此,密尔强调通过复数投票权制度保证精英当选,因此来制约多数滥用权力的倾向。但是,赖利认为密尔不仅认识到获得真正的受教育的精英很难,而且他也认识到少数受教育的精英也有滥用权力的倾向,因此,不应该给予受教育的精英以绝对的权力,应该让代议机构中的多数的代表来制约少数精英。④即使如此,赖利忽略了这一问题:代议机构中

---

① 同 p.192 注释①, p. 248.
② J.S. 密尔:《代议制政府》,汪瑄译,北京:商务印书馆,1984,第 39 页。
③ Jonathan Riley, "Mill's Neo—Athenian Model of Liberal Democracy," in Nadia Urbinati and Alex Zakaras (eds), *J. S. Mill's Political Thought: a Bicentennial Reassessment*, (Cambridge, 2007), p. 229.
④ Ibid., p. 225.

多数的代表是否会和少数受教育的精英共谋来压制多数①。实际上，密尔认识到了这一问题，因此，他主张民众积极参与政治活动中去以及通过加强与代表之间的联系从而达到监督精英、制约精英滥用权力的目的②。

总之，邓肯和赖利都认定密尔是一个精英民主主义者。两者都认识到密尔强调精英在智力、道德方面的优越性，都强调劳动阶级在这些方面的不足，都强调通过反多数主义的措施来保证精英的当选，从而发挥精英在政治方面的作用，而且两者都认为密尔认识到精英的不足，需要采取措施制约精英的权力。另外，更重要的是，邓肯和赖利都没有突显出民众参与在制约精英（多数的代表和少数的代表）的作用。

但是两者也有很大的不同：首先，邓肯是以《时代的精神》这篇文章为核心进行分析的，而赖利则是以《代议制政府》这一著作为核心进行阐述的；其次，邓肯认识到密尔强调精英对民众的教育功能，强调民众的积极参与，而赖利并没有强调这一点。最后，邓肯过多地强调密尔对社会最终和谐的观点，而赖利并没有持有这一观点。

四、作为折衷主义者的密尔

如果说前文所列举的学者大都强调密尔民主理论中民主参与或精英统治，那么，汤普森认为密尔既强调大众参与又强调精英的作用，即，他认为密尔是一个折衷主义者。③他认为密尔关于好政府（goodness

---

① 工人阶级之中也存在精英，他们也属于精英阶层，参见 John Stuart Mill, *Collected Works of John Stuart Mill*. Vol. Ⅴ., J. M. Robson (ed.), (Toronto and London, 1967), p. 663.
② J.S. 密尔：《代议制政府》，汪瑄译，北京：商务印书馆，1984，第179页。
③ Dennis F. Thompson, *John Stuart Mill and Representative Government*, (Princeton, 1976), pp. 177—78.

of a government）的两条标准[1]中包含了两个目标：第一条标准中包含了"保护性目的"（protective goal），而第二条标准包含"教育性目的"（educative goal）。以此标准为基础，Thompson 认为密尔实际上提出了参与原则（principle of participation）与能力原则（principle of competence），其中参与原则是指公民要尽可能多地参与到政治当中来促进政府的保护目标与教育目标的实现，而参与原则是指要发挥精英的作用来促进政府保护性目标与教育性目标的实现。虽然两个原则的目标一致，但是两个原则之间存在冲突：参与原则强调大众通过参与来提升能力，而能力原则强调大众的广泛参与需要一定的能力作为前提。汤普森认为密尔诉诸政府理论（a theory of government）与发展理论（a theory of development）来解决这一冲突。政府理论是指，在任何时刻，通过各种过程与制度来促进参与原则与能力原则之间的平衡来缓和两者之间的矛盾，而发展理论是指在公民参与的基础上逐渐提高公民的能力，随着时间的推移从而逐渐减少两个原则之间的矛盾。

具体而言，在汤普森看来，密尔实际上认为参与原则意味着公民通过广泛的参与（参与投票、参与地方政府事务以及工业中的民主）[2]来实现"保护性目的"——保护自身的利益，从而促进"当前福利"（present well—being）——以及实现"教育性目的"：促进"较好和较高形式的民族性格的发展"。[3]就保护性论点而言，首先，因为只有每个人自己才能更好地了解自身的利益，所以，只有通过广泛的参与公民才能

---

[1] 密尔好政府的标准有两条，第一，政府"适于利用任何时候存在的全部好的品质来帮助实现正当目的的程度"，第二，"政府在增加被统治者（集体地和各个地）的好品质的总和方面所能达到的程度"。参见 J.S. 密尔：《代议制政府》，汪瑄译，北京：商务印书馆，1984，第 27 页。以及 Dennis F. Thompson, *John Stuart Mill and Representative Government*, (Princeton, 1976), p. 9.
[2] Dennis F. Thompson, *John Stuart Mill and Representative Government*, (Princeton, 1976), pp. 41—43.
[3] Ibid., pp. 13—14.

保证自身的利益不被忽视或者误解。①虽然公民个人是自身利益的最安全的保护者，但是，密尔并不认为所有人的个人利益相加就等同于公共利益，他认为需要发挥教育的作用才能促使个人利益与公共利益不断接近。②其次，在民主政府之下，公民更能形成做事为自己——"自立"——的习惯，而这能够促进社会的繁荣。③

就教育性论点而言，在汤普森看来，密尔认为通过广泛的参与，公民能够形成"积极的性格"（active character）：具有公民意识、具有广阔的视野并对政治过程有较深的理解、对公共利益有更深的理解以及具有利他主义精神。④而"积极的性格"的形成能够促进社会的进步。⑤因而，汤普森认为密尔有关参与的教育性论点超越了保护的论点：第一，密尔可以提倡更多的参与，即使这一参与并不是为了表达利益，但是由于参与能形成积极的性格，而积极的性格又能促进社会的繁荣；第二，他可以提倡更多的参与以使公民更加关注公共利益。⑥

然而，仅仅参与原则远远不够，因为民主社会存在无能（无知和邪恶利益）的危险，所以，民主社会需要能力原则来对抗这一危险：

---

① 同 p.196 注释②, pp. 19—22. 同时可参见 J.S. 密尔：《代议制政府》，汪瑄译，北京：商务印书馆，1984，第 44 页。
② Dennis F. Thompson, *John Stuart Mill and Representative Government*, (Princeton, 1976), pp. 25—26. 同时参见密尔给 Henry Jones 的回信，John Stuart Mill, *Collected Works of John Stuart Mill*. Vol. ⅩⅥ., J. Francis E. Mineka and Dwight N. Lindley (eds), (Toronto and London, 1972), p. 1414.
③ Ibid., p. 26. 参见 J.S. 密尔：《代议制政府》，汪瑄译，北京：商务印书馆，1984，第 44 页。Thompson 认为这一论点而言，密尔没有解释清楚，其实密尔做过解释，他认为"不管是谁只要有人被排除在自由以外，被排除者的利益也就得不到其余的人所得到的保证，并且他们也在为他们自己以及社会的福祉发挥能力方面所具有的活动余地和所得到的鼓励就比未排除在外要少了，而国家的普遍繁荣总是和这种能力的发挥情况相适应的。"参见J.S. 密尔：《代议制政府》，汪瑄译，北京：商务印书馆，1984，第 47 页。
④ Dennis F. Thompson, *John Stuart Mill and Representative Government*, (Princeton, 1976), pp. 37—41. 参见J.S. 密尔：《代议制政府》，汪瑄译，北京：商务印书馆，1984，第54页。
⑤ Ibid., pp. 31—36.
⑥ Ibid., p. 28.

需要少数有能力的人或精英来抵制多数人的无知与邪恶利益,从而保护民主;同时,需要发挥少数精英的教育功能。①汤普森首先论证了密尔的能力原则的道德基础,其次,他重点论证了密尔的能力原则在政治上的应用。

汤普森认为密尔实际上指出了两种能力:一种是工具能力(the instrumental competence),另一种是道德能力(the moral competence)。工具能力是指"发现实现特定目的的最佳手段的能力以及识别满足自认为属于自己利益目的的能力",而道德能力则是指"发现从根本上而言对个人和社会非常重要的目的的能力"。②其中,汤普森认为密尔无需对工具能力进行论证:没有人否认,从工具意义上而言,有些目的与手段更好,而且有些人更容易发现这些目的和手段。Thompson 认为密尔需要论证的是有些目的,特别是与实现公共利益有关的目的处于根本的地位,为此,他认为密尔诉诸高等快乐(the higher pleasure)来论证公共利益的根本地位。因为高等快乐中包含"理智的快乐、感情和想象的快乐以及道德感情的快乐"③,而对公共利益的关注则属于"道德感情"。④

然而,如果人们承认人人都追求快乐,那么,为什么人们会选择高等快乐呢?汤普森认为密尔进行了如下论证:首先,只有熟悉两种快乐(高等快乐和低等快乐)的人才能做出判断,其次,熟悉两种快乐的人都选择高等快乐。⑤但是这一论证有循环论证的嫌疑:人们之所以会选择高等快乐是因为熟悉两种快乐的人选择它,但是熟悉两种快乐的人是那种选择高等快乐的人。为此,汤普森认为密尔进行了补充

---

① 同 p.197 注释④, p.54.
② Ibid., p.55.
③ 约翰·穆勒:《功利主义》,徐大建译,上海:上海人民出版社,2008,第8页。
④ Dennis F. Thompson, *John Stuart Mill and Representative Government*, (Princeton, 1976), pp. 55—56.
⑤ 参见约翰·穆勒:《功利主义》,徐大建译,上海:上海人民出版社,2008,第9—11页。

论证:熟悉两种快乐的人如果不选择高等快乐要么是因为他的意志软弱,要么是因为他能力受损。因此,只要我们发现如果有人熟悉两种快乐而没有选择高等快乐,那么密尔的命题就被证伪了。但是现实当中人们很难确认某人的决定是否受意志软弱的影响,因此,汤普森认为,对于密尔的这一命题,我们只能抱有以下希望:熟悉两种快乐的人都选择高等快乐。①

即使如此,如果说有道德能力的人选择高等快乐,那么其他人为什么会选择高等快乐呢?汤普森认为密尔诉诸他的发展理论:密尔认为人的性格是在环境塑造下形成的,所以,随着文明的进步,人们会发展出追求高等快乐的道德能力。②

接下来,汤普森重点论证了密尔的能力原则在政治领域的应用。民主社会存在无知和邪恶利益的危险③,而工具能力对抗无知的危险,道德能力(关注公共利益)对抗邪恶利益的危险。④具体而言,拥有工具能力的少数精英构成行政、司法等机构来弥补民主社会无知的缺陷。但是官僚机构有例行公事(routine)的危险,因此需要参与原则来对抗这一危险。⑤其次,需要用道德能力原则来对抗邪恶利益的危险。邪恶利益包括政治上的多数专制以及社会上的多数专制⑥。

---

① Dennis F. Thompson, *John Stuart Mill and Representative Government*, (Princeton, 1976), pp. 56—61. 参见约翰·格雷(John Gray)对这一点的批评,参见 John Gray, *Mill on Liberty: A Defence*, (London and New York, 1983), p. 144.
② Ibid., pp. 62—63.
③ 参见 J.S. 密尔:《代议制政府》,汪瑄译,北京:商务印书馆,1984,第 85 页。
④ Dennis F. Thompson, *John Stuart Mill and Representative Government*, (Princeton, 1976), p. 64.
⑤ Ibid., pp. 64—68.
⑥ Ibid., p. 69. 其中,政治上多数专制包括多数在种族、宗教以及阶层等方面对少数进行压制,密尔更多地是讨论多数人对少数富人权利的侵犯。参见 J.S. 密尔:《代议制政府》,汪瑄译,北京:商务印书馆,1984,第 93 页,以及 Dennis F. Thompson, *John Stuart Mill and Representative Government*, (Princeton, 1976), p. 69. 而社会上多数专制包括多数意见对个人自由的压制,参见约翰·密尔:《论自由》,许宝骙译,北京:商务印书馆,1998,第 5 页。

对于政治上的专制，汤普森认为，密尔首先采取平衡措施来平衡各种利益，从而保证不让任何一种利益占有绝对的优势。其次，密尔通过设置相关的制度来保证少数精英取得领导地位，以此来制约政治上多数专制的危害。[1]而对于社会上多数专制的危害，则需要发挥精英的教育功能，通过少数精英在政治过程（包括议会、竞选活动以及其他政治活动）中的讨论与审议来教育其他公民如何进行理性的政治思考，从而抵制多数意见对少数人的压制。[2]不仅如此，通过讨论与审议，具有道德能力的少数精英影响政府决策的形成，从而通过政治审议使其他公民自愿服从他们的领导。[3]但是，这种服从并不是盲目的服从，而是在理性的基础上服从。[4]

虽然参与原则与能力原则在目标相同，但两者存在冲突："如果参与变得越广泛，那么有能力者的影响就会减少；或者要保持有能力者强有力的影响，那么参与就可能不那么广泛"[5]。如何解决这一矛盾呢？汤普森认为密尔实际上诉诸政府理论来解决这一矛盾。密尔的政府理论是指，在民主制之下，同时坚持参与原则与能力原则，并通过实际政治过程与制度而不是从理论上来实现两者的平衡。[6]而且，汤普森认为，密尔将这一原理贯穿于民主制度下的所有主要的政治过程与制度之中。因而，政府原理成为评价这些过程与制度的标准。同时由于密尔没有从理论上解决两个原则之间的冲突而是诉诸实际政治过程实现两者之间的平衡，因此，这一原理并没有精确规定两个原则之间

---

[1] Dennis F. Thompson, *John Stuart Mill and Representative Government*, (Princeton, 1976), p. 71.
[2] Ibid., p. 80.
[3] Ibid., p. 82. 对于密尔言，理想的政治家"既具有政治智慧又有理论智慧——没有阶级偏见的世俗知识分子"，Dennis F. Thompson, *John Stuart Mill and Representative Government*, (Princeton, 1976), p. 87.
[4] Ibid., p. 85.
[5] Ibid., p. 91.
[6] Ibid., p. 95.

的平衡点。①

首先，汤普森看来，密尔将政府原理贯穿于选举过程之中。在密尔看来，参与理论要求实行普选制度，因为只有通过普选制度才能保护公民的利益不被忽视，同时通过选举制度公民才能获得教育的机会。其次，密尔主张实行公开投票制度以保护公共利益，因为投票权并不是个人的权利，每个人都是平等的，但是投票权意味着"对他人的权力"，意味着"涉他"领域的事务，意味着一种信任（trust）和责任（duty），因而需要从公共利益角度出发才能行使这一权利。而公开投票制度正是保护公共利益。②最后，密尔虽然将不会读写以及简单算术的公民暂时排除在外，但是这并不是从能力原则来考虑这一问题的，他是从参与原则中的保护性观点出发来保护与选举权的行使有利益关系的公民。而被排除在外的公民由于不能照顾自己的利益，更罔顾公共利益了。但是这种被排除的状态只是暂时的，同时政府有义务给予个人获得选举权的机会。③

选举过程中的能力原则体现在密尔主张实行复数投票权制度，复数投票权制度能保证有道德能力的公民对"一国制度精神"产生有益的影响。即使如此，但是汤普森看来，密尔最终并没有坚持这一制度，因为这一制度缺乏满意的标准，同时它遭到许多人的反对。而且密尔实际上限制这一制度的作用：享有复数投票权的公民所选出的代表在人数上不能超过其他公民选出的代表。④

汤普森认为，与复数代表权制度相比，密尔实际上更支持黑尔（Thomas Hare）的个人代表制，因为它同时满足了参与原则与能力原

---

① Dennis F. Thompson, *John Stuart Mill and Representative Government*, (Princeton, 1976), p. 92, p. 95.
② Ibid., pp. 96—98.
③ Ibid., p. 99.
④ Ibid., pp. 99—101. 虽然密尔表面上放弃了多数投票权制度，实际上他并没有完全放弃这一制度，参见 Richard Reeves, *John Stuart Mill: Victorian Firebrand*, (London, 2007), p. 314.

则。首先,黑尔的个人代表制能保证少数有能力的精英当选,这体现了能力原则。其次,与多数代表制相比,它更能使少数人有机会选出自己的代表,因而他们的利益更能得到保护。同时,在个人代表制之下,由于每一个代表是由一个意见一致的选区选出的,所以,选民与代表之间的联系更加紧密,而这能提升参与的教育意义,因为个人代表制给予选民对选举结果与代表的行为更大的影响。①

其次,汤普森用密尔的政府理论来理解代表的作用。能力原则肯定意味着代表拥有许多自由裁量权,因为他们比其他公民具有更多的道德能力。但是,不仅如此,参与原则之中的保护论点意味着代表在行使自由裁量权时要对选民负责:首先,如果代表受到"对选民的利益有害偏见的影响",那么选民就可以要求代表进行宣誓;其次,如果一个相对而言不出名的人被选为代表,选民可以要求他服从他们的意见;再次,所有的代表必须预先向选民说明他要采取的主张,并在偏离它们时须向选民做出充分的解释;最后也最重要的限制是代表不能违反选民的"根本信念"或"根本权利观念"。另外,参与的教育论点同样限制代表的自由裁量权。密尔反对间接或两阶段投票制,因为它限制了"公民公共精神与政治智慧"的发展,然而,在直接选举制之下,选民的公共精神与政治智慧会得到提高。②

另外,汤普森认为密尔从政府理论出发来理解议会的功能:首先,议会应该控制而不是去亲自处理政府事务。议会不仅不能干涉行政事务,而且不能干涉立法事务,密尔将立法的事务交给立法委员会去处理,而议会负责通过、拒绝法案或将法案遭返回立法委员会从而重新考虑这一法案。在汤普森看来,密尔对立法功能的区分反映了他将行政机构、立法委员会与能力原则联系在一起,而将议会与参与原则联系在一起。

---

① 同 p.201 注释①, pp. 101—06.
② Ibid., pp. 114—15.

具体而言，行政机构、立法委员会与技术能力联系在一起，而议会"控制"政府事务则与参与原则之中的保护论点联系在一起。另外，在行政机构、立法委员会内部实行个人负责原则，而个人负责原则正是参与原则的保护性论点所要求的；另外，在议会内部政治审议过程中代表能体现出道德能力。其次，由于议会是一个表达意见、要求以及讨论公共事务的场所，所以，一个理想的议会能反映所有的利益与意见，从而，它们能获得被保护的机会，而这与参与原则的保护论点相符。同时，在政治审议或讨论过程中，有道德能力的代表能发挥教育作用，而其他代表与选民（与他们的代表一致）通过参与而获得教育，而这共同体现了能力原则与参与原则。①

最后，汤普森分析了密尔的政府理论在地方政府中的应用。在汤普森看来，为了在地方政府应用他的政府理论，密尔提倡在集权（centralization）与分权（decentralization）之间的进行平衡②。中央政府更多地体现了能力原则：中央政府拥有更多的信息、更多的精英，因而，它拥有更多的能力；而地方的居民在许多决定方面有直接利益，而且更容易发现与惩罚地方政府的滥用权力行为，因而，地方的居民通过参与能保护自身的利益，同时通过参与达到教育的目的。但是中央政府并没有垄断能力，而地方政府也没有垄断参与：首先，中央政府不具有地方政府拥有的信息，而在这方面地方政府更具有能力；其次，地方政府更容易压制少数人，而根据参与原则的保护论点这需要中央政府进行干预；最后，在地方层次，参与的教育功能的实现需要中央政府的支持，因为中央政府更能提供有能力的"教师"。因而，集权化（centralization）与分权化（decentralization）之间的平衡需要在实际

---

① 同 p.201 注释①，pp. 124—25.
② 参见 J.S. 密尔：《代议制政府》，汪瑄译，北京：商务印书馆，1984，第219页。

运作过程中才能实现。①

因而，汤普森认为密尔的政府理论一方面通过各种制度使少数有能力的精英发挥作用，另一方面也通过这些制度促进公民的参与，因而在实际政治运作过程当中实现两者平衡。所以，密尔虽然没能在理论上解决参与原则与能力原则之间的冲突，但是，在实践当中，两者可以实现平衡，因而，密尔的政府理论是一个"相当全面和系统"的理论。②

如果说密尔的政府理论从静态的角度来缓和参与原则与能力原则之间的冲突。汤普森认为密尔同时从动态的角度来减少这一冲突，即诉诸发展理论来减少两者之间的冲突。

密尔认为任何政治哲学实际上都预设了一种发展理论，因而，他认为民主理论也同样需要一种发展理论③。在汤普森看来，密尔的发展理论包括发展的类型与速度、它的动因、它的分期和发展规律的现状④。密尔认为发展的类型包括"循环型"（"一系列事件的重复发生"）和"弹道型"（"一个不会回到它自身的过程"）这两种类型。就发展速度而言，密尔认为人类事物当中存在永恒的退化趋势⑤，因而，他主张渐进性改进而不是革命，因为革命只会把已经取得的成就变得更糟。密尔认为发展的动因是观念，或者说"人类思维能力的状态"⑥。发展的分期根据的是每个时期社会当中占主导地位的力量，而处于主导地位的力量背后的观念成为某个时代的特征。对于发展规律而言，密尔认为在发展理论能够提供一套科学的规律之前需要很长一段路要走，因为提

---

① 参见 J.S. 密尔：《代议制政府》，汪瑄译，北京：商务印书馆，1984，第 130—131 页。
② Ibid., p. 135.
③ Ibid., p. 136—37. 以及 Ibid., p. 173.
④ Ibid., p. 147.
⑤ 参见 J.S. 密尔：《代议制政府》，汪瑄译，北京：商务印书馆，1984，第 24 页。
⑥ John Stuart Mill, *Collected Works of John Stuart Mill*. Vol. Ⅷ., J. M. Robson (ed.), (Toronto and London, 1974), pp. 925—26.

出这一理论需要有三方面的因素:"人性规律;表明一个社会状态如何转到另一个状态的中层理论;表明之前趋势的经验性归纳"①。而现在我们缺少的是关于人性的科学以及中层理论,剩下的只有关于过去趋势的概括,密尔将这些概括称之为"经验性规律",而严格说来,这些"经验性规律"不算规律,它们只是对一些观察到的事实大的分类。②

因而,在密尔看来,发展理论暂时意味着一些"经验性规律"——过去趋势的概括,那么,现代历史的最大趋势是什么呢?对密尔而言,这一趋势是在政治、社会领域中不断趋向于平等化。这一趋势产生社会专制与从众性(conformity),而为了对抗这一趋势就需要发挥精英的作用。③

但是平等化的趋势也为代议制政府在参与原则与能力原则方面带来许多益处。首先由于个人身份不断趋于平等,因而,公民在选择代表时不能根据社会地位而要根据自己的判断;因而,公民通过参与促进自身的政治教育。其次,由于公民身份趋于平等,公民更可能平等地依靠自己做政治方面决定,在政治参与过程中公民之间相互合作,通过合作增强了对他人的同情,加深对公共利益的理解,因而这能促使公民道德能力的提高。最后,密尔认为随着平等趋势的加剧,极端贫困逐渐消失,所以这就在一定程度上减少了阻碍政治参与的在政治资源方面不平等的状况。④

在社会方面,公民积极参与社会活动也能促进公民道德能力的提升:公民通过获得在民主社会中积累的与公共利益有关的经验(惯例与习惯)来提高自身的道德能力。同时,公民之间的联合、自愿合作

---

① John Stuart Mill, *Collected Works of John Stuart Mill*. Vol. Ⅷ., J. M. Robson (ed.), (Toronto and London, 1974), p. 156.
② Ibid., pp. 147—57.
③ Ibid., p. 158.
④ Ibid., pp. 159—60.

促使公民关注其他人的利益,从而这也提高公民自身的道德能力。在经济方面平等化的趋势也提高公民的能力以及他们在政治方面积极参与的能力。①

另外,平等化的趋势也使得密尔强调少数精英的重要作用,一方面,因为平等化的趋势当中包含危险因素——多数专制以及从众性(conformity),另一方面,更重要的是,精英的领导是公民能力提升的基础。只有公民能力得到不断提升,公民的广泛参与才不会降低整体的参与能力水平,因而,随着时间的推移,参与原则与能力原则之间的冲突逐渐减少。而且,随着公民能力的不断提升,公民的政治参与通过政治教育会不断提高他们的能力水平。参与原则因而与能力原则实现互动。②

在对密尔民主理论框架分析的基础上,汤普森认为密尔是一个折衷主义者:密尔的民主理论既强调大众参与又强调精英的作用。但是,在汤普森看来,密尔的民主理论存在两个缺陷:密尔的民主理论视野过于狭窄以及他没有规定两个原则之间的先后次序。汤普森认为,密尔的民主理论没有涉及国内政治领域中与两个原则都无关的地带:在国内政治领域中,许多既不是精英又不是普通公民的人在行使权力。同时,密尔的民主领域也没有包含非政府机构的政治,例如工会、利益集团以及各种各样的志愿组织,而且更重要的是,由于密尔将官僚制看作是一种政府形式,所以他没有注意到这些非政府机构组织中官僚制产生的问题。其次,在参与原则与能力原则产生冲突时,密尔的民主理论无法在这两者之间做出决断。③

针对密尔民主理论中两个原则之间存在冲突的问题,汤普森根据

---

① John Stuart Mill, *Collected Works of John Stuart Mill*. Vol. Ⅷ., J. M. Robson (ed.), (Toronto and London, 1974), pp. 160—62.
② Ibid., p. 164.
③ Ibid., pp. 178—84.

罗尔斯的"词典优先"（lexical priority）观念建议将参与原则放在优先的地位，因为公民通过参与可以提升能力，但是如果将能力原则放在优先地位，那么就做不到这一点，因为能力原则排斥公民参与。但是，这一建议同样依靠参与原则与能力原则最终能实现一致这一假设为基础。①所以，在强调参与原则优先地位的基础上上，汤普森认为密尔是一个民主主义者。②

另外，通过将密尔的民主理论与精英民主理论及其批评者相对比，汤普森认为密尔的民主理论对当代而言更有教益。因为，与精英民主理论相比，密尔更强调大众参与的教育意义，与精英民主理论的批评者相比，密尔的民主理论以发展理论为基础而且更有系统性。③因而，汤普森认为密尔的民主理论能为当代民主理论中忽略的方面提供指导，同时为未来民主理论的发展提供基础。④

总体而言，汤普森通过两个基本原则、两个原理将密尔的民主理论完整地、有系统性地展现出来，因而，他使密尔的民主理论显得"更紧凑、更具有系统性"⑤，虽然这一理论仍然存在冲突。另外，他用当代社会科学中的相关研究去分析密尔民主理论的相关方面⑥，增强密尔民主理论的说服力。最后，通过对比当代的民主理论，汤普森展现出密尔民主理论对当代的教益。但是汤普森的研究也存在一些问题。首先，虽然他强调两个原则及原理的重要性，但他没有在详细分析这些原则、原理的功利主义基础。其次，虽然社会科学中的相关研究能加强密尔相关论点的说服力，但是这也有冲淡主题的嫌疑。最后，虽然汤普森强调密尔的民主理论对当代的民主理论有指导意义，但是在当代非政

---

① John Stuart Mill, *Collected Works of John Stuart Mill*. Vol. Ⅷ., J. M. Robson (ed.), (Toronto and London, 1974), pp. 197—200.
② Ibid., pp. 4—5.
③ Ibid., pp. 194—97.
④ Ibid., p. 201.
⑤ Ibid., p. 3.
⑥ Ibid., p. 4.

府机构政治的兴起的背景之下,密尔的民主理论能够提供什么样的教益呢?

五、结论

密尔是民主主义者?精英主义者?抑或折衷主义者?似乎每一种主张都有道理,但是每一种主张都比较片面:密尔是民主主义者或精英主义者的论调实际上都片面强调密尔的民主理论某个方面,都试图将作者自己持有的观点强加到密尔的民主理论之上,而没有从整体上去分析密尔的民主理论;而密尔是折衷主义者的这一论调也没有抓住密尔民主理论的关键,毕竟密尔并不是单纯为了折衷而折衷。艾伦·阿兰(Alan Ryan)准确地表达了这一困惑:"如果精英主义意味着接受从象征与情感姿态上安抚大众这一主张的话,那么密尔不是一个精英主义者;如果精英主义意味着民众参与机会最小化的话,那么密尔是一个彻底的民主主义者。但是,如果参与民主意味着接受毫不含糊的政治平等的话,那么密尔是一个精英主义者"①。实际上,每种主义都只是把握住密尔民主理论当中的一部分,因为密尔反对只从一个视角观察与分析问题,因为每种主张只包含部分真理,所以,他主张从多个视角来看待与分析问题,即使这多个视角之间存在冲突。②因而,任何一种主义都只包含关于密尔民主理论的"部分真理"。

表面上看,《代议制政府》中的确存在大众参与和精英统治这两个相互冲突的因素。但是,在密尔看来,这一冲突并不存在:"承蒙

---

① Allan Ryan, *J. S. Mill*, (London and Boston, 1974), p. 217.
② 参见 John Stuart Mill, *Collected Works of John Stuart Mill*. Vol. Ⅰ., J. M. Robson and Jack Stillinger (eds), (Toronto and London, 1981), p. 169. Richard Reeves, *John Stuart Mill: Victorian Firebrand*, (London, 2007), p. 109. 约翰·密尔:《论自由》,许宝骙译,北京:商务印书馆,1998,第53—54页、第55—56页。J.S.密尔:《代议制政府》,汪瑄译,北京:商务印书馆,1984,第5—7页。

读过我以前著作的人,也许从目前这本书中得不到任何强烈的新奇印象;因为其中所叙述的原则是在我大半生中逐渐形成的,而所提出的时间建议则大多经别人或我自己先前提到过。然而,新奇之处在于我把它们汇集一处,并在它们的**彼此联系上将它们展示出来**(exhibiting them in their connexion)"①。大众参与和精英统治之间的"彼此联系"体现在它们都是为"人作为发展的存在的永恒利益"②而服务。

"人作为发展的存在的永恒利益"中的"永恒利益"包含安全③与个性(individuality)两个方面④。其中,在《代议制政府》当中,密尔明确指出,政府的首要作用是维护安全,"人身和财产的安全,以及个人之间的公平审判,是社会的头等需要,也是政府的首要目的"⑤。在《功利主义》当中,密尔进一步指出"世上一切其他利益,都可以为一个人所需而不为另一个人所需,其中的许多利益,如有必要,都能高高兴兴地被人放弃,或被其他东西替代,但唯有安全,没有一个人能够缺少,我们要免除所有的祸害,要长久地获得一切善的价值,全靠安全"⑥。而在《论自由》当中,密尔着重强调个性在个人发展与

---

① J.S. 密尔:《代议制政府》,汪瑄译,北京:商务印书馆,1984,第3页。黑体字部分为笔者所加。参见 Dennis F. Thompson, *John Stuart Mill and Representative Government*, (Princeton, 1976), p. 7.
② 参见 Allan Ryan, *The Philosophy of John Stuart Mill*, (Macmillan, 1970), p. 255. 同时可参见 C. B. Macpherson, *The Life and Times of Liberal Democracy*, (Oxford, 1977), pp. 50—64.
③ 这里的"安全"包括人身、财产和契约等方面的安全,而且,密尔对安全概念的理解与边沁对这一概念的理解有相似之处,约翰·穆勒:《功利主义》,徐大建译,上海:上海人民出版社,2008,第54—55页。以及 John Gray, *Mill on Liberty: A Defence*, (London and New York, 1983), p. 54. Frederick Rosen, *Jeremy Bentham and Representative Democracy: A Study of the Constitutional Code*, (Oxford, 1983), pp. 67—75.
④ Jonathan Riley, "Mill's Neo-Athenian Model of Liberal Democracy," in Nadia Urbinati and Alex Zakaras (eds), *J. S. Mill's Political Thought: a Bicentennial Reassessment*, (Cambridge, 2007), p. 223. 以及 John Gray, *Mill on Liberty: A Defence*, (London and New York, 1983), p. 52.
⑤ J.S. 密尔:《代议制政府》,汪瑄译,北京:商务印书馆,1984,第216页。对安全的进一步阐述参见 John Gray, *Mill on Liberty: A Defence*, (London and New York, 1983), p. 54.
⑥ 约翰·穆勒:《功利主义》,徐大建译,上海:上海人民出版社,2008,第55页。

社会进步的重要作用："人类要成为思考中高贵而美丽的对象，不能靠着把自身中一切个性的东西都磨成一律，而要靠在他人权利和利益所许的限度内把它培养起来和发扬起来。由于这工作还一半牵连着做这工作的人的性格，所以借着这同一过程人类生活也就变得丰富、多样、令人有生气、能供给高超思想和高尚情感以丰足的养料、还加强着那条把每个人和本民族联结在一起的纽带，因为这过程把一个民族也变得大大地更加值得个人来做它的成员"①，以及"只有培养个性才产生出或者才能产生出发展得很好的人类"②。因而，密尔理想的代议制政府的目标便是个人安全和个性发展，以此为目标，密尔的民主制其实是强调大众参与的自由民主制。

首先，密尔理想的代议制政府首先是一种体现人民主权的政府，"理想上最好的政府形式就是主权或作为最后手段的最高支配权力属于社会整个集体的那种政府"③，但是，在现代条件下，这一理想的政府形式只能是一种代议民主制，所以在这一代议制政体之下，"全体人民或一大部分人民通过由他们定期选出的代表行使最后的控制权"④。然而，为什么说理想的政体要体现人民主权呢？因为，政府应该体现社会上力量构成情况，"社会中最强大的力量将取得统治的权力"⑤，而在现代条件下，人民的力量是"最强大的力量"⑥，所以，代议制政府因而要体现人民主权的力量。

其次，密尔理想的代议制政府是主张大众参与的政府——只有实行广泛的大众参与才能保证公民的安全同时发展公民的个性：首先，

---

① 约翰·密尔：《论自由》，许宝骙译，北京：商务印书馆，1998，第74页。略有修改。
② 同上，第75页。
③ J.S.密尔：《代议制政府》，汪瑄译，北京：商务印书馆，1984，第43页。
④ 同上，第68页。
⑤ 同上，第13页。
⑥ 同上，第114页、第184页。

由于"每个人是他自己的权利和利益的唯一可靠保卫者"①，因而，每个公民只有通过选举自己的代表来表达自己的利益与意见，才能保证它们不会被忽视与误解②；其次，人民主权原则虽然保证了主权掌握在人民手中，但是这一主权只是间接掌握在人民手中，因而，公民只有通过积极参与，加强与代表之间的联系，才能保证代表不会违反选民的"政治原则"、"根本信念"或"根本权利观念"③，这样才能保证公民的安全④，同时，通过参与制约由受教育的精英组成的官僚机构；⑤最后，因为在代议制民主制之下，每个人都是平等的，每个人都需要自己做决定，所以，通过积极参与，公民逐渐培养出自立的性格，同时，通过公共参与不断加深对公共利益的理解以及增强对公共利益的感情，从而形成"积极的性格"⑥，而"积极的性格"是一种"积极的"、"自助的"、"奋斗的"、"进取的"性格⑦，这一"积极的性格"其实就是充满个性的性格⑧。

最后，密尔理想的代议制政府是自由的民主制政府。在代议制政府之中存在着"普遍无知和无能"⑨以及"阶级立法"的危险——多数

---

① J.S. 密尔：《代议制政府》，汪瑄译，北京：商务印书馆，1984，第 44 页。
② 同上，第 45—46 页。同时参见 John Stuart Mill, *Collected Works of John Stuart Mill*. Vol. XXVIII., J. M. Robson and Bruce L. Kinzer (eds), (Toronto and London, 1988), p. 65.
③ 同上，第 179 页。
④ 密尔认为人性之中存在热爱、追求"强制性和压迫性权力"的"邪恶激情"，参见 John Stuart Mill, *Collected Works of John Stuart Mill*. Vol. XIX., J. M. Robson (ed.), (Toronto and London, 1977), p. 610. 因而，密尔并没有像 Duncan 那样对精英持有过分乐观的态度，因为，一方面，密尔认识到没有有效的标准能够将少数受教育的精英区分出来；其次，密尔也认识到权力的腐蚀作用，因此，这就需要公民监督代表，见 J.S. 密尔：《代议制政府》，汪瑄译，北京：商务印书馆，1984，第 96 页、第 135 页。
⑤ J.S. 密尔：《代议制政府》，汪瑄译，北京：商务印书馆，1984，第 89—90 页。同时参见 Paul Kelly, "J. S. Mill on Liberty," in David Boucher and Paul Kelly (eds), *Political Thinkers: From Socrates to the Present*, (Oxford, 2009), p. 397.
⑥ 同上，第 53—55 页。
⑦ 同上，第 51 页。
⑧ 约翰·密尔：《论自由》，许宝骙译，北京：商务印书馆，1998，第 71 页。
⑨ 同上，第 85 页。

意图实现眼前利益而损害公共利益。①首先，为了克服"普遍无知和无能"的危险，这就需要将"谈话"（talking）的能力与"做事"（doing）的能力②区分开，即将议会的审议功能与官僚机构的行政（包括行政事务与立法事务）职能区分开，"对政府事务的控制和实际去做这些事务，其间有根本的区别"③。其中，议会审议职能包括：监督官僚机构，审议选民的各种意见，命令立法委员会起草法律，审议并通过由立法委员会起草的法案。④而由技术精英组成的官僚机构的职能包括：起草法律（立法委员会）以及执行法律（行政机构）。其中，立法委员会在制定法律时，所制定的法律必须和"以前存在的法律构成首尾一贯的整体"⑤，因而，这实际上要求立法委员会在起草法律时要和存在于以前制定的法律之中的宪法精神构成一致⑥，因而，这就构成了对议会权力滥用的制约，同时，由于有专门精通法律的精英制定法律，所以，这不仅提高了立法效率，而且将议会从制定法律的繁琐事务中摆脱出来，从而使它专注于审议功能的发挥⑦。其次，行政机构的首脑有解散议会进行重新选举的权力⑧，而这就对议会的权力（特别是多数的权力）形成制约，同时由于行政机构是由通过专门考试的技术精英组成⑨，因而这就保证了行政部门的效率。

其次，为了抵制阶级立法的危险，这就需要"一种支点"、"一

---

① J.S. 密尔：《代议制政府》，汪瑄译，北京：商务印书馆，1984，第85页、第98页以及第101页。同时参见 Paul Smart, *Mill and Marx: Individual liberty and the roads to freedom*, (Manchester and New York, 1991), p. 108.
② John Stuart Mill, *Collected Works of John Stuart Mill*. Vol. XIX., J. M. Robson (ed.), (Toronto and London, 1977), p. 433.
③ J.S. 密尔：《代议制政府》，汪瑄译，北京：商务印书馆，1984，第70页。
④ 同上，第80—82页。
⑤ 同上，第76页。
⑥ Jonathan Riley, "Mill's Neo-Athenian Model of Liberal Democracy," in Nadia Urbinati and Alex Zakaras (eds), *J. S. Mill's Political Thought: a Bicentennial Reassessment*, (Cambridge, 2007), p. 243.
⑦ J.S. 密尔：《代议制政府》，汪瑄译，北京：商务印书馆，1984，第76—78页。
⑧ 同上，第197—98页。
⑨ 同上，第201—06页。

种集合点"来保护公共利益①,而这就发挥少数受教育的精英的作用。首先,在政治领域,需要通过个人代表制以及复数投票权制度②来抵制多数对权力的滥用以及阶级立法的危险,从而它不仅保护少数受教育的精英的安全,而且它也保护公共利益不受阶级利益的侵害,因而最终从间接意义上保护其他人的安全。之所以实行复数投票权制度是因为政治事务属于"涉他"领域的事务,因而要按照对公共利益最有利的方式来处理这一领域事物,而这就需要发挥少数受教育的精英的作用,因为他们具有较高的知识、道德能力③。其次,由于在社会领域也存在"阶级立法"的危险,即多数人从意见上压制个性,因而这就需要保护个人自由,特别是"涉己"领域,个人拥有绝对的自由④,以此来保护充满个性的公民不受大众意见的压制,从而促使个性的发展⑤。最后,少数受教育的精英在政治以及社会领域发挥教育作用,使得多数及其代表的能力得到提升,从而促进个人和社会的发展⑥,从而使得公民倾向于选择真正的精英。因而,从这个意义上来讲,密尔"首先是一个自由主义者其次才是一个民主主义者"⑦。

总之,为了实现"人作为前进的存在的永恒利益",从而促进个

---

① J.S. 密尔:《代议制政府》,汪瑄译,北京:商务印书馆,1984,第115页。
② 关于个人代表制参见J.S. 密尔:《代议制政府》,汪瑄译,北京:商务印书馆,1984,第109—24页。关于复数投票权制度参见J.S. 密尔:《代议制政府》,汪瑄译,北京:商务印书馆,1984,第133—43页。
③ 参见J.S. 密尔:《代议制政府》,汪瑄译,北京:商务印书馆,1984,第133—134页、第139页以及第153—54页。但是实行复数投票权制度有限度:不能使少数受教育的精英实行阶级立法。参见J.S. 密尔:《代议制政府》,汪瑄译,北京:商务印书馆,1984,第136页。
④ 约翰·密尔:《论自由》,许宝骙译,北京:商务印书馆,1998,第10—11页。
⑤ John Gray, *Mill on Liberty*: A Defence, (London and New York, 1983), pp. 55—56.
⑥ J.S. 密尔:《代议制政府》,汪瑄译,北京:商务印书馆,1984,第220—21页。以及 John Stuart Mill, *Collected Works of John Stuart Mill*. Vol. Ⅰ., J. M. Robson and Jack Stillinger (eds), (Toronto and London, 1981), p. 179. John Stuart Mill, *Collected Works of John Stuart Mill*. Vol. ⅪⅩ., J. M. Robson (ed.), (Toronto and London, 1977), p. 364.
⑦ John Skorupski, *Why Read Mill Today?* (London and New York, 2006), p. 88.

人的发展与道德上的进步,密尔在《代议制政府》中提出了强调大众参与的自由民主制度,这一制度体现了密尔关于民主理论比较系统、完整的观点。在这一制度当中,密尔实际上倾向于强调精英特别是少数受教育的精英的作用,但是对精英作用的强调也是为了实现个人与社会的发展,因为精英具有更多的知识、道德能力,更关注"间接的和长远的利益",更倾向于关心公共利益——"服从于理性、正义和全体的福利"①。

---

① J.S. 密尔:《代议制政府》,汪瑄译,北京:商务印书馆,1984,第99页。

《代表理论：问题与挑战》选编说明

聂智琪*、谈火生**

一、为什么编写这本文集？

"代表"，这个我们早已耳熟能详的词汇，虽是现代民主政治不可或缺的概念，但长期以来，相较于自由、民主、宪政这些政治概念，并未受到多少关注。人们一般只在论及代议制民主时提到它，但也往往是一笔带过。这可能与以下两个原因有关：一是代表的含义看上去简单明了，不如自由、民主这些词汇内涵丰富且充满歧义；二是代表更多被视为一种具体的操作程序甚至是权宜之计，因而不具有多少理论价值。

不过随着学界对代表的认识不断深入，上述观点正日益受到挑战。一方面，代表看似简单，实则复杂。如果深究下去，人们在"代表的含义"、"代表与被代表者的关系"、"好的代表的评判标准"以及"代表制度的设计"等一系列问题上都存在分歧。另一方面，代表的重要性也日益引起人们的关注。在一些论者看来，代表其实是自由民主体制的"阿基利斯之踵"。[1]还有论者直接指出，如果没有代表，自由、平等、人权这些价值都不可能实现；代表虽不是政治哲学中的核心概念，但

---

* 政治学博士，北京师范大学副教授。
** 政治学博士，清华大学副教授。
[1] Johannes Pollak, Jozef Bátora, Monika Mokre, Emmanuel Sigalas, Peter Slominski: On Political Representation: Myths and Challenges, RECON Online Working Paper 2009/03.

却是政治思想史以及政治制度史中最关键性的理念与制度。①当代代表理论的开创者皮特金更是一针见血地指出:"考虑到自17世纪(如果不是中世纪的话)以来代表概念已成为我们文化的一部分,而且代表制度在我们的政治生活中占有越来越重要的地位,代表理论的发展确实令人沮丧。在某种程度上,这一领域的理论文献最让人吃惊之处在于,它们永远含混不清,到处看起来都是无法解决的冲突和论辩。人们甚至对'什么是代表'这样的问题都无法达成共识,这实在是无法令人满意。"②

正是意识到上述问题,在皮特金等人的推动下,学界围绕"代表"展开了许多富有成效的开创性研究。尤其是自20世纪90年代以来,随着协商民主等新的理论视角的逐渐勃兴以及新的政治实践的不断涌现,越来越多的学者被"代表"问题所吸引。他们突然发现,经由对"代表"概念及其制度的重新梳理,有助于回应当代民主理论与实践中的诸多关键问题,因此纷纷转向对"代表"的研究,就"代表的含义"、"新的代表模式"、"民主与代表的关系"、"选举与代表的关系"和"群体代表权"等问题展开理论辩驳,其中一些文献业已成为"代表"理论中的经典。有鉴于此,且考虑到我国的人民代表大会制度依然不

---

① 张福建:"代表与议会政治———一个政治思想史的探索与反省",《行政暨政策学报》(台湾)2007年12月第45期,第3页。
② Pitkin, Hanna Fenichel. "The concept of representation", in Hanna Fenichel Pitkin, *Representation*, New York, Atherton Press, 1969.

脱代议制民主之框架，而国内相关学术研究又较为薄弱①，本文集尽力萃取反映当代"代表"理论前沿成果的重要文献，为进一步的学术探讨提供智识支持。为使读者更清晰地了解代表理论的发展脉络及其关键性的争议，这里有必要对其进行一个大致的梳理。

二、代表理论概述

（一）皮特金的开创性工作

虽然之前的霍布斯、卢梭、柏克、麦迪逊、密尔等人都对代表问题有所论及，但学界公认由皮特金在1967年所著的《代表的概念》是第一部全面系统地研究代表概念且影响最为广泛的著作。鉴于"代表"一词在使用上的多歧性，皮特金受维特根斯坦的启发，主张对代表的理解必须将其置于相应的语境下来思考。代表，从词源上看，其含义就是"再现，即将缺席之物呈现出来。"②这似乎是一个简单明了的定义，但皮特金认为其实存在不同的再现方式，这主要取决于要呈现的对象、呈现的中介以及呈现的环境。如一个城市可以通过一个符号呈现在一

---

① 中国大陆的研究主要是针对具体的人民代表制度的实践，对作为其根基的代表理论较少关注。最近这些年局面有所改善，出现了一些关于当代代表理论的研究论文和中文译作。不过遗憾的是，这些文献多数触及的还是上世纪六七十年代的代表理论，对九十年代以来的前沿成果较少涉猎。关于代表理论，已有的中文译作可参见应奇选编的《代表理论与代议民主》（吉林出版集团有限责任公司2008年版）和王绍光选编的五篇论文（详见《北大法律评论》第13卷第2辑，北京大学出版社2012年版）。研究论文可参阅景跃进：《代表理论与中国政治》（《社会科学研究》2007年第3期）；陈伟：《政治代表论——兼论我国人民代表大会制度的理论基础》（《中国人民大学学报》2007年第6期）；黄小钫：《实质代表制与实际代表制——美国制宪时期的代表理念之争》（《浙江学刊》2009年第1期）；翟小波、刘刚：《什么是代表制》（公法评论网http://www.gongfa.com/zhaixbdaibiao.htm）等。此外，台湾学界对代表理论的研究也非常值得关注，如张福建的《北美立宪前后"代表理念"的争议：一个革命式的转折》（《政治科学论丛》1999年6月第10期）和《代表与议会政治——一个政治思想史的探索与反省》（《行政暨政策学报》2007年12月第45期）等。

② Pitkin, Hanna Fenichel. "The concept of representation", in Hanna Fenichel Pitkin, *Representation*, New York, Atherton Press, 1969.

张地图上,一个诉讼当事人可以通过其律师呈现在法庭上。同理,政治代表虽然可以被界定为"在政治决策的过程中使公民的利益、意见与视角呈现出来的活动",但是到底如何才算以及怎样才能确保其呈现出来,这些关键的问题并没有得到澄清。

正基于此,皮特金主张进一步从形式与实质两个维度来理解政治代表。形式代表论关注的是授权与负责,即代表是否得到了被代表者的授权,以及代表是否要对被代表者负责,前者关乎代表关系的建立,后者涉及代表关系的完成。在政治思想史上,霍布斯对于形式代表论的建构非常关键。他不仅明确提出人可以成为被代表的对象,而且进一步强调代表的权威必须来源于民众的授权。不过皮特金也指出,霍布斯的代表理论还不是真正的形式代表论,因为他认为代表一旦获得授权就拥有无限的权威与自由,其行动所产生的后果和责任都要由被代表者来承担,这显然违背了现代的政治代表理念。在形式代表论的支持者看来,除了获得授权,代表必须向被代表者负责这一点甚至更为重要,否则代表就不具备合法性权威。至于确保代表为被代表者的利益服务的问责手段,在代议制民主的框架下,最主要的便是民众必须拥有定期选举和更换代表的权利。因此,霍布斯所设想的拥有无限权威且无需向民众负责的主权者,算不上真正的代表。

应当说,从授权与负责的角度来界定代表,对于澄清现代的政治代表制与传统的代表制实践[①]之间的根本性差异,非常重要。但皮特金认为这也只触及到了代表的形式维度,而没有关注到"谁才应该是代表"和"代表到底应该如何行动"这样的实质性维度。关注"谁才应该是代表"的人,并不像形式代表论那样将代表理解为代替他人行动,而是视为某种缺席者的象征。这种象征性代表可以通过符号代表与描述性代表

[①] 例如中世纪的教皇被视为上帝的代表,未经民众选举授权的君主也常常宣称是人民的代表。

两种方式实现。

就符号代表而言,正如一面国旗可以用来象征某个国家,一个君主也可以被视为能代表其国家的符号。不过这种符号代表既不需要符号与被代表者拥有某种客观的相似性,也不一定需要通过选举等方式来加以确认,因此它实际上在代表与被代表者之间预设了一种偶然的甚至是非理性的关联。这就给独裁者利用民众的非理性狂热将自己打扮成代表人民的符号留下了操作空间。因此和霍布斯的代表理论一样,符号代表并不一定与代议制民主的实践相关,甚至有违我们一般谈到的政治代表的含义。

与符号代表相比,描述性代表[1]与代议制民主有更为紧密的关联。所谓描述性代表,是指代表本身必须与被代表者共享某种描述性的客观特征。例如女性的代表者必须同样也是女性。这种观点通常被进一步演绎成一种镜像代表观或缩微代表观,即要求代议机构在性别、民族、地区、职业等方面的构成必须像一面镜子一样精确反映其所要代表的社会结构。描述性代表最易受到主张直接民主但因规模所限而不得不接受代议制民主的人的推崇,因为在他们看来,由社会缩微而成的代议机构是对古代公民大会的最佳模拟。不过皮特金认为,"将议会想象为一种逼真的代表形式或者是整个国家的代表性样本,你将几乎肯定是专注于它的构成而不是它的行为。"[2]而一个复制了社会结构却无法采取向选民负责的行动的代议机关,又有什么意义呢?顺着皮特金的思路我们可以进一步合理地推定,在如今拥有大规模人口和多样化群体的社会,完全按照描述性代表的理念来组织一个代议机关,看似更为民主,其实会造成代表数量庞大,以至于代议机关根本无法进行

---

[1] 描述性代表(descriptive representation)有时也被译为相似代表。
[2] Pitkin, Hanna Fenichel. *The Concept of Representation*, Berkeley: University of California, 1967, p226.

决策和采取有效的行动，只能沦落为一种象征性的存在，甚至是民主的装饰品。

因此，对代表的理解还应该涉及行动层面。换言之，只有代表采取了恰当的向选民负责的行动，才能合理地推定代表关系的存在。不过人们在"代表采取何种行动才是恰当的"这一问题上一直争议不断。其中最为关键的分歧就是"指令与独立之争"。指令模式视代表为选民的代理人，一切行事都必须严格遵从选民的意愿，以确保民意的准确传达。独立模式则认为代表是选民的受托人，一旦被选民选举为代表，就应该根据自己的良知与智慧对政治事务进行独立的判断。在主张独立模式的人看来，政治事务可能瞬息万变，紧急情况下代表不可能有时间去听从选民的指令，此外选民观点本身也可能充满分歧，甚至无法就一些问题给出明确的意见，这都是指令模式在现实中必定会遭遇的困境。当然，反对代表严格听从选民的指令，还有更为重要的理由。例如独立模式的主要倡导者柏克就认为，议员之所以被选为代表，乃是因为议员拥有常人所没有的智慧与胆识。故在当选之后，议员应勇于任事，而无需对选民的要求亦步亦趋，这才不负选民之托。柏克还尤其强调了，议员虽由各自的选区选出，但这并不意味着他就是该选区的代表，更准确地说应该是整个国家的代表。而为了排除选区意志的干扰以谋整体的国家利益，代表当然要拥有独立判断的空间。①

不过，如果将独立模式的逻辑推至极端，代表可以采取任意行动而不需向选民负责，显然失去了代表的本意。这也是指令模式的支持者所最担心的。但是，正如前面所述，如果完全按照指令模式规定代

---

① 严格讲，根据代表的目标指向的不同，独立模式其实应该分为独立地判断国家利益和独立地判断选区利益，指令模式也可细分为听从选区的指令和听从整体国民的指令。因此，柏克的观点虽常被用来论证独立模式，但细究起来，他谈的是独立地为国家利益而判断。不过鉴于要搞清楚整体国民的指令其实难度很大，以及凭一己智慧来独立判断的代表更有可能超越选区而为国家利益着想，指令与独立之争往往被简化为在听从选区的指令与独立地为国家利益做判断之间的选择。

表的行为，其结果也甚为荒谬。因此恰当的方式是在指令与独立之间维持一个平衡，既要赋予代表一定的自主性，又要确保其最终要向选民负责。事实上正如曼宁所指出的，在当今代议制民主国家，法律上一般不会强行规定代表必须有义务遵守选举时的承诺，也不会仅仅因为代表的行为与选民的意志发生冲突就赋予选民中途将其罢免的权利。[1]这都是为了使代表拥有一定的自主权，以更好地履行代表的职能。同时选民可以在选举时用选票对代表的行为予以惩罚或支持，确保对代表的最终控制。

至此，皮特金就代表概念提出了一套非常有解释力的分析框架。不过皮特金的开创性研究也并非毫无瑕疵，例如她并没有明确解释不同的代表定义之间到底是什么关系。但她对代表的分类确实为当代的代表理论提供了基础性的分析框架，尤其是以她提出的形式代表论为基础扩展而成的代表观被认为提供了一套关于代表理论的标准性解释。这种标准版本的代表理论大致可以这样界定：代表与被代表者之间是一种委托代理关系，其中作为委托人的选民通过选举授权特定的代表者来代表自己，并且根据代表履职期间的表现在下一次选举时对代表予以惩罚或支持，以此确保代表向选民负责。

此后的三十年，人们基本上是在默认这一标准性解释的前提下展开对代表的进一步研究。大体而言，这些后续研究主要关注如何在技术上对代表制度予以改进，具体包括不同选举制度对代表制的影响以及代表如何更好地回应选民的偏好。就前者而言，人们主要研究诸如

---

[1] Manin, Bernard, Adam Przeworski and Susan C. Stokes, "Elections and Representation" in Adam Przeworski, Susan C. Stokes and Bernard Manin (eds.) Democracy, *Accountability and Representation*, Cambridge University Press, 1999, pp. 29—54. 不过严格说，曼宁指的是实行代议制的西方民主国家。在中国，恰恰在法律上规定选民可以中途罢免代表。这"似乎"表明中国的人大代表有义务严格听从选民的指令。而之所以用"似乎"一词，是因为其他一些法律规定又倾向于将全国人大代表视为国家利益的代表而非各自选区利益的代理人。

比例代表制和多数决这样的选举制度如何影响不同政党的议席分配，是否存在更好的有助于公平代表的选举制度；就后者而言，研究者重点考察代表的行动与选民政策偏好的一致性程度以及增强代表对选民偏好的回应性的问责机制。

毋庸置疑，上述研究有助于代表制度的进一步完善。但这种研究思路在彰显皮特金代表理论的持久影响力的同时，也使代表理论的发展表现出过于技术化的倾向，关于代表的规范分析几乎陷于停滞。虽然皮特金本人并不热衷于这种技术化的导向，但悖谬之处在于，正是因为人们不曾怀疑她的分析框架的解释力，才使后续的研究被限制在技术化的层面。

但是到了20世纪的90年代，标准版本的代表理论越来越无法有效地解释和回应日益变化的政治现实，同时像协商民主这样的新兴理论的出现也使人们重新审视代表问题。这些因素再一次燃起了当代政治理论界对代表的热情，而其中首要的工作就是清理和批判标准版本的代表理论。就目前已有文献来看，这种批判主要围绕民主与代表的关系、选举与代表的关系和群体代表权三大问题来展开。

（二）民主与代表

毫不夸张地说，民主与代表的关系是代表理论中最为核心的一个问题。但是这个问题却长期被皮特金开创的标准版本的代表理论所遮蔽。之所以这样，并非因为他们认为民主与代表的关系不重要，而是缘于他们预设了现代社会早已就这个问题达成了基本的共识。这个共识的内容大致包括两个方面：就民主之于代表的重要性而言，民主合法性是代表关系成立的必要条件，换言之不存在非民主的代表；就代表之于民主的重要性而言，代表制度不仅是在大规模的现代社会安顿民主的伟大发明，而且是限制大众参与以避免民主蜕变为暴民政治的有效方式。但是随着理论研究的深入和政治实践的变化，这两方面的共识都受到了挑战。

就第一个方面而言，当代一些论者认为非民主的代表同样存在。这种代表虽没有民主合法性，但无损于他本身是代表这一事实。这方面最有影响的一篇力作当属雷菲尔德于2006年发表的"朝向一种政治代表的普遍理论"。[1]他认为标准版本的代表理论预先假定代表关系的成立是因为代表获得了被代表者的各种形式的授权，需要向被代表者负责，或者致力于推进被代表者的实质利益。这些条件意味着代表必须符合某种民主合法性的标准，因此就不是真正的代表。此外，几乎所有重要的理论家包括哈贝马斯、扬·曼斯布里奇、曼宁等人，无论他们对皮特金开创的标准性解释持何种态度，都潜在地认为代表必须符合某种民主规范。

但在雷菲尔德看来，这种对代表的界定实际上错误地将代表与其合法性捆绑在了一起。这就使其承担了双重任务：除了要告诉我们一个人在什么情况下才是政治代表，还要进一步辨明一个代表在什么时候才是合法的和民主的。之所以如此，一个很重要的原因在于，历史上对代表的研究都是在民主体制的背景下进行的，这使我们难以将代表与民主分开来。但是在当今世界，如果扩大我们的视野，会发现继续采纳这种混同事实与规范的视角，将无法解释很多不具备合法性的事实上的代表。例如一些实行专制统治的国家会向联合国和世界贸易组织等国际组织派驻代表。对于这些明显缺乏民主合法性的代表，国际社会依然承认其是事实上的代表。[2]

---

[1] Rehfeld, Andrew, "Towards a General Theory of Political Representation." *Journal of Politics*, 68, no. 1, 2006, February: 1—21.
[2] 值得指出的是，在列举的非民主代表中，雷菲尔德还谈到了国际红十字会这样的非政府组织。如果根据沃伦等人的观点，国际红十字会虽然未经被代表者的正式授权，但依然有其特殊的授权与负责的机制，因此也应该属于民主代表。之所以会造成这种分歧，最主要的是雷菲尔德有将民主化约为选举的倾向。

为此，雷菲尔德提出我们需要构想一种全新的关于政治代表的普遍理论，用以包容民主与非民主的代表。他认为一个人是否是代表，仅仅取决于相关的监察者是否承认他为代表。而所谓的监察者，"是一个相关的人民群体，他们有责任确认某些申请者是代表，而这个群体的相关性依赖于在具体情景中代表所发挥的特定功能。"① 比如，为了在全国性的议会给法律投票，相关的监察者就是全国性的议会；为了在世贸组织面前申诉加入世贸的理由，监察者就是世贸组织。这里最为关键的问题在于，监察者未必等同于被代表者，而代表的资格是否获得承认，取决于监察者而非被代表者。如此，我们可以判定一个受到监察者的承认但没有获得被代表者授权的人，依然是代表。这就意味着存在非民主的代表。当然，如果监察者所运用的承认规则恰恰符合民主合法性的标准，也即监察者所承认的代表同时也获得了被代表者的授权，这个代表就是民主的代表。

雷菲尔德所提出的更具包容性的代表理论，将代表的实证维度与规范维度剥离，开辟了当代代表理论的新方向。不过，其理论的解释力尚有待检验。其中最关键的问题在于，我们是否能完全抛开规范来谈论代表？代表本身的含义就是指要代表他人的利益和观点，这已经带有了民主责任这样的规范性因素。如果是这样，被监察者承认但未获得被代表者认可或根本不为其利益考虑的代表，能算真正的代表吗？

不过即使上述问题不存在，在直接民主和参与式民主的倡导者看来，雷菲尔德的努力至多是表明存在非民主的代表，但他依然认为有民主的代表，这说明他还是认同代表之于民主的潜在价值，而这一点与标准版本的代表理论并无二致。换言之，这些批评者认为，无论什么样的代表都意味着对民主的偏离甚至否定。这实际上是对前面所说

---

① Rehfeld, Andrew, "Towards a General Theory of Political Representation." *Journal of Politics*, 68, no. 1, 2006, February: 1—21.

的共识的第二个方面的质疑。

当然,严格来说这种质疑并不新鲜,它至少可以追溯到卢梭那里。在卢梭看来,民主的本质在于自主,任何一个人的意志都不可能被别人代表,代表制度的出现实际上是对民主的压制。他甚至嘲讽英国人只有在选举的时候才是自由的。因此,在卢梭传统的追随者看来,直接民主才是真正的民主,代议制民主在最好的情况下也只是因为规模所限而采用的权宜之计,在最坏的情况下根本就不是民主。

为证明这一点,他们还追溯到代表制度的起源。确实,如不少对代表的历史的研究所揭示的,代表与民主起初并没有交集。作为一种政治思想和政治实践,代表的产生有自己独立的起源。例如在英国,代表起初由贵族担任,其义务是帮助国王征税,也即代表地方对税收做出承诺。代表在当时是一种强制性的义务,本质上是王室控制地方的一种方式。之后除了缴税,这些代表逐渐还承担了向国王表达地方民意的任务,虽然他们还不需要由民众选举。直到17世纪的英国内战以及随后18世纪的民主革命,代表才逐渐与民主结盟成为代议制民主。

可见,代表的起源与民主并无关联,甚至可以说起初的代表是一种非民主的制度安排。而即使代表与民主结合成了代议制民主,也不能就此认定代表之于民主的正面价值。在有些论者看来,代议制民主的出现恰是为了防止民众广泛的参与政治,因而其本质是为了阻止而非实现民主。在他们看来,麦迪逊在《联邦党人文集》中就表达了对大众广泛参与政治的怀疑态度,认为选举的目的在于选出才德兼备的自然贵族来替代自己做选择。如此,代表就绝非是现代社会安顿民主的伟大发明,而只是少数精英规避民主的一种策略而已。

这实际上是对代表的最根本的批判,同时也是对标准版本的代表理论最严重的挑战。因为标准性解释对代表之于民主的正面价值的认可,是不言而喻的。后来转向参与式民主的皮特金就承认,关于代表和民主的关系,"在我早期的研究中从未提出过这个问题,因为当时我认为这种关系是理所当然、无可置疑的。即使在今天,大部分人还和当时的我一样,将民主等同于代表或者代议制政府。"①

需要提及的是,针对这种质疑,标准性解释不是没有给出辩护。例如不少论者试图从技术层面通过诉诸现代社会的规模特征来消解这一问题。换言之,在他们看来,无论代表是否意味着对民主价值的某种背离,民主在现代社会若要实行,必然要采取由人民选举代表的代议制民主。但这是否意味着:一旦技术条件允许,例如通过电子投票可以在大规模的国家让所有公民直接参与每项决策,代议制民主就应该抛弃,代之以直接民主?因此,这里的关键问题是,代表是否真的只是一种权宜之计?还是拥有不同于甚至优于直接民主的内在价值?

其实对这一问题,早在代议制民主刚刚起步的阶段,就有人试图给出回答。例如麦迪逊指出代表有助于过滤狂热、提炼民意和防止多数暴政,而这些都是直接民主难以摆脱的顽疾。基于多数暴政一直是困扰民主的阿基里斯之踵,这种辩护思路的重要性自然不言而喻,因而也长期主导了自由民主论者对于代表的认识。

但是正如沃伦和乌尔比娜所指出的,这种辩护基本上仍沿循熊彼特的精英民主论,认为民众有可能陷入非理性狂热进而导致暴民政治,因此民众的参与只能限制在选出更优秀的能代表自己的精英。二位作者认为,熊彼特主义者与卢梭主义者虽然针锋相对,却共享一个理念:代表意味着对大众参与的限制。只不过前者将此认定为代表的

---

① Pitkin, Hannah F. "Representation and Democracy: Uneasy Alliance", *Scandinavian Political Studies* 27, no. 3 (2004): 335—42.

优点，后者视为代表的问题所在。①

熊彼特主义者对代表的辩护当然有其价值，但是在民众参与政治的价值日渐受到重视的今天，其立场已越来越难以赢得广泛的赞同。所以乌尔比娜提才会感叹，"直接统治一般被认为是民主的榜样，因为它既保证了'对话'(talking)和'行动'(doing)融合在政治行动中，也保证全体公民能够广泛参与决策。近代代议制的'发现'，并未使得直接统治的规范价值受到挑战。通常，代议制仅仅是作为一种工具性的自我辩护和应对大型领土国家的有效手段，或者是一种通过劳动分工以适应政府功能的有益的'虚构'……对代议制民主的核心价值规范而言，我们仍然缺乏系统和全面的辩护。"②

正是在这一问题的激发下，波拉克在1997年发表了《代表是民主》一文，提出"代表的对立面并非参与"的观点。在他看来，代表绝非一种权宜之计，其本身具有非常重要的价值；它也不是对参与的限制，而恰恰有助于扩展公民的参与③。同一年，曼宁出版了《代议制政府的原则》一书，运用正在兴起的协商民主理论来审视代表，指出代表在促进民主的审议功能上发挥着至关重要的作用。④随后乌尔比娜提等人进一步挖掘代表对于民主的价值，以证明代议制民主绝非民主的次优方案。可以说，"代表"的重新发现业已成为当今民主理论界的热点话题。

具体而言，上述对代议制民主的辩护主要着眼于两个方面：一是

---

① Nadia Urbinati1 and Mark E. Warren, "The Concept of Representation in Contemporary Democratic Theory", *Annual Review of Political Science* Vol. 11: 387—412 (Volume publication date June 2008).
② Urbinati, Nadia, "Representation as Advocacy: A Study of Democratic Deliberation", *Political Theory*, 2000, 28: 758—786.
③ Plotke, David. "Representation is Democracy" *Constellations*. 4 (1997, November 1): 19—34.
④ Manin, Bernard. *The Principles of Representative Government*. Cambridge: Cambridge University Press, 1997.

对直接民主的批判，二是对代表之于民主的正面价值的论证。

对直接民主的批判，传统上主要基于三个理由：现代社会的规模使直接民主沦落为一种空想；大众直接参与容易导致暴民政治和治理效果的低下；现代的自由理念不允许强迫公民去参与政治。这些理由固然重要，但是依然潜在地认为直接民主与代表毫无关联。而这一点日益遭到质疑。例如罗伯特·达尔就指出，人人平等地参与政治，只能发生在小规模的委员会中，即使在数百人参加的大会上，多数人也只是消极的参与者，听一下少数善于演讲和辩论的人的意见，然后就投票。这其实是让那些飞扬跋扈、嗓门大的少数人成为了事实上的代表。①但与现代的代议制民主相比，这种代表是任意性的，也缺乏正当性基础，因为人们并没有选择他们做自己的代表。

乌尔比娜提更是进一步指出，雅典伯里克利时期及之后的相关改革，其目的只是为了防止公民的缺席，而不是他们在大会上的沉默，因此当时古希腊的直接民主还是产生了精英统治。修昔底德就说过，"民主只在名义上存在，但事实上是由上等公民统治着。"同样，顾准也早就提醒我们，"直接民主的口号是人民当家作主。可是，希腊史上留下来的还是一些英雄。"可见，直接民主的实践同样难以避免某种间接形式的政治参与。所以乌尔比娜提指出，那种将代议制民主等同于"间接民主"的通常做法并不准确。代议制民主与古希腊的直接民主实际上都是某种形式的"间接民主"，其真正的区别是在于间接性的本质与广度。显然，与代议制民主因其间接参与的特征所受到的批评相比，直接民主所产生的间接性及其对参与的妨碍却长期被我们忽视了。

正是意识到直接的"在场"反而会导致少数人的支配，人们才会

---

① 罗伯特·达尔：《民主及其批评者》，吉林人民出版社2006年版。

进而反思到底什么才是"参与"？波拉克就指出关键在于参与实际上表现为两种"在场"。直接民主论者认为只有公民亲自到场才是真正的"在场"和参与，但这只是一种物理性的"在场"，它并不能确保另外一种在场——政治性的"在场"，即自己的利益和意见在公共领域得到展现，而后者更应该是参与的应有之义。[1]进而言之，这种政治性的"在场"恰可以通过正式的政治代表来实现。例如借助于代表，公民可以免受演说家的蛊惑，从而使自己真正的意志和利益参与到相关的决策中。再有，包括选举式代表、自我授权的代表和公民代表在内的多种代表形式能为公民提供更多的政治参与的渠道。此外，根据协商民主，参与的目的不应该是简单聚合所有参与者的既定偏好，而是通过讨论与协商来转变偏好以促进对政治的理性反思。在赋予民主以更充分的审议特征方面，代表恰恰有其独特的优势。这主要表现在：通过减少参与协商的人数，代表有助于提升协商的质量；通过促使公民在面临即时性的客观事实时推迟自己的判断，代表培育了一种面向未来的政治思考方式和审慎反思的政治品质；最后，通过与公民的相互启发，代表在提炼公民既定偏好以重塑公众意见的同时也使自己的判断时刻能受到公民的修正，从而使传统的精英式协商扩展到更大的范围。

如此，代表绝非一种权宜之计和民主的次优方案，相反具有诸多不可替代的优势。"代表"的重新发现使我们洞见到长期被遮蔽的代表在扩大公民参与上的潜力，也揭示出参与式民主在批判代议制民主上的某些失当之处。但同时也应该注意，代表的上述潜力并不意味着实际运行的代表制度一定有助于扩大公民的政治参与。换言之，不是所有类型的代表形式都是对民主的促进。事实上协商民主的一个重要

---

[1] Plotke, David. "Representation is Democracy" *Constellations*, 4 (1997, November 1): 19—34.

批判就是指向现有代议制民主过于注重聚合既定偏好的弊病。因此在一般性地阐明代表之于民主的价值后，还必须进一步勘定什么样的代表制度有助于这一目标的实现。及至目前，当代代表理论家的研究重点主要可归结为两个方面：探究选举与代表的关系，主要考察选举在实现代表职能上的具体机制以及选举式代表的优缺点；论证一种基于群体的代表权，重点揭示现有代表制度对于某些群体的不利影响和群体代表权可能遇到的挑战及其应对思路。下面我们就对这两个问题逐一予以论说。

（三）选举与代表

作为现代民主的实践形态，代议制民主的内涵常被简化为公民通过定期选举代表来代替自己做决策。这种界定虽不准确，但至少反映出选举对于代表的重要性。标准版本的代表理论就认为，代表关系的核心在于授权与问责，而选举是实现授权与问责的必要手段。至于具体的表现机制，则是选民分别利用两次选举对代表予以授权和问责。不过这一观点日益受到多方面的挑战和质疑。

首先，在确保授权与问责的实现上，选举的运作机制并非如标准性解释所描述的那样单一，相应的评价标准也应该多元化。在标准性解释看来，选民在第一次选举时通过投票授权给某个代表，然后在下一次选举时根据代表履职期间的行为对其予以惩罚或支持，以此分别实现对代表的授权与问责。但是在现实中这两个环节往往相互缠绕在一起。选民在投票时未必仅仅是回溯现任代表的过去行为并予以奖惩，还有可能为了挑选新的符合自己偏好的代表并向其授权，这就使同一次选举承担了授权与问责两个目的，其发挥作用的机制显然更为复杂。

当然，选民本身也在变化。标准性解释预设进行授权和问责的主体是同一批选民，但事实上随着时间的演变，问责阶段的选民很可能已经不同于先前授权阶段的选民。如此，代表该向哪个选民群体负责呢？显然，理性的代表会选择迎合未来问责阶段的选民，即使这将违背授权阶段时对先前选民许下的诺言。曼斯布里奇将这种新的代表模式称为预期式代表，与之对比的则是传统的承诺式代表。在承诺式代表下，代表必须严格依照授权阶段所许下的诺言行事，否则将被视为有违代表职责并遭到选民的惩罚。但是在预期式代表那里，"代表们所关注的，是他们认为其选民在下一次选举中将会同意的那些事情，而不是他们自己在上一次选举中做出的那些承诺。"[1]而鉴于问责阶段的选民的偏好尚处于还未定型且可被塑造的状态，代表可以通过和选民的不断沟通甚至某些操纵手段以影响选民的偏好。在曼斯布里奇看来，对于预期式代表而言，什么才是一个好的代表，其标准显然不同于承诺式代表。

此外，代表由谁选举就意味着向谁负责或者天然就是谁的代表，一直以来都被视为代议制民主的基本原则。但曼斯布里奇认为存在一种新的代表模式——替代式代表，它挑战了在选民与代表之间通常预设的一种基于选举的直接的二元关系，即由特定选区的选民所选举的代表被理所当然地视为该选区的代表。在实际政治中，有可能出现"由于某一选民不存在选举关系的代表履行的代表活动——也即是说，他是其他选区的选民之代表。"[2]例如经由特定选区选举的国会议员可能宣称自己是某个少数族群的代表，即使他与该群体之间并无选举上的联系。

这种代表模式与柏克所主张的实质代表制非常相似。柏克认为，一个地区即使在实际上没有推选出自己的代表，也可能因为与其他有

---

[1] Mansbridge, Jane. "Rethinking Representation", *American Political Science Review*, 97, 4: 515—28. 2003.
[2] Ibid.

代表的地区的利益或意见的一致而得到实质上的代表。所以在他看来,伯明翰城市虽然没有实际参与选举代表,但是因为和伯明翰具有共同商业利益的布里斯托尔在国会中拥有议员,伯明翰在实质上就被代表了。①显然,柏克同样将选民与代表之间的选举联系与他们之间的代表关系分开来。

如果说柏克和曼斯布里奇的论证更多是从规范层面展开,韦斯伯格则从经验验证的角度论证了这一新的代表模式(他将其称为集体代表)在实现整体性的代表上的优势。在他看来,美国传统的研究几乎都是关注特定的国会议员与其选区之间的代表关系。这种对偶代表观忽视了美国政治中同样存在集体代表模式,即从集体代表人民的机构的整体视角来看待代表。换言之,集体代表考察的是"国会作为一个机构是否代表所有的美国民众,而不是国会的每个成员是否代表他或她的特定选区。"②举个极端的例子,按照对偶代表的标准来衡量,如果所有选区的议员所采取的行动被认为没有代表与自己有选举联系的选区利益,显然会被判定民众没有得到代表。但是在集体代表观看来,如果这些议员实际上都代表了其他某个选区的利益,那么整个议会依然实现了对民众的代表。韦斯伯格甚至在经验分析的基础上得出结论,通过代表那些与自己没有选举联系的选区利益,集体代表很可能比对偶代表更能提高对民众的代表程度。

上述事实成立的话,这种代表模式中的授权与问责的实现机制,显然不同于标准性解释。而且,传统上用以评判好的代表的标准也将

---

① 柏克的实质代表制后来受到美国革命的挑战。"无代表不纳税"的主张其实指向的是另外一种代表模式——实际代表制。这种观点认为,如果没有推选出自己的代表,仅寄希望于别的地区的议员来代表自己,其实是不切实际的幻想。而且实质代表制为公然地剥夺某些选民的选举权辩护,这显然与现代的民主政治原则相违背。关于实质代表制与实际代表制在历史上的争议,可参看黄小钫:《实质代表制与实际代表制——美国制宪时期的代表理念之争》(《浙江学刊》2009 年第 1 期)。
② Robert Weissberg, "Collective vs. Dyadic Representation in Congress", *The American Political Science Review* 72, 1978, pp535—547.

发生改变。在对偶代表模式下，只有每个选区通过严格的问责机制来约束各自的代表才能确保代表的实现。但是如果人们接受了集体代表模式，通过选举手段对代表予以严密控制的做法未必就是必须的，它甚至还可能构成对集体代表的障碍。进而，选民在监督自己的议员上表现出的政治冷漠，也并非完全不可欲，反倒可以看作是选民为提高集体代表程度采取的理性行为。

可见，选举本身并不构成两个主体之间代表关系成立的必要前提。不过严格讲，上述质疑依然认为代表的产生离不开选举，它们更多地是在争辩经由选举产生的代表是否只能代表自己的选区。但是正如沃伦所指出的，在现如今的民主国家甚至是超国家层面，越来越多的非选举式代表在发挥作用。[1]事实上选举式代表一直存在难以克服的痼疾。这主要表现在：

一、选举式代表在选举的压力下倾向于只向多数选民负责，对边缘群体、少数选民乃至自然环境的利益缺乏回应。虽然有些国家试图用比例代表制和重划选区等方法来确保少数群体的代表权，但是某些少数群体依然可能得不到代表。即使已经获得代表的少数群体，也可能因为代表太少而无法对最后的政策表决施加实质性的影响。考虑到少数群体可能在某些政策上的偏好强度远远大于那些"冷漠的多数"，这种代表制度的合法性更易引起少数群体的质疑。

二、在选战的压力下，代表成为讨好多数选民的精于算计的政客而非富有远见的有责任感的政治家。这种代表孜孜于各自选区的短期利益，善于在讨价还价中通过各种各样的"猪肉桶议案"，使政治带有过多的交易而非理性协商的色彩。

---

[1] Nadia Urbinati1 and Mark E. Warren, "The Concept of Representation in Contemporary Democratic Theory", *Annual Review of Political ScienceVol.* 11: 387—412 (Volume publication date June 2008).

三、在多数选民一边，即使他们是代表迎合的对象，但基于信息不对称、集体非理性等因素，也无法仅凭选举实现对代表的有效监督和问责。如此代表就可能谋一己之私利，对选民的意愿缺乏回应，本应是选民代理人的代表反而变成了事实上的主人。

四、在激烈的选举竞争下产生的代表往往是社会上的精英，普通大众难以成为代表。这不仅妨碍了大众参与政治的机会，也可能进一步加剧公民的政治冷漠。在某些共和主义者看来，后者导致的公民美德的衰微可能是现代民主最严重的问题。

五、随着不同地区之间联系的深化以及全球化的扩展，在目前代表主要是在民族国家内部根据地域原则选举的情况下，因经济合作、生态危机及反恐等一系列事务而产生的跨地区甚至跨国家的利益更是缺乏相应的代表。

在意识到选举式代表的诸多不足后，西方学界也在反思能够弥补甚至超越这一制度的其他方案。其中一种思路就是回溯到古希腊的直接民主的传统，但在现代社会这更多的是一种批判性的资源，无法成为普遍化的制度实践。因此更多的人试图在代议制民主的框架内思考应对之道。他们提出了一个关键的理论问题：代表是否只能通过选举产生？换言之，是否存在非选举式代表，且这种代表还可能比选举式代表更好？

当代不少代表理论家就认为，代表未必需要选举，民主社会也已出现了多种形式的非选举式代表，这些代表虽没有得到被代表者正式的选举授权，但同样承担着民主代表的功能，使人们的利益和观点有更多的表达渠道。非选举式代表可以分为两类：自我授权的代表和公民代表。前者是指没有得到被代表者正式授权的非政府组织和个人。对于这种代表，我们其实并不陌生。日常的政治实践中常能看到为特定群体呼吁的利益集团，宣称代表自然环境的环保组织及各种国际性的非政府组织等。①理论上达尔主张的多元主义倡导的正是这种由多元的利益集团共同治理的民主模式。

这种自我授权的代表确有助于弥补选举式代表的不足,尤其是代表那些目前从地理选区无法反映出的利益和声音②。例如某些因在选举上处于少数而缺乏代表的边缘群体可以通过组建利益集团表达自己的诉求。但是自我授权的代表自身也面临一些难题。

首先,在没有正式的选举机制的保障下,自我授权的代表如何体现代表关系中的授权与问责?在标准性解释看来,选举才是确保被代表者对代表进行授权并予以问责的机制。为此一些论者致力于阐明自我授权的代表所蕴含的特殊的授权与问责机制。例如在拉托诺里看来,这种代表的授权机制可以表现为话语授权与组织授权,前者主要表现为被代表者通过媒体等渠道表达的认可和授权,后者通过捐赠者或者组织内部的成员以投票等方式来表达。与此对应,问责方式也可以表现为话语与组织两个层面。他进一步指出,与选举式代表相比,自我授权的代表的一个重要优势在于,被代表者与代表者之间的授权与问责活动是持续性的,而前者只是一次性的。③但是,在有些论者看来,这些特殊形式的授权与问责机制固然有其优势,但也可能因其非正式的特征而导致操作上缺乏清晰的判别尺度,例如到底什么样的情况才

---

① 在民主体制下,自我授权的代表依然存在多种形式的授权与问责机制,只是这种机制与正式的选举不同。关于自我授权的代表的授权与问责机制,可参见 Nadia Urbinati and Mark E. Warren, "The Concept of Representation in Contemporary Democratic Theory", *Annual Review of Political ScienceVol.* 11: 387—412 (Volume publication date June 2008).
② 关于对地理选区制的批判,参见 Rehfeld, Andrew, *The Concept of Constituency: Political Representation, Democratic Legitimacy and Institutional Design.* Cambridge: Cambridge University Press, 2005.
③ Laura Montanaro, The Democratic Legitimacy of "self-authorized" Representatives, prepared for delivery at the Workshop on "Rethinking Representation": A North-South Dialogue Bellagio Study and Conference Center, September 30-October 03, 2008。还可参见 Saward, Michael. "Authorisation and Authenticity: Representation and the Unelected." *Journal of Political Philosophy* (forthcoming), 2008.

算获得了授权,又是基于何种情况可以判定受到了问责?显然,这种随意性和模糊性也可能使自我授权的代表成为新的问题之源。

其次,正如一些利益集团政治的批评者所指出的,资源和禀赋上的不平等往往导致自我授权的代表倾向于代表强势群体的利益。而在一人一票的选举原则下,弱势群体的利益尚有一定的保障。与此相关的是,自我授权的代表也多由精英担任,在表达普通大众的偏好上也难免会有扭曲。

部分是因为自我授权的代表难以解决上述问题,另一种非选举式代表——公民代表,正日益受到人们的关注。公民代表直接从大众中间随机抽签产生,其职能主要在于就某项政策给出意见或者直接参与某项政策的讨论与制定。显然,与自我授权的代表不同,公民代表是一种更为正式的代表,而且有其确定的也更为公平的挑选机制——抽签。公民代表最早可上溯至古希腊的公民陪审团,在现代则主要表现为民意调查、协商式论坛等形式。例如由学者费什金倡导并在美、英等国家付诸实践的协商性民意测验,就是这样一种公民代表的形式。其具体操作程序是:首先对公民进行随机抽样,抽取其中一些公民就某项政策予以讨论,并给予这些公民一定报酬;然后聘请相关专家对这些公民的讨论予以必要的指导;最后公民参加分组讨论和全体大会,在此基础上进行充分的交流和审议,形成深思熟虑的判断,进而为最终的决策提供指导。

应当承认,相对于选举式代表和自我授权的代表,公民代表的产生更为公平,因为随机抽签的挑选程序屏蔽了资源、禀赋的不当影响。这样产生的代表在讨论议题时也更有可能摆脱各种社会压力,为独立、理性的判断留下空间。而他们最后给出的意见也能弥补前两种代表在民意表达上的不足。当然,对于参与式民主和共和主义的倡导者而言,公民代表不仅有助于防止现代民主蜕变为变相的精英独裁,还能够培育公民美德，激发公民参与政治的热情，因此不失为锻造积极公民的好方式。但是这里需要澄清的是，不能就此简单地将公民代表视为直接民主理想的体现。事实上公民代表依然是少数公民，其本质还是一种代表，因而并没有挑战代议制民主的基本前提。这与主张所有民众直接参与政治的直接民主显然不同。与其说公民代表植根于直接民主的理想，毋宁说是代表制度本身的一次更新。在直接民主因现代社会的规模显得不切实际而选举式民主又无法摆脱诸多弊病的情况下，公民代表的出现确实有助于我们超越传统的直接民主与选举式民主的二分法，为诊治当今民主体制的问题开放出了新的可能。

但也应当指出，公民代表的当代复兴并不是意味着要替代选举式代表。公民代表容易让人联想到古希腊盛行的抽签式民主。抽签确实比选举更公平，但是如果就此低估选举的价值甚至于将选举与代表乃至民主对立起来，却是极为草率的。诚然，如拉妮·吉尼尔所言，更多的选举未必就意味着更多的民主。她甚至直接将选举式民主称为"选主"（Electocracy），认为这种体制并不足以确保民主价值的实现。但是与选举式代表相比，公民代表也有其自身无法克服的问题。最为常见的一种批评是，抽签所选出的代表，无论在从政能力还是意愿上通常都比不上竞选产生的代表，其治理效果自然令人堪忧。因此人们自然会追问，由非专业的公民对复杂的政策进行讨论是否妥当？进而这种实践是否会引发正式的权力机构与公民代表之间的职能混淆甚至是冲突？

当然，更为严重的问题在于：公民代表可能对公民参与带来新的阻碍；公民无法对公民代表进行有效的问责。就前者而言，公民代表虽然通过排除金钱、权力等因素的干扰扩大了普通公民的参与，但抽签的机制使绝大多数公民在自己无法成为公民代表的同时也不能对这些代表的当选施加任何影响。换言之，普通公民无法参与对公民代表的授权,这甚至是选举式代表都不会有的问题。就后者而言,无论公民代表的履职是否恰当,他能否再次当选,只取决于看似公平但也变幻莫测的运气,而不是民众手上实实在在的选举权,这又剥夺了普通公民的问责权。某种意义上这更有可能使代表蜕变成民众无法控制的独裁者。

不过,或许会有论者争辩随机抽选的代表是整体民众的样本和象征,所以不需要什么问责机制。但正如描述性代表所受到的批判一样,这种代表模式没有触及到行动维度。何况,还有可能抽到与主流民意相抵触的代表。在问责机制缺乏的情况下如何才能确保他代表公众的意见?而在沃伦看来,种种这些缺陷甚至为政府官员操纵政策制定以逃避选举问责提供了方便之门。①

因此,非选举式代表虽有助于提醒我们莫堕入"选举至上主义"的陷阱,但也不能就此否定选举的重要性。事实上连倡导超越"选主"最力的吉尼尔也承认,对于现代民主而言,选举是必要的,虽然它是不充分的。很多当代制度上的创新只是用以弥补选举式民主的不足,甚至其本身就是为了增强选举责任而设计的。②

(四)群体代表权

除了探究选举与代表的关系,当代代表理论家还试图通过群体代表权来改进现有的代表制度。在群体代表权论者看来,诸如女性、工人阶级、少数族裔等弱势群体并没有获得充分的代表,这导致其在政治上缺乏影响力,因此他们呼吁建立一系列对这些被排斥群体予以特殊代表的机制。在他们看来,造成这些弱势群体代表性不足的根源就

---

① Warren, Mark E, "Citizen Representatives", in Warren and Pearse (eds), *Designing Deliberative Democracy*, 50—69, 2008.
② Lani Guiniern, "Beyond Electocracy: Rethinking the Political Representative as Powerful Stranger," *THE MODERN LAW REVIEW* Volume 71 January 2008 No 1.

在于目前不公正的代表制度及其背后的理念。例如威廉姆斯·梅利莎重点批判了占据支配地位的自由主义代表模式。她认为该模式假定"一人一票"的选举原则、自由公开的选举程序再加上利益集团上的多元主义就能确保代表的平等性。但是这种形式上的平等只注重从个人的角度来看待平等，容易忽视基于群体处境的不平等，因而并不能确保弱势群体得到平等的代表。①雷菲尔德则进一步反思到地域代表制对某些群体的不利影响。在他看来，虽然我们长期以来一直坚持以地域为基础划分选区进而选择代表的做法，但是像种族、性别、阶级这样的群体的分布往往非常分散，这就可能造成某些弱势群体在多数选区处于永久性的少数地位，因而难以获得充分的代表。②

毋庸置疑，上述对现有代表制度的种种批判，加上当下"文化多元主义"的兴起，使群体代表权的主张日益获得广泛的认同。但同时也应该注意，群体代表权在具体的操作环节乃至论证进路上仍面临很多争议。这主要表现在以下三个方面：

首先，我们依据何种标准来挑选需要给予特殊代表的群体？也许有人会认为，群体代表权是缩微式代表或镜射式代表的翻版，即主张社会上所有群体都应该在议会得到相应地代表。如果是这样，自然就不存在挑选何种群体的问题。但大多数群体代表权的支持者都很清楚地意识到这种代表模式的不可操作性。他们认为，基于公平的需要，只有某些群体如女性、黑人才应该获得特殊代表。但是有人质疑，既然女性与黑人这样的群体可以获得特殊代表，为什么左撇子、红发人、文盲就不可以？选择的标准到底是什么？遗憾的是，在这一问题上，人们总是意见纷呈。

---

① Williams, Melissa S. *Voice, Trust, and Menzory: Marginalized Groups and the Failings of liberal Representation.* Princeton: Princeton University Press,1998.
② Rehfeld, Andrew. *The Concept of Constituency: Political Representation, Democratic Legitimacy and Institutional Design.* Cambridge: Cambridge University Press, 2005.

例如有人主张挑选那些未获得充分代表的弱势群体。但是这一标准仍然过于宽泛，因为社会上充满各种各样的在性别、阶级、族群、文化乃至身体方面处于弱势的群体，我们根本不可能悉数考虑，或者说仍需要一个在这些群体里面进行再挑选的标准。相对而言，曼斯布里奇给出的标准似乎更为合理，即根据民主的聚合与协商功能来决定。举例来说，当左撇子的视角与决策相关时（比如在考虑设计手术器械的决策中），应该在协商过程中使其视角得到代表；而当他们的利益与其他人有冲突的时候，又应该在聚合过程中使其利益得到代表。①不过，如果对曼斯布里奇的意见予以细究，也会发现存在不少操作上的困难。例如有时我们难以判断某项决策会涉及什么群体；即使能够列出这些群体，也可能因数量太大而无法操作。此外，每次都要就某项决策而临时举行代表的选举显然成本太大，也不符合通行的代表制度。这再一次印证了曼斯布里奇自己说过的一句话："就何种群体应该得到代表或者何时实行这种代表这些问题，并不曾有阐明了的原则性的指导方针。"②

其次，担任群体代表的人是否一定要是本群体的成员？这个问题有一个更为直白的表达：是否应该由女性来代表女性？黑人来代表黑人？如果答案是肯定的，群体代表权的主张就与此前的描述性代表有相似之处。不过群体代表权论者在这方面存有分歧。大多数主张群体代表权的人的确认同要由描述性代表来担任群体代表。事实上他们也常常依据拥有某种群体身份的代表数量的多寡来判定该群体被代表的程度，例如议会中的女性代表明显偏低这一事实就被视为该群体缺乏代表的证据。在他们看来，除非代表与被代表者共享特定的经验和身份，

---

① Mansbridge, Jane. "Should Blacks Represent Blacks And Women Represent Women? A Contingent 'Yes,'" *Journal of Politics* 61:3 August 1999, pp. 628—657.
② Ibid.

否则无法有效的发挥其代表的职能,为此他们举出不少历史上的例子,比如主要由白人代表组成的议会往往制定偏袒白人的政策等等。

但是有些群体代表权论者如金里卡对此持反对态度。他们认为一个好的代表绝不是基于他的外在身份,而是看其行动是否真的能促进被代表者的利益。现实中同样存在与被代表者同属一个群体的代表未能很好履行代表职责的现象。一些研究美国国会的政治学者的实证调查也表明:女性或黑人代表的增加并没有自动导致各自所属群体的实质利益的增进。对此可能的解释是:在政党政治发达的现代社会,代表可能更多地将自己视为某个政党而非特定选民的代表;赋予某些群体以特殊代表降低了代表的竞争性,反而使他们回应选民的意愿不强;某些群体的成员的政治实践能力较差,难以胜任代表的职位等等。正基于此,有些群体代表权论者认为不必苛求群体代表必须与被代表者同属一个群体,关键的是看代表有没有能力和意愿为被代表者的利益服务。他们认为,在健全的问责机制下,那些更有能力的非描述性代表可能会做得更好。

更深层的批判则指向以描述性代表为导向的群体代表权论者的"本质主义"倾向。"这种本质主义预设了特定群体的成员拥有一种本质性的身份,这种身份只是这个群体所有成员享有的,其他人都不可能具有。比如坚持要女性代表女性、黑人代表黑人,其实暗含了一种该群体所有成员共享的女人性或黑人性这样的本质属性。"①这种逻辑推到极致,就会认为任何一个女性或黑人都能够代表所有的女性或黑人。但事实上所有群体的内部都可能存在多元化甚至相互冲突的意见和利益。例如同为女性,黑人女性与白人女性,富有的女性与贫穷的女性,在很多方面都可能会有分歧。如此选上的描述性代表更可能代表了某

---

① Mansbridge, Jane. "Should Blacks Represent Blacks And Women Represent Women? A Contingent 'Yes,'" *Journal of Politics* 61:3 August 1999, pp. 628—657.

一个亚群体甚至是占据支配地位的亚群体的利益,而这可能造成对其他亚群体的新的压迫。因此以为只要是描述性代表就能充当好群体代表的想法,显然是不切实际的。

面对上述批判,一些群体代表权论者也试图给出回应。扬就指出,在明确的问责压力下,非描述性代表可以在利益和意见方面实现好的代表,但却难以代表基于特定群体经验而形成的视角。在她看来,人身上有三个需要代表的方面:利益、意见和视角。前两者一般较为明确,非描述性的代表较容易理解并将其反映到决策机构。而看待问题的视角,一则本身难以明确,二则只有与被代表者拥有共同经历才可能拥有,所以更需要描述性的代表。① 曼斯布里奇甚至认为被代表者的利益也可能处于尚未明确的状态,在敏锐地捕捉并阐明这种利益上,描述性代表显然更具优势。此外,历史上曾遭遇强势群体的歧视和压迫的经历会使某些弱势群体对来自于该强势群体的代表缺乏信任,这无疑会妨碍代表与选民之间的有效沟通,进而影响代表职能的发挥。

对描述性代表的能力缺乏的指责,曼斯布里奇也认为有点言过其实。确实,如果主张所有群体都应该有自己的代表,可能难以回应"难道笨蛋需要笨蛋来代表"这样的质问。但是群体代表权的主张只是指向某些群体,在这些群体中挑选出少数有能力的代表并非难事。而即使会出现能力上的问题,也多由曾经的历史遭遇与当下不公正的社会环境造成,因此恰当的解决方式是通过政府的积极干预来提高其能力,而非就此否认该群体推出自己的代表的权利。

至于基于"本质主义"的批评,也有多方面的回应。有论者认为,"本质主义"在某种程度上有其事实上的基础,虽然群体内部可能存在相

---

① Young, Iris Marion. 1986. "Deferring Group Representation", *Nomos: ethnicity and Group Rights*. eds. Will Kymlicka and Ian Shapiro. New York: New York University Press, pp.349—376.

互冲突的利益,但不排除也存在区别于其他群体的共同利益。不过最有力的回应者可能来自于扬。她根据德里达的后现代哲学承认"本质主义"确实有问题,但同时认为那些批评者也难逃"本质主义"的嫌疑。因为他们实际上认为如果一个群体有一个确定的本质,那么由描述性代表来担任群体代表的做法就是合理的。换言之,他们将代表视为一种同质性的关系,认为代表只有与被代表者共享一个本质属性才能发挥好代表的职能。但事实上所有类型的代表都不可能有这样一种同质性的关系。一个由某个选区选出的代表该选区的成员发言和行动的人,其合法性也许比一个代表女性群体的女性更有问题。美国的国会选区所包括的人数都超过 50 万。一个人如何可能代表那么多在利益、经历和需求诸方面都是极具多元化的选民?因此代表与被代表者不共享一个确定的本质,并不妨碍代表关系的成立。在扬看来,代表应该是一种差异关系。①

扬的这种反驳固然很有力,但朵维认为扬走得太远了,因为她实际上是在构建一个关于代表的整体性理论,反倒忽视了群体代表权的特殊性。换言之,扬过多地强调代表与选民之间的差异,也取消了由描述性代表担任群体代表的必要性。确实,如果不存在清晰的、一致同意的和可辨识的"女性"利益,代表主要是男的这一点真的要紧吗?②当然扬可能意识到这一问题,所以提出描述性代表在视角代表上的优势。不过,视角虽被扬认定为更少一元化的色彩,但其潜藏的某种同质性的倾向依然与她对"本质主义"的批判构成某种张力。

总体来看,经过了上述非常复杂的理论辩驳,群体代表权论者越

---

① Young, Iris Marion. "Deferring Group Representation", *Nomos: ethnicity and Group Rights*. eds. Will Kymlicka and Ian Shapiro. New York: New York University Press, 1986, pp.349—376.
② Dovi, Suzanne. "Preferable Descriptive Representatives: Or Will Just Any Woman, Black, or Latino Do?" *American Political Science Review* 96: 2002, 745—754.

来越倾向于根据情境性的理由来为由描述性代表担任群体代表的做法辩护。曼斯布里奇就认为，如果有助于增进代表与选民之间的信任、敏锐捕捉尚未明确化的利益以及建构社会意义和事实上的合法性，描述性代表就是必须的。①这其实承认了不是所有的群体代表都应当由描述性代表来担任。

除了在理念上的争论，人们还进一步深入探讨了何种制度有助于群体代表权的实现。现实中已涌现出多种形式的制度，如重新划分选区、比例代表制、在政党候选人名单和议会里实行固定的配额制等。但是人们在这方面依然争议不断。例如通过重划选区使某弱势群体取得多数地位进而推出自己的代表的做法，虽被视为是确保群体代表权的一种有效方式，但是在操作上面临较大困难，甚至也可能造成适得其反的后果，如代表对选民的回应性不强以及该群体在其他选区影响力的下降。曼斯布里奇举了一个例子：如果白人民主党人比白人共和党人更能代表黑人选民的利益，虽然将黑人选民集中到黑人选区会使黑人议员多一些，但代价可能是更多的共和党人在其他选区当选，这反倒在整体上降低了黑人获得代表的程度。

与重划选区一样，比例代表制也受到不少人的推崇。他们认为按照在社会中所占的人口比例确定各群体的代表名额才是最公平的制度。但即使实行比例代表制，有些人数很少的群体依然会没有自己的代表。而如果按照协商民主的原则，即任何一种不违背基本社会规范的群体性视角都应该纳入进来以提高审议的质量，比例代表制的合理性也值得怀疑。至于固定的配额制，也显得过于僵化。所以曼斯布里奇更希望根据具体的情境运用更具弹性的制度，这也应该是未来群体代表权论者努力的方向。

---

① Mansbridge, Jane. "Should Blacks Represent Blacks And Women Represent Women? A Contingent 'Yes,'" *Journal of Politics* 61:3 August 1999, pp. 628—657.

可见，为了实现更好的代表，代表制度应该有进一步的创新。不过这种期待不能让我们错判了代表的本质。正如皮特金早就指出的，代表的概念本身就存在永恒的悖论，即代表意味着，一方面需要将"不在场的"呈现出来，另一方面这种呈现又不能通过被代表者自己出席而是代表者这一媒介来实现，这就注定了代表者与被代表者之间不可能实现完全的同一性。只有承认这一点，人们才可能在坚持理想的同时对代表制度予以务实地改进。

至此，我们可以发现，自皮特金开创标准版本的代表理论以来，学界就其中的若干关键问题展开了激烈的理论辩驳，这不仅极大地丰富了代表理论，也推进了我们对民主的理解。当然，这些研究文献在澄清了代表理论中诸多关键性问题的同时，也开放出不少有待进一步研究的主题，而这无疑是未来代表理论必须面临的新的挑战。

三、编辑宗旨及翻译事项

本文集共选文章13篇，分为五个专题。第一个专题是"代表的概念"，选了皮特金分析代表概念的一篇奠基性文献；第二个专题包括雷菲尔德、皮特金和乌尔比娜提的三篇文章，三位作者从不同方面阐释了"民主与代表的关系"；第三个专题包括四篇文章，探讨"选举与代表"这一主题；第四个专题选择了扬、菲利普斯、曼斯布里奇的四篇文章，讨论"群体代表权"的问题；第五个专题的两篇文章分别对霍布斯和施米特的代表观进行了分析，实际上谈论的是"思想史视野中的代表"，这有助于进一步加深我们对代表问题的认识。

上述文章的选定与专题的编排由两位编者共同商定。具体的翻译分工如下：第1篇由谈火生翻译，第2篇由李德满翻译，第3篇由王江伟翻译,第 4 篇由黄小钫与钟金燕翻译,第 5、13 篇由陈高华翻译,第 6 篇由高春芽翻译,第 7、9、11 篇由聂智琪翻译,第 8 篇由尹钛与都静合译,第 10 篇由屈从文与聂智琪合译,第 12 篇由李石翻译。译稿出来以后,由两位编者分别予以校订,并共同定稿。

在此,我们要感谢丛书主编应奇先生与刘训练先生以及广东人民出版社的信任与支持,还要感谢各位译者的鼎力加盟。当然,我们对各位作者能惠允翻译他们的作品不胜感激。尤其需要感谢的是,乌尔比娜提教授在获知我们要选编这样一本文集时慷慨地将其新著《代议制民主:原则与谱系》(Representative Democracy: Principles and Genealogy)惠赠,使我们能及时准确地把握当代代表理论的前沿进展。当然最后要说明的是,译文中的错误和问题都应由编者承担。

作者简介

翟志勇(1978—),河北承德人,清华大学法学博士,现任北京航空航天大学法学院、人文与社会科学高等研究院副教授,主要研究方向为宪法学、法理学。代表性论文有:《八二宪法的生成与结构》《英国不成文宪法的观念流变》《新中国宪法序言中的革命叙事》。

治道文丛

建国之道——周易政治哲学　姚中秋 著
道统与治体——宪制会话的文明启示　任　锋 著
治道的历史之维——明代政治世界中的儒家　任文利 著
儒家与宪政论集　杜维明、姚中秋、任锋等 著,任锋、顾家宁 编

法政文丛

政治宪法学纲要　高全喜 著
代议制的基本原理　翟志勇 主编
中国宪制转型的政治宪法原理　田飞龙 著
埃德蒙·柏克与英国宪政转型　张　伟 著